difficultés expliquées du français

... for English Speakers

Alain Vercollier, *Associate Professor, Université York (Toronto)*
Claudine Vercollier, *Associate Professor, Université de Toronto*
Kay Bourlier, *traductrice et interprète*

CLE
INTERNATIONAL

Direction éditoriale : Michèle Grandmangin
Édition : Catherine de Bernis
Couverture : Laurence Durandau
Mise en page : CGI
Maquette : Patrick Deiller

AVANT-PROPOS

Difficultés expliquées du français... for English Speakers s'adresse aux étudiants qui ont déjà étudié le français pendant quelques années et à tous les anglophones qui, ayant une bonne base en français, veulent se perfectionner en éliminant les fautes de langue les plus tenaces.

Ce livre a une double originalité. Tout d'abord, il est conçu spécialement pour une catégorie d'apprenants : les étudiants qui vivent dans un milieu anglophone. Les auteurs savent bien que les difficultés des apprenants diffèrent selon la langue maternelle qu'ils pratiquent ; ils ont donc adopté une approche pédagogique qui tient compte de cette donnée.

Ensuite, le livre ne cherche pas à donner une vision globale et théorique de la grammaire ; tout au contraire. Il part des difficultés réelles, il sélectionne les erreurs, celles qui perdurent même après quelques années d'étude et qui sont d'autant plus ancrées dans l'esprit de l'apprenant qu'elles viennent de l'interférence entre l'anglais et le français.

Ce manuel a été élaboré à partir d'un relevé systématique des fautes les plus graves et les plus fréquentes, c'est-à-dire à partir des points de grammaire les plus difficilement assimilés par un anglophone. Ce livre est le fruit d'une expérience d'enseignement de vingt ans dans deux universités nord-américaines. Les auteurs ont dépouillé et analysé des milliers de phrases erronées tirées de textes d'étudiants. Les erreurs, une fois répertoriées et classées d'une façon logique, s'intègrent dans un plan d'ensemble et forment le corpus d'une grammaire corrective efficace.

La méthode qui sous-tend cet ouvrage consiste à souligner les erreurs les plus tenaces, à les expliquer dans un langage clair et précis et à montrer, par des exemples et des exercices, comment les corriger.

Ce livre répond aussi aux besoins des étudiants en s'adaptant aux différents niveaux des apprenants. Il propose, en effet, deux cheminements possibles : les étudiants de niveau intermédiaire pourront réviser les points de grammaire fondamentaux (subjonctif, pronoms relatifs, hypothèse, etc.) et veiller à bien assimiler les conseils donnés sous les rubriques **ATTENTION !** qui signalent les erreurs de base.

Les étudiants de niveau avancé tireront avantage des remarques faites sur les points plus difficiles et plus complexes tels que l'antériorité, les inversions du sujet et les éléments de syntaxe.

La présentation des difficultés facilite les recherches des étudiants :
– les points de grammaire sont regroupés d'une façon cohérente en chapitres qui reprennent les grandes catégories grammaticales ;
– les phrases clefs des sommaires placées en tête de chaque chapitre annoncent clairement les questions qui sont abordées ;

– la numérotation des différents points grammaticaux étudiés permet de cerner avec précision l'erreur mentionnée et le système des renvois permet de faire des analyses précises tout en tenant compte de la complexité du langage ;

– cette numérotation permet aussi au professeur qui corrige un texte écrit de renvoyer les étudiants à une explication spécifique ;

– les nombreuses comparaisons du français avec les phrases et les expressions anglaises font ressortir les différences entre les deux langues et permettent donc de mieux comprendre où se situent les difficultés.

Les multiples exercices permettent à l'étudiant de mettre en pratique ses connaissances et de vérifier s'il est capable de formuler des phrases parfaitement correctes.

Quant aux exercices, ils sont de types et de niveaux variés ; ils permettent d'attaquer une erreur sous des angles différents ; chaque étudiant pourra trouver les exercices appropriés à ses besoins.

Le corrigé des exercices (accessible dans un livret à part) permet aux étudiants de vérifier leurs progrès et peut, pour ceux qui le veulent, servir d'outil à un travail d'auto-apprentissage.

Nous espérons que ce manuel sera, pour les étudiants anglophones, un livre de référence utile et agréable et qu'il les aidera à acquérir une maîtrise parfaite de la langue française.

Les auteurs

SOMMAIRE

5

SYMBOLES ET ABRÉVIATIONS

Le signe * indique une forme fautive.

qqch. = abréviation de « quelque chose ».

qqun = abréviation de « quelqu'un ».

➜   = renvoi à une autre page de l'ouvrage.

Un mot souligné renvoie à une explication du glossaire.

sth.   = something

s.o.   = someone

c.o.d.   = complément d'objet direct

c.o.i.   = complément d'objet indirect

GLOSSAIRE

ACCORD : procédé qui consiste à montrer dans une phrase qu'un mot est relié à un autre mot dont il dépend. Ce rapport d'un mot à un autre est indiqué par les marques du nombre (singulier ou pluriel), du genre (masculin ou féminin), de la personne (pour les verbes : 1re, 2e ou 3e personne).

a. Les déterminants (articles, la plupart des adjectifs) et les adjectifs qualificatifs s'accordent **avec le nom** auquel ils se rapportent.

b. Le verbe s'accorde **avec son sujet**.

c. Le participe du verbe s'accorde, selon le cas, **avec le complément d'objet direct** ou **avec le sujet**.

ADJECTIF DÉMONSTRATIF : déterminant du nom qui sert à désigner, à présenter une personne ou une chose. *Cette journée ; ces devoirs ; ce journal.*

ADJECTIF EXCLAMATIF : déterminant du nom qui sert à exprimer une émotion, une exclamation.
Quel bonheur ! Quelle joie !

ADJECTIF INDÉFINI : déterminant du nom qui sert à exprimer une certaine imprécision (dans la quantité, dans l'identité). *J'ai vu plusieurs films.*

ADJECTIF INTERROGATIF : déterminant du nom qui sert à poser une question sur le nom auquel il se rapporte. *Quels films as-tu vus cette semaine ?*

ADJECTIF NUMÉRAL : déterminant du nom qui sert :
- soit à dénombrer (adjectif numéral **cardinal**). *J'ai vu cinq films.*
- soit à marquer un rang, une succession (adjectif numéral **ordinal**). *Le cinquième film était une comédie.*

ADJECTIF POSSESSIF : déterminant du nom qui sert à montrer une relation de possession.
Il s'accorde en genre et en nombre avec l'objet possédé mais varie aussi selon la personne du possesseur.
J'ai des ennuis. → *mes ennuis. Il a des ennuis.* → *ses ennuis.*

ADJECTIF QUALIFICATIF : mot qui sert à préciser une qualité, à décrire un être animé ou une chose. Il fait partie du groupe du nom et s'accorde généralement avec le nom. *Une jolie robe bleue.*

ADJECTIF VERBAL : adjectif dérivé du participe présent d'un verbe. Il s'accorde avec le nom auquel il se rapporte. Il peut avoir la même forme que le participe présent ou s'en distinguer par une modification dans l'orthographe. *Excellent/excellant ; convaincant/convainquant ; fatigant/fatiguant.*

ADVERBE : mot ou groupe de mots (locution adverbiale) qui sert à marquer le lieu, la manière, le temps, l'intensité, la quantité. Il peut modifier :
- un verbe : *Il joue bien, il joue souvent*, etc.
- un adjectif : *Elle est très gentille.*
- un adverbe : *Ils vont bien mieux.*
L'adverbe (à l'exception de « **tout** ») est invariable.

ANTÉCÉDENT : le nom ou le pronom représenté par le pronom relatif.
Dans : « *J'irai avec les amis que vous m'avez présentés* », « amis » est l'antécédent du pronom relatif
« **que** ». Comme son nom l'indique, l'antécédent est toujours placé **avant** le pronom relatif.

APPOSITION : construction qui consiste à juxtaposer à côté d'un nom ou d'un pronom un mot (nom ou adjectif) ou un groupe de mots qui précise l'identité ou la qualité du premier mot (même identité). *Zeus, le roi des dieux, voulut un jour descendre sur Terre. Lui, ce superbe héros, pouvait-il s'avouer vaincu ?*
L'apposition est séparée du terme qu'elle précise par une virgule.

ARTICLE DÉFINI : nom donné aux <u>déterminants</u> du nom **le – la – l' – les**. *Le jardin, la cour, l'écorce, les rues.*

ARTICLE INDÉFINI : nom donné aux <u>déterminants</u> du nom **un – une – des**. *Un vélo, une voiture, des bus.*

ARTICLE PARTITIF : nom donné aux <u>déterminants</u> du nom **du – de la – de l'**, pour marquer une quantité indéfinie d'un tout. *Du sucre, de la confiture, de l'orange.*

ATTRIBUT : fonction d'un nom ou d'un adjectif qui consiste à montrer la qualité ou la particularité d'un être ou d'une chose par l'intermédiaire du verbe **être** (ou d'un verbe du même type : **sembler, paraître, devenir**…). *Je suis un étudiant studieux.* (je = étudiant) *Ils sont riches.* (ils = riches)

AUXILIAIRE : les deux verbes qui servent à former les temps composés ; le verbe **être** (*Je suis arrivé le 5 juillet.*) et le verbe **avoir** (*Je les ai trouvés en arrivant.*).

AUXILIAIRE DE MODE : les verbes **devoir, falloir, pouvoir, savoir, vouloir**.
Quand ces verbes sont suivis d'un infinitif, celui-ci est directement relié à l'auxiliaire de mode (sans préposition). *Il doit partir ; nous savons faire cet exercice.*

COMPARATIF : manière de comparer deux ou plusieurs éléments en marquant le degré d'un adjectif ou d'un adverbe (rapport d'égalité, de supériorité ou d'infériorité).
Elle est aussi *attentive* que lui. *Elle est* plus *attentive* que lui. *Elle est* moins *attentive* que lui.

COMPLÉMENT : comme son nom l'indique, un complément est un mot ou un groupe de mots qui donne une information supplémentaire.

COMPLÉMENT CIRCONSTANCIEL : mot ou groupe de mots qui précise les circonstances de l'action d'un verbe. Il peut préciser le lieu, le temps, la manière, la cause, l'hypothèse, le but, etc.
Je te rencontrerai à l'école. Je te rencontrerai à 2 heures.

COMPLÉMENT D'AGENT : le groupe de mots qui, dans une phrase à la forme passive, indique l'origine de l'action que subit le sujet. *La maison est construite par les maçons.*
• Le complément d'agent est le plus souvent introduit par la préposition « **par** » (quelquefois par « **de** »).
• Le complément d'agent d'un verbe au passif correspond au sujet du verbe à la forme active.
Les maçons construisent la maison.

COMPLÉMENT DE NOM : groupe de mots (groupe nominal, infinitif, pronom, etc.) qui précise un nom.
La montre de mon père ; la machine à laver.
• Le complément de nom est toujours placé **après** le nom.
• Le complément de nom est le plus souvent introduit par une **préposition** (**à, de, en, sans**, etc.).

COMPLÉMENT D'OBJET : mot ou groupe de mots qui précise sur quoi ou sur qui porte « l'action » d'un verbe.
Si on dit : *J'aime*, on indique une « action » mais on ne précise pas ce sur quoi ou sur qui est dirigée l'action ; il n'y a pas d'objet.
Si on dit : *J'aime ma famille ; j'aime le cinéma*, on oriente l'action du verbe sur une réalité (personne ou chose) ; on dit que le verbe a un objet, il a un complément d'objet.
Les verbes qui peuvent avoir un complément d'objet sont appelés **verbes transitifs**.
Certains verbes, de par leur nature et leur sens, ne peuvent pas avoir d'objet (ainsi : **mourir, tomber, naître**, etc.). Ils sont appelés **verbes intransitifs**.
N. B. : le complément du verbe peut être :
• un nom (ou un groupe nominal) : *Je veux mon manteau.*
• un infinitif : *Je veux partir.*
• une proposition subordonnée : *Je veux que tu partes.*

COMPLÉMENT D'OBJET DIRECT : le complément d'objet peut être relié au verbe directement (**sans** préposition) ; on dit que le verbe a un complément d'objet direct (abréviation : c.o.d.) et qu'il est transitif direct. *Il aime la chaleur.*

COMPLÉMENT D'OBJET INDIRECT : le complément d'objet peut être relié au verbe indirectement (à l'aide d'une préposition ; « **à** » ou « **de** » le plus souvent). On dit que le verbe a un complément d'objet indirect (abréviation : c.o.i.) et qu'il est transitif indirect. *Il résiste à la chaleur.*

N. B. n° 1 : le complément d'objet indirect d'un verbe à l'actif ne peut pas devenir, au passif, le sujet du verbe.

N. B. n° 2 : lorsque le c.o.i. est employé avec un verbe qui a déjà un c.o.d. exprimé, on l'appelle parfois **complément d'objet second**. *Elle téléphone la nouvelle à son mari.*
Lorsque le c.o.i. suit un verbe qui a déjà un c.o.d. exprimé et que le verbe signifie « attribuer » (donner), ou retirer quelque chose, on appelle le complément **un complément d'attribution**. *Le moniteur donne des conseils à son équipe.*

CONJONCTION : mot qui relie deux éléments. On distingue :
    a. les conjonctions de coordination (**mais, ou, et, donc, or, ni, car**) qui relient des mots de même nature. *Je veux du pain et du chocolat.*
    b. les conjonctions de subordination (**que, pour que, afin que**, etc.) qui relient une proposition principale à une proposition subordonnée. *Il veut que je revienne.*

CONTRACTION : fusion de deux éléments grammaticaux en un seul. *De + le = du ; à + le = au.*

DÉTERMINANT : mot qui, placé devant le nom, indique le nombre et le genre de ce nom. À quelques exceptions près (titre, etc.), le nom dans une phrase a toujours un déterminant.
• On appelle déterminant du nom les articles (définis, indéfinis, partitifs) et les adjectifs (possessifs, démonstratifs, interrogatifs, exclamatifs, indéfinis ainsi que les adjectifs numéraux cardinaux).
• Certains déterminants ne peuvent pas se combiner entre eux ; ils s'excluent mutuellement. On les appelle les déterminants obligatoires. *[le, la, les] # [un, une, des] # [mon, ma, mes] # [ce, cette, ces] # [quel, quelle, quels, quelles] # [aucun, aucune].*
• Ces déterminants obligatoires peuvent se combiner avec d'autres déterminants appelés complémentaires. *Cette autre remarque. Toutes les cinq minutes.*

DISCOURS DIRECT : manière de rapporter les paroles de quelqu'un en utilisant la forme exacte sous laquelle elles ont été prononcées. *Je lui ai dit : « Je n'aime pas ton attitude. »*

DISCOURS INDIRECT : manière de rapporter les paroles de quelqu'un en utilisant une proposition subordonnée qui dépend d'un verbe de déclaration ou de communication. *Je lui ai dit que je n'aimais pas son attitude.*

ÉLISION : élimination d'une voyelle devant un mot commençant par une voyelle ou un h muet. *L'argent ; l'hirondelle.* L'élision entraîne la présence de l'apostrophe (').

FUTUR :
    a. Le futur simple : forme du verbe conjugué quand le verbe indique une action ou une situation située dans l'avenir par rapport au présent du récit ou du discours. *Je partirai.*
    b. Le futur proche : périphrase (composée du verbe « **aller** » et de l'infinitif du verbe) pour marquer une action à venir assez proche du présent. *Je vais partir.*
    c. Le futur antérieur : temps composé (du futur de l'auxiliaire « **être** » ou « **avoir** » et du participe passé du verbe) qui marque une action future achevée avant une autre action future. *Quand je serai parti, vous fermerez la porte à clef.*

GENRE
- Un nom, en français, est masculin ou féminin (de même le pronom qui remplace le nom).
- Contrairement à certaines langues (l'anglais ou l'allemand), le français n'a pas de genre neutre.
- Lorsque le genre n'est pas marqué, on utilise la forme du masculin. *Quelque chose de beau ; rien de beau.*

GÉRONDIF : forme du participe présent précédée de la préposition « en ». *En chantant, en dansant,* etc.
- Le gérondif a le même sujet que le verbe conjugué. *Il s'est fait mal en tombant.*
- Le gérondif exprime la manière, le temps, l'hypothèse.

GROUPE NOMINAL : ensemble de mots qui s'organisent autour du nom noyau. Le groupe nominal est avant tout composé du nom et de ses déterminants mais il peut aussi inclure les adjectifs qualificatifs, les compléments de nom et même la proposition relative. *Le plus jeune frère de mon amie est encore étudiant.*

H ASPIRÉ ; H MUET : **le h aspiré** en début de mot empêche l'élision de l'article défini qui précède. *La hantise ; la haine ; le héros ; la hauteur.*
- Il empêche aussi la liaison : *les/héros ; les/hauteurs.*
- **Le h muet** permet l'élision et la liaison : *l'héroïne ; l'hirondelle ; les_héroïnes ; les_hirondelles.*

IMPÉRATIF : mode verbal qui exprime l'ordre, la défense ou l'exhortation.
- L'impératif n'existe qu'à trois personnes (2e pers. du singulier; 1re et 2e pers. du pluriel).
- L'impératif n'a pas de sujet exprimé.

INFINITIF : forme du verbe non conjugué.
- La terminaison de l'infinitif permet de classer les verbes en plusieurs groupes (ainsi, les verbes en -*er* sont des verbes du 1er groupe).
- L'infinitif peut être sujet ou complément d'un autre verbe. *Mentir est un grave défaut. J'aime voyager.*

INTRANSITIF : voir complément d'objet.

INVARIABLE : se dit d'un mot qui ne change jamais de forme (ce mot ne varie ni en genre ni en nombre). Les prépositions et la plupart des adverbes sont invariables.

INVERSION DU SUJET : le fait de placer le sujet après le verbe.
Par exemple, on fait l'inversion du sujet dans certaines phrases interrogatives : *Irez-vous au cinéma ?* ou dans des phrases qui commencent par certains adverbes : *Peut-être irons-nous au cinéma.*

NOMBRE : indication du singulier ou du pluriel.

PARTICIPE PASSÉ : mode impersonnel du verbe qui, avec l'aide de l'auxiliaire **avoir** ou **être**, sert à former certains temps composés. *J'ai chanté ; je suis tombé.*
- Le participe passé peut être pris comme adjectif qualificatif et s'accorde alors avec le nom. *Une réflexion désabusée.*
- Le participe passé suit des règles d'accord variées selon qu'il est employé avec l'auxiliaire **être** ou l'auxiliaire **avoir**.
- Il existe un participe passé qui se compose du participe présent de l'auxiliaire (étant/ayant) et de la forme du participe passé. *Ayant fini mon travail, je peux jouer.* Ce type de participe passé exprime l'antériorité.

PARTICIPE PRÉSENT : mode impersonnel du verbe formé sur le radical du verbe (tiré de la 1re personne du pluriel de l'indicatif présent) et de la terminaison -*ant*. *Chantant, choisissant, répondant.*

PRÉPOSITION : mot invariable qui introduit un nom, un pronom ou un infinitif. *Chez nos voisins ; pour lui ; sans parler.*
- Une préposition ne peut pas introduire une proposition subordonnée conjonctive.
- Les prépositions « à » et « de » se contractent avec l'article défini : *à + le = au ; de + le = du.*

PRONOM : le pronom remplace le plus souvent un groupe nominal (nom + <u>déterminant</u>) ; représentant le nom, il prend le genre et le nombre du nom qu'il remplace. *Les enfants jouaient dans la cour ; ils étaient heureux.*
- Le pronom « **le** » peut remplacer un adjectif : *Êtes-vous heureux ? Oui, je le suis.*
- Il peut même remplacer toute une idée contenue dans une <u>proposition</u> : *Elle n'est pas venue. Je le regrette.*

PRONOM DÉMONSTRATIF : pronom qui sert à désigner une personne, un objet, une idée. *Celui de mes enfants ; je préfère celui-ci ; cela me plaît.*

PRONOM INDÉFINI : pronom qui sert à indiquer une certaine quantité ou une imprécision. *Rien ne va plus ; tout est perdu ; on nous l'a dit hier ; certains contestaient.*

PRONOM INTERROGATIF : pronom qui sert à poser une question. *Voici deux cassettes ; laquelle voulez-vous ?*

PRONOM PERSONNEL : le pronom personnel correspond à une **personne** quand il est aux 1re et 2e personnes du singulier (je/tu) et à **plusieurs personnes** quand il est aux 1re et 2e personnes du pluriel (nous/vous). Exception : le **vous** de politesse qui peut correspondre à une seule personne.
- À la 3e personne du singulier, il peut représenter une **personne** ou une **chose**.
- À la 3e personne du pluriel, il peut représenter des **personnes** ou des **choses**.
- La forme du pronom personnel dépend de sa fonction dans la phrase :
  – série sujet : je, tu, il/elle, nous, vous, ils/elles ;
  – série objet direct : me, te, le/la, nous, vous, les ;
  – série objet indirect : me, te, lui, nous, vous, leur.

PRONOM PERSONNEL DISJOINT : pronom personnel à la forme accentuée (*moi, toi, lui/elle, nous, vous, eux/elles*) utilisé après une préposition (*chez eux, pour toi*, etc.), comme deuxième terme d'une comparaison (*il est plus grand que moi*) ou pour exprimer une mise en valeur (*Moi, j'ai vraiment faim !*).

PRONOM RÉFLÉCHI : pronom objet qui représente **la même personne** que le sujet.
- Le pronom réfléchi aux 1re et 2e personnes a la forme du pronom personnel objet (me, te, nous, vous).
- À la 3e personne (du singulier et du pluriel), le pronom réfléchi est « **se** ».
- Le pronom réfléchi peut être objet **direct** ou **indirect** (selon le régime du verbe) mais il a la même forme dans les deux cas.

PROPOSITION : phrase ou partie de phrase qui s'organise autour d'un verbe.

PROPOSITION INDÉPENDANTE : **phrase simple** qui s'organise autour d'un seul verbe, qui a un sens complet en elle-même et à laquelle ne se rattache aucune autre proposition. *Il pleut.*
Les propositions indépendantes peuvent être **juxtaposées** (elles sont placées l'une à côté de l'autre et séparées par une virgule), ou **coordonnées** (elles sont reliées l'une à l'autre par une <u>conjonction</u> de coordination (**et, ou**, etc.).

Il pleut, je prends mon imperméable et j'appelle un taxi.

1   2   3

PROPOSITION PRINCIPALE : proposition qui, dans une phrase complexe (composée de plusieurs propositions), commande les autres qui dépendent d'elle, qui lui sont **subordonnées**.
Dans une phrase **complexe**, on a donc une **proposition principale** et une (ou plusieurs) **proposition(s) subordonnée(s)**.
Ils veulent que les tarifs soient révisés. Quand vous aurez fini, je corrigerai le texte que vous avez écrit.

PROPOSITION SUBORDONNÉE CIRCONSTANCIELLE : proposition subordonnée qui donne une information sur le temps, la manière, le but, l'hypothèse, la cause, la conséquence, etc.
Je partirai quand tu partiras. Elle chantera si on le lui demande.

PROPOSITION SUBORDONNÉE COMPLÉTIVE : proposition subordonnée qui sert de complément au verbe de la proposition principale.
Je veux que tu partes. (Je veux quoi ? Que tu partes = ton départ.) *Il dit que tu pars.*
L'utilisation de l'indicatif ou du subjonctif dans la subordonnée complétive dépend du type de verbe utilisé dans la proposition principale. Par exemple, les verbes de la proposition principale qui indiquent un souhait, un ordre, une volonté entraînent le subjonctif dans la subordonnée.

PROPOSITION SUBORDONNÉE RELATIVE : proposition subordonnée introduite par un pronom relatif (qui, que, quoi, dont, où, etc.).
Les enfants qui jouent dans le sable devront prendre une bonne douche ce soir.
• La proposition relative sert à donner des renseignements sur l'antécédent (ici : *enfants*) dont elle est une extension.
• On distinguera **la relative** (abréviation pour la proposition relative) et **le relatif** (abréviation pour le pronom relatif).

SUJET : fonction donnée à un nom, à un pronom, à un infinitif ou à une subordonnée pour indiquer l'être ou la chose dont on marque, par le verbe, l'action ou l'état.
• Le sujet d'un verbe au passif n'est pas à l'origine de l'action ; il subit l'action. *La lettre est remise par le facteur.*
• Le sujet détermine le nombre et la personne du verbe. On dit que le verbe s'accorde avec le sujet.
• Le plus souvent, le sujet précède le verbe mais il peut dans certains cas subir une inversion.

SUPERLATIF : manière de marquer le degré de supériorité ou d'infériorité d'un adjectif ou d'un adverbe.
• En cas de **superlatif relatif**, on utilise l'article défini ou l'adjectif possessif et l'adverbe **« plus »**.
Le plus grand bâtiment de la ville. Il a agi le plus intelligemment possible.
• En cas de **superlatif absolu**, on utilise l'adverbe **« très »** (ou un équivalent). *Elle est très (bien, fort) intelligente.*

TRANSITIF : voir complément d'objet.

VERBE IMPERSONNEL : verbe qui ne se conjugue qu'à la 3e personne du singulier et dont le sujet **« il »** ne représente aucune personne ni aucune réalité particulière. *Il pleut, il neige, il faut…*
• Certaines tournures impersonnelles permettent parfois d'avoir un sujet apparent (il) et un sujet réel.
Il manque 5 euros. (= 5 euros manquent) *Il est triste de partir.* (= partir est triste)

1 L'ARTICLE DÉFINI

I. **Formes**
Les tableaux de l'artiste.
Ils ont atteint **les** hauteurs.
Je vais **au** cinéma.

II. **Emplois**
L'argent ne fait pas **le** bonheur.
J'aime **le** cinéma.
Les Français sont gastronomes.
Les fraises valent 3 euros **le** kilo.

III. **Devant les noms géographiques**
Le Canada est un pays bilingue.

IV. **Devant les titres**
Le président Kennedy a été assassiné à Dallas.

V. **Article défini et adjectif possessif**
J'ai mal **au** bras.
Je me suis cassé **le** bras.

I. Formes

Les tableaux de l'artiste sont exposés **au** musée.

I. 1 L'article défini le, la, les peut subir des transformations

a. **Élision** : le et la deviennent l' devant une voyelle ou un h muet.
l'avion, l'herbe, etc.

• On garde la forme le et la devant un h aspiré. Notez que, pour cette raison, il faut écrire :
la hauteur, la honte, le héros.

• Quand on prononce ces mots, on ne fait pas la liaison entre l'article pluriel et le mot qui commence par un h aspiré :
les/héros, les/hauteurs.

N. B. : un bon dictionnaire (*Le Petit Robert* par exemple) indique les mots qui commencent par un h aspiré.

b. Contraction :

à + le = au   *Je vais au marché.*
à + les = aux   *Nous allons aux États-Unis.*
de + le = du   *Je reviens du cinéma.*
de + les = des   *Nous revenons des États-Unis.*

ATTENTION !

à + l' et de + l' restent inchangés ; il n'y a pas de contraction.

Amandine va à l'aéroport. Jean sort de l'hôpital.

A. Complétez par l'article défini à la forme qui convient.

1. Dès .... lever .... jour, ... vacanciers partent pour .... plage.

2. .... colère et .... impatience sont deux graves défauts.

3. .... héros de ce livre sont des adolescents.

4. Nous irons pique-niquer dimanche sur .... herbe.

5. .... hasard fait parfois bien .... choses.

II. Emplois

L'argent ne fait pas le bonheur.

II. 1 En français, on met l'article défini :

a. devant un nom qui a un sens général.

L'argent ne fait pas le bonheur. Money can't buy happiness.
Le temps passe vite. Time flies.

b. devant les noms abstraits (notamment les qualités ou les défauts).

La paresse est la mère de tous les vices. Sloth is the mother of all vice.
La jalousie rend malheureux. Jealousy creates misery.

c. devant les noms compléments des verbes qui marquent les relations d'amour ou de haine (aimer, préférer, détester, etc.).

J'aime le cinéma mais je préfère le théâtre. I like movies but I prefer plays.

d. devant les noms désignant une espèce, une catégorie et devant les noms de langue et de discipline.

Les Français sont gastronomes. French people are food lovers.
J'étudie le français. I am studying French.
La chimie est ma matière préférée. Chemistry is my favourite subject.

e. devant les noms qui indiquent une unité de mesure ou un poids.

L'essence coûte deux euros le litre. Gas costs 2 euros a litre.
Les fraises valent trois euros le kilo. Strawberries are 3 euros a kilo.

f. devant un nom de jour pour exprimer une répétition ou une habitude.

Elle fait de la gymnastique le lundi. (= tous les lundis)
She goes to the gym on Mondays.

➜ chapitre 42, V. 3, p. 315

B. Traduisez.

1. Gas is expensive these days.
2. I love jazz but my sister prefers classical music.
3. Beans are two dollars a kilo.
4. Paul learns Chinese.
5. Canadians are proud of their country.

III. Devant les noms géographiques

Le Canada est un pays bilingue.

III. 1 L'emploi de l'article défini

- Les noms géographiques (continents, pays, cours d'eau, montagnes et bâtiments célèbres) sont précédés de l'article défini.

    Le Saint-Laurent traverse le Québec. (fleuve/province)
    The St Lawrence flows through Quebec.

    Le mont Everest est le plus haut sommet du monde. (montagne)
    Mount Everest is the highest peak in the world.

N. B. : exceptions à la règle : *Israël, Oman.*

III. 2 Disparition de l'article défini

- Si le nom de pays est précédé de la préposition « en » (nom de pays féminin ou nom de pays masculin commençant par une voyelle, ➜ chapitre 17, II. 2, p. 141), l'article défini disparaît.

    Je vais en France l'été prochain. (nom féminin)
    Je vais en Équateur pendant un mois. (nom masculin commençant par une voyelle)

1 L'ARTICLE DÉFINI •

III. 3 La préposition de

• Un nom de pays masculin commençant par une voyelle ou un nom de pays féminin ne prend pas l'article s'il est précédé de la préposition « de » marquant l'origine.

> *Je suis originaire d'Irak.* (nom masculin commençant par une voyelle)
> *Je viens d'Allemagne.* (nom féminin)

• Mais on dira :

> *Je viens du Canada.* (nom masculin commençant par une consonne)

N. B. : cette règle ne s'applique pas aux États-Unis ; ce pays est toujours précédé de l'article pluriel.

> *Il vient des États-Unis.*

III. 4 Les noms de ville

• En général les noms de ville ne sont pas précédés de l'article défini. On utilise cependant l'article quand ils sont précisés par un adjectif ou par une proposition (en règle générale, le nom de ville est féminin s'il se termine par -e, masculin dans les autres cas).

> *Montréal a beaucoup changé depuis 1970.*
> *Le vieux Montréal a beaucoup de charme.*

N. B. : quelques noms de ville sont composés d'un article :

Le Caire	*Le Mans*
La Haye	*La Nouvelle-Orléans*
Le Havre	*La Rochelle*

C. **Complétez, s'il y a lieu, les phrases suivantes par la préposition et par l'article défini qui conviennent.**

1. .... Ottawa est la capitale .... Canada.

2. .... Écosse est célèbre pour son whisky.

3. J'aime beaucoup .... Paris du XIXᵉ siècle.

4. Elles ont passé un mois .... Angleterre.

5. Je reviens .... Floride.

Le président Kennedy a été assassiné à Dallas.
President Kennedy was assassinated in Dallas.

IV. 1 Noms de profession, fonction, titre...

- Devant les noms qui indiquent une profession, une fonction, un titre, il faut utiliser l'article défini, même s'ils sont suivis d'un nom propre.

  Le docteur Schweitzer a vécu à Lambaréné.
  Le général de Gaulle a organisé la Résistance.
  J'ai parlé au capitaine Laporte.

> **ATTENTION !**
>
> On supprime l'article quand on s'adresse directement à la personne.
>
> *Bonjour, capitaine.*
> *Au revoir, docteur !*
>
> Dans certains cas on utilise une formule de politesse telle que Monsieur le Ministre, Madame la Directrice, etc.

D. Traduisez.

1. Queen Elizabeth went to Spain.
2. Princess Diana was speaking to Prime Minister Tony Blair.
3. Pope John Paul II arrives in Canada today.
4. Captain Cook was a famous navigator.
5. President Chirac collects Inuit sculpture.

V. Article défini et adjectif possessif

Je **me** suis cassé **le** bras.
I broke my arm.

V. 1 Les parties du corps

- Lorsque le possesseur est déjà évident (par le contexte, etc.), on emploie l'article défini devant les parties du corps complément d'un verbe (au lieu d'employer l'adjectif possessif).

  J'ai mal au bras.
  Il se lave les mains.

Les expressions « j'ai mal » et « il se lave » indiquent déjà clairement qui est le possesseur.

→ IV. 1, p. 111

ATTENTION !

Notez la différence entre l'anglais et le français !
L'anglais marque le possesseur par l'adjectif possessif et un verbe simple.
Le français marque souvent le possesseur par un pronom personnel ou par un pronom réfléchi et l'article défini.
On ne traduira pas « He broke his leg » par *« Il a cassé sa jambe » mais par « Il s'est cassé la jambe ».
Pour traduire « The hairdresser cuts my hair », on ne dira pas *« Le coiffeur coupe mes cheveux » mais « Le coiffeur me coupe les cheveux ».

E. Traduisez.

1. She broke her right arm.
2. Barbara washed her hair this morning.
3. Marc sprained his ankle.
4. I took his hand.
5. His mother cut his nails.

F. Mettez l'article défini qui convient devant les noms suivants.

habit	haricot	héros	héroïne	hôpital
hélicoptère	huile	hache	herbe	habitude
hâte	hanche	halte	handicap	heure
hausse	histoire	hiérarchie	hasard	hésitation
honte	harmonie	hantise	hutte	hypothèse

G. Traduisez.

1. I like cinema and classical music.
2. Spain is south of France.
3. One must cross Manitoba, Saskatchewan and Alberta to reach British Columbia.
4. I studied German but still cannot speak it.
5. Queen Rania of Jordan takes care of her own children.
6. Is it true that wisdom only comes with age?
7. I hate grammar.
8. Is Belgium located north east or north west of France?
9. The hero lived in New Orleans.
10. Children love fairy tales.

H. À l'aide des mots donnés, faites une phrase dans laquelle vous utiliserez l'article défini contracté.

s'abonner/journal local → Je m'abonne <u>au</u> journal local.

1. revenir/camp de voile/hier : Ils ....
2. aller/États-Unis/le mois prochain : Nous ....
3. échouer/le dernier test : Cet étudiant ....
4. s'occuper/dîner : Jacques ....
5. enseigner/étudiants de première année : Ce professeur ....
6. participer/élections : Pierre ....
7. avoir peur/araignées : L'enfant ....
8. jouer/piano/depuis deux ans : Martine ....
9. aller/Mexique/le mois prochain : Marc ....
10. s'intéresser/résultats des élections : Le candidat ....

2 L'ARTICLE INDÉFINI

I. Formes
J'ai **un** cahier, **de** bonnes idées mais pas **de** stylo.

II. Article indéfini et nom attribut
Elle est étudiante ; c'est **une** étudiante consciencieuse.

III. Traduction de « as a »
En tant que spécialiste... As a specialist...

IV. Article indéfini et nom abstrait
Il a lutté avec courage, avec **un** courage extraordinaire.

V. Article indéfini et nom en apposition
Louis XIV, roi de France.

I. Formes

J'ai **un** cahier, **de** bonnes idées mais pas **de** stylo.

I. 1 Un **et une** font **des** au pluriel.

J'ai un livre ; j'ai des livres.

I. 2 Des **se change en** de **devant un nom précédé d'un adjectif.**

Il se change en d' si l'adjectif commence par une voyelle ou un h muet.
Il y avait de jolies fleurs chez le fleuriste.
Nous voulons d'autres exercices.

I. 3 L'article indéfini et la négation

a. Un, une, des sont généralement remplacés par de (ou d') après la négation (ne... pas, ne... plus, etc.).

J'ai un livre ; je n'ai pas de livre.
J'ai des livres ; je n'ai plus de livres.
Vous avez mangé des épinards ; vous n'avez pas mangé d'épinards.

b. Cependant, avec le verbe « être » à la forme négative, on garde l'article indéfini un, une, des.

> *Nous sommes des étudiants de première année.*
> *Nous ne sommes pas des étudiants de première année.*

N B. : la règle I. 2 reste valable avec le verbe « être » à la forme négative.
> *Ce ne sont pas de bons étudiants.*

II. Article indéfini et nom attribut

> **Elle** est étudiante.
> **C'est une** étudiante.
> **C'est une** étudiante consciencieuse.

II. 1 Disparition de l'article indéfini

L'article indéfini disparaît devant un nom de profession, de nationalité, de religion quand celui-ci est attribut (c'est-à-dire utilisé avec les verbes être, sembler, devenir, etc.).

N. B. : dans ce cas, le nom de nationalité ne prend pas de majuscule.
> *M. Dupont est professeur.* Mr Dupont is a professor.
> *Charlotte et Sylvie sont françaises.* Charlotte and Sylvie are French.

II. 2 Exceptions

a. Si le nom attribut est qualifié par un adjectif qualificatif ou complété par une proposition relative, l'article réapparaît.

> *M. Dupont est un bon professeur.* Mr Dupont is a good professor.

> *Charlotte et Sylvie sont des Françaises qui font un stage.*
> Charlotte and Sylvie are French women who are doing a training programme.

b. Quand l'article apparaît (parce que le nom est qualifié par un adjectif ou complété par une relative) ou quand le nom n'est pas qualifié mais qu'on veut garder l'article, on est obligé de remplacer le pronom personnel sujet 3e personne (il, elle, ils, elles) par le démonstratif « ce » ou « c' ».

On dira : *Elle est américaine* (nom attribut de nationalité, non qualifié).
On ne dira pas : **Elle est une Américaine.*
On dira : *C'est une Américaine.* She is an American.
C'est une jeune Américaine. She is a young American.

Ce sont des Américains qui viennent de Californie. They are Americans from California.

III. Traduction de « as a »

En tant que spécialiste...
As a specialist...

III. 1 Comme, en tant que

Après comme ou en tant que qui introduisent un titre, une référence ou une qualité, on n'utilise généralement pas l'article.

En tant que citoyen, j'ai le droit de voter. As a citizen, I have the right to vote.
Que veux-tu comme dessert ? What would you like as dessert?
En tant que médecin je vous conseille de ne plus fumer.
As a doctor I advise you to give up smoking.

IV. Article indéfini et nom abstrait

Il a lutté avec courage, avec **un** courage admirable.

IV. 1 Les noms abstraits

- Les noms abstraits précédés de « avec » ou de « sans » ne prennent pas d'article indéfini si le nom n'est pas qualifié.

    Ils avançaient avec prudence. They proceeded with caution.
    Ils ont joué avec enthousiasme. They played with enthusiasm.
    Ils écoutaient avec attention. They listened with care.

- Mais, contrairement à l'anglais, si le nom abstrait est qualifié, on utilise l'article indéfini.

    Ils avançaient avec une prudence remarquable.
    They proceeded with great caution.

    Elles écoutaient avec une attention soutenue.
    They listened with intense care.

V. Article indéfini et nom en apposition

Spécialiste de renommée mondiale, M. Massicote a été reçu à l'académie.

V. 1 Devant un nom mis en apposition, on ne met en général pas d'article indéfini.

    Louis XIV, roi de France, est mort en 1715.
    M. Dampierre, directeur de la compagnie depuis dix ans, a pris sa retraite.
    Directeur de la compagnie depuis dix ans, M. Dampierre a pris sa retraite.

On traduira :

    A professor of chemistry at Yale University, Mr. Harris is the first to receive the Nobel Prize at twenty-nine.

sans utiliser l'article indéfini :

    Professeur de chimie à l'université Yale, M. Harris est le premier à recevoir le prix Nobel à l'âge de 29 ans.

C. Sur le modèle :

Elle est étudiante.

a) *C'est une étudiante consciencieuse.*

b) *C'est une étudiante qui mérite des félicitations.*

Composez des phrases où le nom attribut sera :

a) qualifié par un adjectif.

b) complété par une relative.

1. Il est chef d'orchestre.
2. Elle est avocate.
3. Il est professeur de musique.
4. Nous sommes médecins.
5. Ils sont amis.

D. Traduisez.

1. She is an avid baseball fan.
2. He is a famous musician.
3. John is an interesting poet.
4. She is a fascinating film director.
5. I am a doctor.

E. Mettez à la forme négative.

1. J'ai une visite à rendre avant 5 heures.
2. Nous avons des projets pour ce soir.
3. Elles ont acheté des serviettes en papier.
4. J'ai un conseil à vous donner.
5. Mon voisin a planté un arbre dans son jardin.

3 L'ARTICLE PARTITIF

I. Formes et fonctions
Nous mangeons **du** gâteau ou **de la** tarte.

II. Article partitif et préposition « de »
Il me faut **de la** farine.
J'ai besoin **de** farine.
J'ai **du** vin ; je n'ai pas **de** vin.

III. Article partitif et adverbes de quantité
Nous avons **beaucoup de** problèmes.
Nous avons **bien des** problèmes.

I. Formes et fonctions

Au dessert, nous mangeons **du** gâteau ou **de la** tarte.

I. 1 Les formes de l'article partitif sont du, de la, des.

Du et de la se changent en de l' devant une voyelle ou un h muet.

> *Pour faire mon gâteau je prends du beurre, de la farine et de l'huile.*

I. 2 L'emploi de l'article partitif

L'article partitif sert à marquer une partie indéterminée d'un tout, une quantité indéterminée que l'on ne peut pas préciser par une unité de mesure.

> *Je mange de la tarte.*
> *Prenez du café !*

II. Article partitif et préposition « de »

II. 1 Avec les verbes suivis de la préposition de

a. Lorsque le nom est complément d'un verbe ou d'un adjectif qui veut la préposition de (avoir besoin de, manquer de, être privé de… → listes p. 343-346), on n'utilise pas l'article partitif, on n'utilise que la préposition de.

Pour faire un gâteau, il faut de la farine, du sucre et de l'huile.
(Il faut se construit directement, sans de.)

Pour faire un gâteau, j'ai besoin de farine, de sucre et d'huile.
(Avoir besoin se construit toujours avec de.)

Un bassin rempli d'eau. (Remplir qqch. de qqch.)

b. **Cependant, si le nom est déterminé** (par exemple par une proposition relative), la détermination entraîne l'apparition de l'article défini (le, la, les) qui se juxtapose ou se contracte à la préposition de.

Malgré la ressemblance des formes (du, de la, des), il ne s'agit pas de l'article partitif mais de l'article défini précédé de la préposition de.

J'ai besoin de farine. (indéterminé) I need flour.

J'ai besoin de la farine que tu as achetée ce matin. (déterminé)
I need the flour you bought this morning.

II. 2 Après une négation on emploie la préposition de au lieu de l'article partitif.

J'ai du vin ; je n'ai pas de vin.
Il a du courage ; il n'a plus de courage.

• Cependant, après le verbe « être » à la forme négative on garde l'article partitif du, de la, des.

C'est du vin ; ce n'est pas du vin.

II. 3 Après la préposition sans on emploie rarement l'article partitif.

Je bois mon thé avec du sucre.
Je bois mon thé sans sucre.

A. **Mettez l'article partitif ou la préposition « de » selon le cas.**

1. Il me faut .... temps pour faire cet exercice.

2. Monique a envie .... fraises.

3. Je ne lis jamais .... romans policiers.

4. Benjamin a besoin .... ciseaux que tu as empruntés.

5. Il m'a envoyé .... fleurs.

Tu m'as fait **beaucoup de** peine.

III. 1 Comment exprimer la notion de quantité indéterminée ?

La quantité indéterminée peut être indiquée par des adverbes de quantité ou des locutions adverbiales suivis de la préposition de. Dans ce cas, on emploie la préposition de sans article.

> *J'ai beaucoup de peine. Tu as bu trop de café. Il a assez d'argent.*
> *Il a peu de chance. Il a un peu de monnaie. Ils ont un tas de soucis.*

N.B : voici quelques exceptions :

a. après bien (adverbe de quantité), on utilise l'article partitif singulier ou pluriel.

> *Tu as bien de la chance. Elle a bien des soucis.*

b. après la plupart, le nom est précédé de l'article défini pluriel contracté (des).

> *La plupart des élèves sont déjà en vacances.*

La plupart est suivi d'un nom **pluriel** sauf dans l'expression la plupart du temps (➜ chapitre 43, II. 2, p. 319).

B. Traduisez.

1. How do you take your coffee? – Lots of hot milk, very little sugar, please.
2. I had a little soup at noon. It contained lots of cream.
3. There was so much work to do!
4. Most of the shells we find are broken.
5. You will need a lot of courage.

C. Complétez par l'article partitif ou par la préposition « de » selon le cas.

1. Faut-il encore aller chercher .... pain ?
2. Tu lui as fait .... peine.
3. Je ne veux pas .... ennuis.
4. Elle est arrivée avec beaucoup .... bagages.
5. Je voudrais un kilo .... cerises.
6. La plupart .... passagers ont eu le mal de mer.
7. Buvez-vous .... thé ou .... café ?
8. Ils n'ont plus .... travail.
9. Avez-vous .... cigarettes ?
10. Ils n'ont pas acheté assez .... lait.

D. Traduisez.

1. I need some flour to make this cake.
2. He lacks patience.
3. You drink too much coffee.
4. Most people drink wine.
5. We always took too much luggage.
6. This is not whisky, it's tea.
7. His letter was full of mistakes.
8. Do you have enough room?
9. She doesn't have any imagination.
10. I need the books I lent you.

4 LE NOM

I. Formation et emploi du pluriel
Mettez des **pneus** neufs.
Attention ! **Travaux** !

II. Genre des noms
Brigitte était **un bébé** turbulent.

III. Faux amis et confusions
Le **comité** de **littérature** se réunira dans une autre **salle**.

I. Formation et emploi du pluriel

Mettez des **pneus** neufs à votre voiture.
Nous avons assisté aux derniers **récitals** de cet artiste.
Attention ! **Travaux** !

I. 1 Formation du pluriel

a. En règle générale on forme le pluriel d'un nom en ajoutant -s.

un livre → des livres ; la maison → les maisons

b. Les noms terminés par **-au** et par **-eu** font **-aux** et **-eux** au pluriel, sauf :
pneu (des pneus) et bleu (des bleus).

J'ai reçu la lettre de mes neveux.
J'ai mis des pneus neufs à ma voiture.
Je me suis fait des bleus au bras.

c. Les noms terminés par **-al** font leur pluriel en **-aux**, sauf : bal, carnaval, festival, récital et régal.

Idéal peut faire au pluriel des idéals ou des idéaux.

un éditorial → des éditoriaux ; un cheval → des chevaux ;
un bal → des bals ; un récital → des récitals

d. Les noms terminés en **-ail** font généralement leur pluriel en **-ails**.

un chandail → des chandails ; un détail → des détails

Mais quelques mots comme travail et vitrail font leur pluriel en **-aux**.

un travail → des travaux ; un vitrail → des vitraux

e. **Les noms terminés par -ou** font **-ous** au pluriel, sauf : bijou, caillou, chou, genou, hibou, joujou, pou, qui prennent un -x au pluriel.

Elle aime porter ses bijoux.

f. **Contrairement à l'anglais,** les noms de personne ne prennent pas la marque du pluriel.

The Smiths visited the Watsons. *Les Dupont ont rendu visite aux Durand.*

g. **Dans les noms composés** les éléments suivants sont invariables :
– les verbes, les adverbes, les prépositions et les pronoms.
– les noms qui sont compléments du premier nom.

des timbres-poste ; des chefs-d'œuvre

h. **Dans les noms composés** formés d'un verbe et d'un nom complément d'objet direct, le nom se met au singulier ou au pluriel selon le sens.

des gratte-ciel ; des casse-noisettes.

i. **On notera** que monsieur, madame, mademoiselle **font** messieurs, mesdames, mesdemoiselles au pluriel.

A. **Mettez les noms suivants au pluriel.**

1. le cheveu	5. le bal	9. la mode
2. le cheval	6. le tire-bouchon	10. le travail
3. le chou-fleur	7. le chandail	11. le terrain
4. le caillou	8. le nœud	12. la taille

I. 2 Emploi du pluriel

a. **Certains noms singuliers en anglais** correspondent à des noms pluriels en français. On traduira souvent :

– furniture	par	les meubles
– hair	par	les cheveux
– applause	par	les applaudissements
– fruit	par	les fruits
– progress	par	les progrès
– information	par	les renseignements

You are making progress. *Vous faites des progrès.*

• Notez aussi :
– to have homework = avoir des devoirs.
– to take action = prendre des mesures.
– les expressions every Sunday, every Monday = tous les dimanches, tous les lundis.

b. Inversement, des noms pluriels en anglais peuvent correspondre à des noms singuliers en français.

Notez :

– trousers = un pantalon (mais aussi des pantalons).
– to eat grapes = manger du raisin.
– on Saturdays = le samedi (idée de répétition ; → chapitre 1, II. 1, f, p. 17).

c. Contrairement à l'anglais, lorsque plusieurs possesseurs possèdent chacun un seul élément, on ne considère pas la somme des éléments possédés par le groupe, mais ce que chaque individu possède et l'élément possédé se met au singulier et non pas au pluriel.

> The men were smoking their pipes.
> *Les hommes fumaient leur pipe.* (Ils ont chacun une pipe.)

> They worked very hard during their lives.
> *Ils ont travaillé très dur pendant leur vie.*

d. Certains noms, appelés collectifs, sont au singulier mais représentent plusieurs individus ou plusieurs choses.

> *la foule ; le gouvernement ; le bétail...*

ATTENTION !

Si un tel nom collectif est sujet, le verbe s'accorde au singulier. Le nom collectif étant singulier, il faut bien faire attention à l'usage du pronom personnel et des adjectifs et pronoms possessifs.

Le gouvernement a décidé de maintenir sa position ; il refuse d'abroger la loi. The government decided to uphold its position; they refuse to repeal the law.
La foule avançait dans la rue ; elle hurlait sa colère. The crowd moved down the street; they were shouting their anger.

e. Certains noms, en français, sont toujours au pluriel.

On notera en particulier :

– les mathématiques	– les environs
– les ténèbres	– les vacances
– les fiançailles	– les vivres
– les funérailles	– le mot dépens (dans à mes dépens/à vos dépens)

I. 3 Pièges à éviter

a. Gens ne peut pas être déterminé par un chiffre ni par l'adjectif quelques. On remplace alors le nom gens (toujours pluriel) par le nom personnes.

> There were some people outside the door. *Il y avait des gens devant la porte.*
> There were ten people outside the door. *Il y avait dix personnes devant la porte.*

b. Argent, dans le sens de money, est toujours au singulier.

> She gave me some money. *Elle m'a donné de l'argent.*
> Money cannot buy happiness. *L'argent ne fait pas le bonheur.*

c. **Vacances,** dans le sens de holiday, vacation, est toujours au pluriel (vacance, au singulier, se rapporte à l'idée de vide ou d'abandon).

> *Les vacances de Monsieur Hulot.* Monsieur Hulot's holiday.
> *La vacance du pouvoir.* A power void.

d. **La police** représente une institution et non pas un ensemble de policiers. Dans des phrases telles que : « The police leaped from their chairs and seized the wife », on traduira donc « the police » par les policiers car il s'agit d'individus et non pas de l'institution en général.

> *Les policiers dirigeaient la circulation pendant la coupure de courant.* The police directed traffic during the power cut.

B. Traduisez.

1. A few people were already waiting.
2. Six people were injured in the accident.
3. I'm taking a vacation (a holiday) next month.
4. The cattle are to be sold tomorrow.
5. The team won their first cup.

II. Genre des noms

> Elle a été **témoin** d'un grave accident.
> Elle occupe **un poste** important.
> J'envoie la lettre par **la poste**.
> **La France** et **le Canada** ont signé un traité.

II. 1 Genre et sexe

a. **Certains noms, en français, sont toujours masculins,** même s'ils se réfèrent à une personne de sexe féminin.

> *Toute petite, Brigitte était un bébé turbulent.*
> *Elle a avoué être l'assassin de son amant.*

• Dans cette catégorie de noms, il faut noter :

– un adversaire	an adversary	– un guide	a guide
– un agent	an agent	– un modèle	a model
– un ange	an angel	– un témoin	a witness
– un tyran	a tyrant	– un vainqueur	a winner

b. Inversement, certains noms sont toujours féminins, même s'ils se réfèrent à une personne de sexe masculin. Dans cette catégorie, il faut noter :

- une personne   a person
- une star   a star
- une victime   a victim
- une sentinelle a sentry
- une vedette   a star

c. Certains noms ont la même forme mais deux genres, pour indiquer si l'on parle d'une femme ou d'un homme.

un automobiliste/une automobiliste ; un collègue/une collègue

II. 2 Genre et sens du nom

Certains noms ont la même forme mais deux genres et ces deux genres correspondent à deux sens complètement différents du nom.

Le poste (l'emploi, la fonction) ≠ *la poste* (l'institution qui achemine le courrier).
Elle occupe un poste important.
J'envoie la lettre par la poste.

On notera en particulier :
- un aide (an assistant)   ≠ une aide (assistance)
- un critique (a critic)   ≠ une critique (a criticism or critical article; a review)
- un livre (a book)   ≠ une livre (a pound)
- un manche (a handle)   ≠ une manche (a sleeve)
- un mode (a mode)   ≠ une mode (a fashion)
- un somme (a nap)   ≠ une somme (an amount; a total)
- un tour (a tour/walk)   ≠ une tour (a tower)
- un voile (a veil)   ≠ une voile (a sail)

N. B. : un critique (a critic) peut être féminin si la profession est exercée par une femme (une critique : a female critic). Une critique est aussi un compte rendu (a critical article; a review) ou une remarque négative.

II. 3 Les noms de pays

a. Les noms de pays, de province ou d'État terminés par un -e sont féminins.
On dira donc : *la France, la Russie, la Champagne.*
Mais on dira : *le Canada, le Québec, le Venezuela.*

- Exceptions à noter :
- le Mexique, le Zaïre, le Maine, le Mozambique.
- Israël, Oman n'ont pas d'article.

b. Les noms de ville ont tendance à être considérés comme féminins quand ils sont terminés par un -e muet et masculins dans les autres cas.

Québec est très animé pendant le carnaval.
Le Berlin des années vingt.
La Rome de la Renaissance.

c. Les noms d'îles peuvent être :

– masculins : généralement ils n'ont pas d'article.

Madagascar, Sumatra, Bornéo…

– ou féminins : ils se terminent alors souvent par un -e muet et ils ont un article.

La Corse, la Sicile, la Nouvelle-Zélande, l'Irlande, la Grande-Bretagne.

II. 4 Particularités

a. Chose et **personne** sont des noms féminins.

une belle chose ; une personne intéressante

Mais quelque chose et personne, pronoms indéfinis, sont masculins.

J'ai vu quelque chose de beau.
Personne n'est blessé.

b. Gens, en français moderne, est un nom masculin pluriel.

Tous les gens sont rassemblés.
J'ai rencontré des gens intéressants.

Mais lorsque le nom est précédé immédiatement d'un adjectif qualificatif, gens est du genre féminin.

Je respecte toutes ces bonnes gens.

C. Complétez par l'article défini ou indéfini.

1. .... Beauce est une région fertile.

2. Ils ont hissé .... voile du bateau.

3. .... Montréal des années 50.

4. .... Mexique est un pays touristique.

5. As-tu lu .... critique de ce film ?

6. Pour faire marcher cet appareil, il faut lire .... mode d'emploi.

7. .... Sardaigne est au sud de .... Corse.

8. J'ai cassé .... manche de la casserole.

9. Il occupe .... poste de diplomate à Rome.

10. Il s'était couché tellement tard qu'il a dû faire .... somme après le déjeuner.

Le **comité** de **littérature** se réunira dans une autre **salle**.

III. 1 Orthographe

Certains noms français ressemblent à des noms anglais mais sont orthographiés différemment.
On notera en particulier :

– une adresse (address)
– un appartement (apartment)
– un comité (committee)
– le confort (comfort)
– un correspondant (correspondent)
– un ennemi (enemy)

– un exemple (example)
– le gouvernement (government)
– un héros (hero)
– le langage (language)
– la littérature (literature)
– des progrès (progress)

III. 2 Sens

On ne confondra pas :

a. Nuit et **soirée**

« *J'ai passé la soirée avec lui* » ne signifie pas « *J'ai passé la nuit avec lui* ».

– La nuit : la période qui va, approximativement de 11 h du soir au lever du jour.
– La soirée : la période qui va, approximativement, de 7 h du soir à 11 h du soir ou minuit.

b. Chambre et **pièce**
– Une chambre : une chambre à coucher (a bedroom).
– Une pièce : une salle (a room).

c. Librairie et **bibliothèque**
– Une librairie : un magasin où l'on vend des livres (bookstore).
– Une bibliothèque : a library.

d. Injure et **blessure**
– Une injure : une parole blessante.
– Une blessure : une plaie, le résultat d'un accident.

e. Position, poste et **emploi**
Une position ne signifie jamais un emploi, un poste. Le mot signifie une opinion (« voici ma position » = voici mes convictions) ou un endroit où on se situe (« précisez la position du bateau »).

4 LE NOM

f. Place peut signifier un emploi, un poste (« Il a trouvé une place chez un garagiste »). Le mot peut aussi signifier un espace (a square).

> *Il a traversé la place.* He crossed the square.

Enfin, il peut signifier un endroit désigné.

> *Chaque chose à sa place.* Everything in its place.

g. Caractère et personnage
– Le caractère fait référence à la psychologie d'une personne, à ses caractéristiques psychologiques : « avoir bon/mauvais caractère ».
– Un personnage est un individu (souvent un individu fictif de roman ou de pièce de théâtre).

h. Humeur et humour
– Humeur = mood (« *Es-tu de bonne humeur ?* »)
– Humour = point de vue détaché et plaisant (« *Elle a le sens de l'humour ; elle a de l'humour.* »)

i. Monnaie et argent
On utilise de l'argent (money) pour payer (en pièces ou en billets) mais quand il s'agit d'une petite somme, on paie avec de la monnaie. On demande de la monnaie.

> Do you have some money? *Avez-vous de l'argent ?*
> Do you have some change? *Avez-vous de la monnaie ?*

D. Traduisez.
1. The victim died from his injuries.
2. With her diplomas she will have no trouble finding a position.
3. Servants in Molière's plays are amusing characters.
4. I'll meet you in front of the library.
5. Wednesday is hockey night in Canada.

E. Traduisez.
1. She has made progress in French.
2. Long applause greeted the singer.
3. Fruit is good for your health.
4. I need to have my hair cut.
5. Could you give me some information?

F. Dans les phrases suivantes, mettez les mots au genre qui convient.

1. Je suis fatigué ; je vais faire [un/une] somme.
2. Le vent se lève ; les marins hissent [le/la] voile.
3. J'ai lu [un/une] critique très [positif/positive] de ce livre.
4. Il a un gros trou à [son/sa] manche.
5. Je ne peux pas me servir de cet appareil ; j'ai perdu [le/la] mode d'emploi.
6. Quand je fais [le/la] somme de tout ce que j'ai acheté à Noël, je suis effaré !
7. Il faut que j'aille [au/à la] poste porter ce paquet.
8. Il a obtenu [un/une] très [bon/bonne] poste à l'ambassade.
9. J'aimerais bien faire [le/la] tour de la ville.
10. La mariée avait [un/une] [long/longue] voile.
11. [Le/La] manche de la casserole était [brûlant/brûlante].
12. Ce n'est plus [le/la] mode des jupes longues.
13. J'ai acheté [un/une] livre de beurre.
14. Sa petite sœur était [un/une] bébé adorable.
15. Jacques lui a apporté [un/une] aide [précieux/précieuse].

G. Traduisez.

1. France is a great producer of wine.
2. Corsica is the island where Napoleon was born.
3. Scotland is the country where golf originated.
4. Canada is a very large country.
5. Germany was divided into two parts from 1945 until 1989.
6. Paris is very animated on July 14.
7. I would like something more elegant.
8. Marc is a nice person.
9. No-one arrived late.
10. These good people helped the injured sentry.

H. Mettez au pluriel les noms soulignés (attention à l'accord des verbes).

1. J'ai fini <u>mon travail</u>.
2. <u>Le bureau</u> sera fermé à 5 heures.
3. <u>L'enjeu</u> est important.
4. J'aime <u>le petit bal</u> du samedi soir.
5. <u>Son bijou</u> est faux.

I. Complétez les phrases suivantes (en vous méfiant des « faux amis » signalés en III. 2).

1. Tais-toi ! Je suis de mauvaise ....
2. Il faut que j'aille à .... emprunter un livre.
3. Dans quelle .... mettez-vous cette table ?
4. Nous avons dîné au restaurant puis nous sommes allés au cinéma. Quelle excellente .... !
5. Je n'ai pas assez d'................ pour acheter un ordinateur.
6. Vous n'auriez pas l'appoint ? Je n'ai pas de ....
7. Connais-tu une bonne .... où je pourrais acheter un livre sur les vitraux ?
8. Avec ce grand lit et cette armoire, je n'ai plus beaucoup de place dans ma ....
9. Je n'ai pas dormi. J'ai passé une .... affreuse.
10. Le piéton a hurlé des .... à l'automobiliste qui a failli l'écraser.
11. Le .... de cet enfant est agréable ; il est toujours de bonne ....
12. Les .... de ce roman sont complètement invraisemblables !
13. Cette jeune fille est gentille mais elle n'a pas le sens de l'................ .
14. La compagnie lui a offert un .... de traductrice.
15. Il est resté longtemps au chômage mais il vient de trouver un bon ....

5 LES COMPLÉMENTS DU NOM

I. Les différents compléments du nom
Un livre **relié**.
La fête **que l'on célèbre**.
Le cahier **de l'élève**.
L'homme **à l'imperméable gris**.

II. Différences entre l'anglais et le français
Les animaux **du zoo.** The animals in the zoo.
Les gens d'**en haut**. The people upstairs.
Ceux **qui sont à l'intérieur**. Those inside.

III. Complément de nom précédé de la préposition « à »
L'homme **à l'imperméable gris**.

IV. Infinitif complément d'un nom
Il y a des chambres **à louer**.

I. Les différents compléments du nom

Un livre **relié**.
La fête **que l'on célèbre**.
Le cahier **de l'élève**.
L'homme **à l'imperméable gris**.

I. 1 Un nom peut être précisé, « complété » par :

a. un **adjectif** (ou par un participe utilisé comme adjectif).
Un livre relié ; le ciel bleu ; une journée ensoleillée...

b. une **proposition relative**.
Le plat qui a été préparé ; la fête que l'on célèbre tous les ans...

c. un **autre nom** souvent précédé de la préposition de.
Le cahier de l'élève ; une photo de famille...

d. dans certains cas, **par un nom ou un infinitif** précédé de la préposition
« à » ou par un nom précédé de la préposition en.
Une machine à coudre ; une veste en cuir ; un homme en short.

Les animaux du zoo. The animals **in** the zoo.
Les gens d'en haut. The people **upstairs**.
Ceux qui sont à l'intérieur. Those **inside**.

II. 1 Prépositions de lieu

Contrairement à l'usage anglais, un nom, en français, n'est généralement pas complété par un nom précédé d'une <u>préposition</u> qui indique le lieu.

ATTENTION !

On ne peut pas traduire : « The animals in the zoo are sick » par : « *Les animaux dans le zoo sont malades. »

De même, on ne peut pas traduire : « The room on the second floor is empty » par : « *La pièce au deuxième étage est vide. »

En effet, dans chaque cas le deuxième nom (qui complète le premier) est précédé d'une préposition de lieu.

Pour éviter la construction anglaise, on choisira, selon les besoins, l'une des trois solutions suivantes :

a. une relative :

Les animaux qui vivent dans le zoo sont malades.
La pièce qui se trouve au deuxième étage est vide.

b. un participe passé qui a une valeur d'adjectif :

Les animaux enfermés dans le zoo sont malades.
La pièce située au deuxième étage est vide.

c. un nom précédé de la préposition de :

Les animaux du zoo sont malades.
La pièce du deuxième étage est vide.

A. **Traduisez.**

1. The sign over the inn door was in French.
2. The flowers beside the door are a gift from an admirer.
3. Please pick up the letters under the door.
4. The people in this city are friendly.
5. The magazines on the shelf are yours.

II. 2 Adverbes de lieu

Contrairement à l'usage anglais, un nom, en français, ne peut pas être complété par un <u>adverbe</u> de lieu.

> **ATTENTION !**
>
> On ne peut pas traduire : « The people upstairs are my friends » par : *« Les gens en haut sont mes amis. »
>
> On complètera le nom, selon le contexte, par une proposition relative (1), par un adjectif issu d'un participe passé (2) ou par un nom précédé de la préposition « de » (3).
>
> 1. Les gens **qui sont en haut**...
> 2. Les gens **installés en haut**...
> 3. Les gens **du haut**.../les gens **d'en haut**...

II. 3 Les pronoms démonstratifs

Les règles énoncées en II. 1 et II. 2 concernent aussi **le pronom démonstratif** (celui, celle, ceux, celles).

On traduira : « Those inside are safe » par : « Ceux (celles) qui sont à l'intérieur sont en sécurité » ou par : « Ceux (celles) de l'intérieur sont en sécurité. »

> **ATTENTION !**
>
> Le pronom démonstratif ne peut pas être complété par un adjectif. De ce fait, l'usage du participe passé comme adjectif n'est pas possible.
>
> On ne traduira pas : « Those hurt in the accident are still in hospital » par : « *Ceux blessés dans l'accident sont encore à l'hôpital. »
>
> Mais on utilisera une proposition relative.
>
> Ceux qui ont été blessés dans l'accident sont encore à l'hôpital.

B. Traduisez.

1. The books on the table are mine, those on the shelf are yours.
2. The flowers in front of the house are growing well, those under the tree need some light.
3. The socks in the drawer are clean; those on the floor are dirty.
4. The exercises in the book are easy, those on the exam are very difficult.
5. The movies on TV are very old, the ones at the Cinémathèque are more recent.

III. Complément de nom précédé de la préposition « à »

L'homme à l'imperméable gris. The man in the grey raincoat.
Ces dames au chapeau vert. The ladies with green hats.

III. 1 Emploi

Pour marquer une caractéristique physique ou vestimentaire, pour insister sur une particularité descriptive, on peut compléter un nom par un autre nom précédé de la préposition « à » (combinée ou non avec l'article défini).

La maison aux tuiles rouges. The house with red tiles.
L'homme au masque de fer. The man in the iron mask.
La femme aux gants noirs. The woman with the black gloves.

ATTENTION !
Dans ce cas, le groupe complément (à + nom) ne peut pas être séparé du nom qu'il modifie. Il le suit immédiatement.

III. 2 Différence français/anglais

L'anglais complète souvent un nom par un autre nom précédé de la préposition « with ».

The woman with the red dress came from a foreign country.

• La construction correspondante, qui utiliserait avec suivie d'un nom, n'est pas correcte en français.

On traduit la construction anglaise :
– souvent par une proposition relative.
– quelquefois par à + nom (➜ III. 1, ci-dessus).
On ne dira pas : *« La femme avec une robe rouge venait d'un pays étranger. »
On dira : « La femme qui portait une robe rouge venait d'un pays étranger. »
Ou : « La femme à la robe rouge venait d'un pays étranger. »

C. Traduisez.
1. That wallpaper with the bright colours goes well with your rug.
2. The girl with the blonde hair is very athletic.
3. I chose the car with leather seats.
4. The house with the red roof is for rent.
5. That dress with long sleeves doesn't suit her.

Il y a des chambres **à louer**.
Voici un film **à voir**.

IV. 1 Conditions d'emploi

• Le nom peut être complété par un infinitif précédé de la préposition à lorsque l'infinitif placé après le nom équivaut à une proposition relative.

Une chambre à louer (qu'on peut ou qu'on veut louer).
Un devoir à faire (qu'on doit faire).
Une machine à laver (qui lave).

• Sauf exceptions (quelques expressions proverbiales ou intensives du type « une histoire à dormir debout »), la construction n'est possible que si le verbe à l'infinitif est <u>transitif</u> direct.

On peut dire : « un adversaire à redouter » car on redoute un adversaire (construction directe) mais on ne peut pas dire : « *un journal à s'abonner » ou « *une question à répondre » car on s'abonne à un journal, on répond à une question (les verbes sont transitifs indirects). On utilise alors une proposition relative.

Un journal auquel on doit s'abonner.
Une question à laquelle il faut répondre.

D. Trouvez une subordonnée relative ou un adjectif (participe passé) qui permette d'éviter la construction anglaise (nom + préposition de lieu + nom).

Le tableau (qui est accroché) au mur est un Picasso.

1. Le vase .... sur la table est en cristal.

2. L'argent .... dans ma poche ne m'appartient pas.

3. Les personnes .... dans la salle se connaissaient déjà.

4. L'échelle .... contre le mur gêne le passage.

5. Le tricot .... sur le dossier de la chaise appartient à maman.

E. Traduisez.

1. Our neighbours next door are unpleasant, but those downstairs are very nice.

2. I am looking for a book to read.

3. Who is the man with the white beard?

4. The champagne in the fridge is too cold.

5. We have many questions to answer.

6 L'ADJECTIF QUALIFICATIF

I. Place
L'étudiante **américaine** cherche à louer une **jolie** chambre **meublée**.

II. Féminins irréguliers
Elle adore la crème **fraîche** bien **épaisse**.

III. Pluriel
Elle s'est acheté des pulls **bleu foncé**, des chaussures **orange** et des gants **marron**.

IV. Majuscule
Les **Canadiens** aiment la cuisine **chinoise**.

V. Particularités
Nous avons mangé de **gros petits pois**.
L'ingénieur **chimiste** se sert de produits **chimiques**.

I. Place

L'étudiante **américaine** cherche à louer une **jolie** chambre **meublée**.
The American student is looking for a nice furnished room to rent.

I. 1 L'adjectif se place après le nom

Contrairement à l'anglais, en français la majorité des adjectifs qualificatifs sont placés après le nom.
En particulier, on place après le nom :

a. **les adjectifs de forme et de couleur** :

Une pièce rectangulaire.
Une robe rose.

b. **les adjectifs qui marquent une catégorie** (géographique, religieuse, sociale, historique, etc.) :

Du fromage suisse.
Un enfant juif.
La classe ouvrière.
Une église médiévale.

c. les adjectifs formés à partir d'un participe (passé ou présent) :

Un ouvrier spécialisé.
Un travail éreintant.

d. les adjectifs suivis d'un complément :

Un étudiant fier de ses succès.

e. les adjectifs polysyllabiques qualifiant un nom monosyllabique (un nom d'une seule syllabe) :

Un film épouvantable.

I. 2 L'adjectif se place avant le nom

On place avant le nom un certain nombre d'adjectifs d'usage courant ; ces adjectifs sont souvent monosyllabiques.

– beau	– gros	– nouveau
– bon	– jeune	– petit
– court	– joli	– vieux
– gentil	– long	
– grand	– mauvais	

Un bon disque de jazz.
La petite musique de nuit.
Un nouveau magasin.

ATTENTION !

– Beau, nouveau et vieux changent de forme devant un nom masculin singulier commençant par une voyelle ou un h muet.

Un bel arbre (de beaux arbres).
Un nouvel hôtel (de nouveaux hôtels).
Un vieil ami (de vieux amis).

– Il en est de même des adjectifs mou (mol) et fou (fol) quand ils sont placés devant un nom masculin singulier commençant par une voyelle ou un h muet.

Un mol oreiller.
Un fol entêtement.

I. 3 Quand il y a plusieurs adjectifs, ils gardent la place qu'ils occuperaient normalement.

Une belle robe bleue (une belle robe ; une robe bleue).
Une gentille étudiante allemande (une gentille étudiante ;
une étudiante allemande).
Un beau petit chien (un beau chien ; un petit chien).
Une église médiévale intéressante (une église médiévale ;
une église intéressante).

I. 4 Certains adjectifs changent de sens selon qu'ils sont placés avant ou après le nom.

- Lorsqu'ils ont un sens figuré, ils sont placés avant le nom ; lorsqu'ils sont pris au sens propre, ils sont placés après.

> *Une femme pauvre : qui n'a pas d'argent* (sens propre).
> *Une pauvre femme : qui inspire la pitié* (sens figuré).

- Parmi ces adjectifs il faut noter :

– ancien	– cher	– différent	– propre	– simple
– brave	– curieux	– grand	– sale	– triste
– certain	– dernier	– pauvre	– seul	– vrai

> *Un ancien hôpital :* a former hospital.
> *Un hôpital ancien :* an ancient hospital.
> *Un brave homme :* a kind man.
> *Une femme brave (courageuse) :* a brave woman.
> *Trois livres différents :* three different books.
> *Différents livres :* various books.
> *Le dernier mois de l'année :* the last month of the year.
> *Je l'ai vue le mois dernier :* I saw her last month.

I. 5 Certains adjectifs peuvent se placer, indifféremment, devant ou après le nom sans changer de sens.

> *J'ai vu une magnifique voiture.* = *J'ai vu une voiture magnifique.*

- Mais si l'adjectif est plus court que le nom, on a tendance à le placer avant.

> *Un bref entretien.*

A. Mettez les adjectifs à la place qui convient.

1. passionnant – un film
2. bleu – le ciel
3. bon – une émission
4. nouveau – le programme
5. danois – un roman
6. long – un – paragraphe
7. bon, intéressant – un film
8. long, rouge – son – nez
9. appétissant – un menu
10. mauvais – ses – intentions

B. Traduisez.

1. a nice little house
2. a true story
3. my own book
4. a well-behaved child
5. an old uncle
6. soft butter

7. a new hat
8. a great wine
9. a new hospital
10. my dear friend
11. an expensive book
12. his former house

II. Féminins irréguliers

Elle adore la crème fraîche bien épaisse.
She loves very thick fresh cream.

II. 1 Formation des adjectifs féminins réguliers

En général on forme le féminin des adjectifs en ajoutant un -e au masculin.

> *grand → grande*
> *joli → jolie*

II. 2 Formation des adjectifs féminins irréguliers

– bas → basse
– beau → belle
– blanc → blanche
– bref → brève
– épais → épaisse
– faux → fausse
– favori → favorite
– fou → folle
– frais → fraîche
– franc → franche

– gentil → gentille
– gras → grasse
– grec → grecque
– gros → grosse
– long → longue
– mou → molle
– nouveau → nouvelle
– public → publique
– roux → rousse
– sec → sèche

II. 3 Doublement de la consonne

Les adjectifs qui se terminent par -el, -eil, -ien et -on doublent la consonne au féminin.

> *cruel → cruelle*
> *pareil → pareille*
> *ancien → ancienne*
> *bon → bonne*

6 L'ADJECTIF QUALIFICATIF •

49

Des joueuses **internationales** se rencontrent en matchs **amicaux**.
Elle s'est acheté des pulls **bleu foncé**, des chaussures **orange** et des gants **marron**.
Elle a acheté une robe, une écharpe, des chaussures et un manteau **verts**.
Elle a de **beaux** enfants.

III. 1 Formation des adjectifs pluriels réguliers

En général on forme le pluriel des adjectifs en ajoutant un -s.

grand → grands ; grande → grandes

III. 2 Les adjectifs en -al

• Ceux-ci forment leur féminin pluriel en -ales et leur masculin pluriel en -aux.

des navettes spatiales
des cours spéciaux

• Une exception à noter : des chantiers navals.

III. 3 Les adjectifs de couleur

• Les adjectifs orange et marron et les adjectifs de couleur composés sont invariables.

des cravates rose bonbon
des serviettes bleu pâle

• Notez que l'on dit bleu marine et non pas *bleu marin.

Elle a des gants bleu marine.

III. 4 Accord de l'adjectif avec plusieurs noms

Quand un adjectif qualificatif se rapporte à plusieurs noms, si un de ces noms est masculin, l'accord se fait au masculin pluriel.

Une robe, une veste et des chaussures élégantes.
    (f)   (f)   (f)

Mais on dira :

Une robe, une veste, des chaussures et un sac élégants.
    (f)   (f)   (f)   (m)

Dans ce type de série, on met le nom masculin en dernier.

III. 5 Transformation de l'article indéfini

Devant un adjectif qualificatif au pluriel, des devient de (➜ chapitre 2, I. 2, p. 22).

des enfants intelligents → de beaux enfants.

C. Donnez la forme correcte de l'adjectif mis entre parenthèses.

1. Elle a les yeux (bleu).
2. J'ai assisté aux dernières rencontres (international) des joueurs d'échecs.
3. C'est un hôpital pour les grands malades (mental).
4. Loïc déteste les examens (oral).
5. Ces gants (orange) n'iront pas avec mes chaussures (vert, pâle).

D. Traduisez.

1. light blue eyes
2. international relations
3. two navy-blue sweaters
4. pink flowers
5. three orange signs
6. brown cars
7. dark green leaves
8. some small children
9. special cases
10. dirty knives

IV. Majuscule

Les **Canadiens** aiment la cuisine **chinoise**.
Canadians love Chinese food.

IV. 1 Les adjectifs de nationalité

- Ces adjectifs ne prennent pas de majuscule ; seuls les substantifs qui représentent des personnes prennent une majuscule.

    la culture grecque ; les Grecs

- Les noms de langue ne prennent pas de majuscule.

    J'apprends le français, j'étudie l'espagnol.

E. Traduisez.

1. a young Canadian
2. a French cheese
3. some American dollars
4. a handsome Englishman
5. a good German wine
6. an old Scotsman
7. a beautiful French woman
8. three Mexicans
9. a Greek law
10. an Algerian author

V. Particularités

Nous avons mangé de **gros petits pois**. We ate large peas.
L'ingénieur **chimiste** se sert de produits **chimiques**.
The chemical engineer uses chemical products.

V. 1 Formation d'une unité lexicale

Certains adjectifs font corps avec le nom pour ne former qu'une seule unité lexicale.

a. C'est le cas de certaines expressions comme :

*des petits pois ; un petit déjeuner ; un jeune homme ;
une étoile filante ; un grand magasin ;* etc.

b. C'est le cas aussi des « adjectifs de relation ».

Certains adjectifs, malgré leur forme, ne sont pas des adjectifs qualificatifs mais des « adjectifs de relation », qui font « bloc » avec le nom (une seule unité lexicale) à tel point qu'ils ne peuvent pas être séparés du nom par le verbe être. Ces « adjectifs de relation » ne peuvent être mis ni au comparatif ni au superlatif. Par exemple on dira « une carte postale » (postcard) mais on ne pourra pas dire : *« cette carte est postale », *« cette carte est plus postale que la mienne ».

Autres exemples :

– *un journal médical :* a medical journal
– *une école primaire :* a primary school
– *un roman policier :* a detective novel
– *un bulletin scolaire :* a school report

V. 2 Certains adjectifs se rapportent aux personnes mais pas aux choses.

Par exemple, on ne traduira pas a sports car par : *« une voiture sportive » car sportif/sportive est un adjectif qui se rapporte à une personne. On traduira par : une voiture de sport.

Human rights se traduira par : les droits de l'homme ou les droits de la personne et non pas par : *« les droits humains ».

Une personne peut être alcoolique mais une boisson, elle, est alcoolisée.

Autres exemples : on traduira a medical student par un étudiant en médecine.

(*« Un étudiant médical » n'est pas possible alors que un examen médical est possible.)

On ne peut pas traduire a chemical engineer par : *« un ingénieur chimique » (l'expression voudrait dire qu'il a été fait artificiellement !) ; on traduira par : un ingénieur en chimie ou par : un ingénieur chimiste.

L'adjectif confortable ne peut pas être utilisé pour une personne. On traduira Make yourself comfortable par : Mettez-vous à l'aise.

F. **Complétez le texte suivant de façon logique par des adjectifs de votre choix.**

Franca est une .... Italienne de 19 ans. Elle vient d'arriver à l'aéroport .... de Toronto. Elle porte une .... robe .... et un imperméable .... Ses cheveux sont .... Des amis .... l'attendent à l'aéroport. Elle est .... de les revoir. Elle leur dit que le voyage a été un peu .... et .... Le repas n'était pas .... mais les hôtesses étaient très ....

G. Traduisez.

1. I prefer to have my own room.
2. The French, like the English, no longer own a large empire.
3. Most Turks are Moslems.
4. His only idea was to flee.
5. You find German tourists everywhere in Europe during the summer.
6. She is of Swiss origin; her husband is a Swede.
7. That afternoon he had a real surprise.
8. A good French cognac is very expensive.
9. The Chinese form one-quarter of the world's population.
10. Americans buy many Japanese cars.

6 L'ADJECTIF QUALIFICATIF •

53

H. Donnez la forme correcte de l'adjectif placé entre parenthèses.

1. (dernier) : ta .... visite.
2. (loyal) : des amis ....
3. (fier) : elle est ....
4. (vieux) : un .... homme.
5. (international) : des journaux ....
6. (sérieux) : une élève ....
7. (beau) : un .... habit.
8. (cher) : ma .... amie.
9. (bon) : ses .... notes.
10. (frais) : des nouvelles ....

7 LES DEGRÉS DE L'ADJECTIF

> I. **Comparatif**
> Cécile est **plus** sympathique mais **moins** travailleuse.
> Ton appartement est **aussi** confortable **que** le mien.
>
> II. **Superlatif**
> Gaëlle est l'étudiante **la plus** dynamique du groupe mais **la moins** studieuse.
> Gaëlle est **très** dynamique.
>
> III. **Comparatifs et superlatifs irréguliers**
> **Le meilleur** dentiste de la ville.
> La gourmandise n'est pas **son pire** défaut.

I. Comparatif

Cécile est plus sympathique mais moins travailleuse.
Cécile is more pleasant (nicer) but less hard-working.
Ton appartement est aussi confortable que le mien.
Your apartment is as comfortable as mine.

I. 1 Formation

Pour former le comparatif d'un adjectif qualificatif, on fait précéder l'adjectif de .
– plus (comparatif de supériorité)

Il est plus intelligent. He is more intelligent.

– moins (comparatif d'infériorité).

Il est moins intelligent. He is less intelligent.

– aussi (comparatif d'égalité).

Il est aussi intelligent. He is as intelligent.

I. 2 Emploi

• Le comparatif peut être utilisé seul. Si l'on ajoute un terme de comparaison, celui-ci est précédé de que. (Attention ! Il ne faut utiliser ni « de » ni « comme » !)

Il est plus grand que moi. He is bigger than me.
Elle est moins jolie que sa sœur. She is less pretty than her sister.
Ils sont aussi beaux que tu le dis. They are as lovely as you say.

• L'élément de comparaison peut être :
– un nom.

> *Pierre est aussi intelligent* que Paul.

– un pronom (le pronom personnel est à la forme tonique ; → chapitre 10, VI. 3, p. 83).

> *Elle est plus courageuse* que lui.

– un adverbe.

> *L'eau est plus chaude ici* que là-bas.

– une proposition subordonnée.

> *C'est plus cher* que je ne le pensais.

– un adjectif qualificatif.

> *Elle est aussi aimable* que belle.

• Notez dans le dernier exemple l'ellipse du verbe qui ne serait pas possible en anglais. On traduira : « Il est aussi rigoureux que juste » par : « He is as strict as he is fair. »

I. 3 Renforcement du comparatif

Si l'on veut renforcer le comparatif et insister sur la différence, on peut ajouter bien ou beaucoup devant plus et moins.

> *Il est* bien plus *grand que nous.* He is much bigger than us.
> *Nous sommes* beaucoup moins riches. We are much less rich.

A. Avec les éléments suivants, faites une phrase en utilisant le comparatif.

1. vinaigre – acide – vin
2. agneau – féroce – tigre
3. Californie – peuplée – Alaska
4. acier – résistant – plomb
5. tortue – rapide – lièvre
6. camion – rapide – Ferrari
7. homme – intelligent – femme
8. Guadeloupe – grande – Australie
9. truffe – rare – radis
10. montagne – haute – colline

II. Superlatif

Gaëlle est la plus sympathique. Gaëlle is the nicest.
Gaëlle est la camarade la plus aimée. Gaëlle is the most popular friend.
Il est très beau ; elle est fort belle. He is very handsome; she is very beautiful.

II. 1 Formation

Pour former le superlatif de supériorité ou d'infériorité, on fait précéder l'adjectif de l'adverbe plus ou moins et de l'article défini ou de l'adjectif possessif.

> *Gaëlle est la plus aimable.* Gaëlle is the most friendly (friendliest).
>
> *Pierre est le moins riche.* Pierre is the least rich.
>
> *Ces dessins sont les plus amusants.* These drawings are the funniest.
>
> *La gourmandise est son plus grand défaut.* Greed is his greatest fault.

II. 2 Emploi

Le superlatif peut être utilisé seul. S'il est accompagné d'un complément de référence (nom ou pronom), ce complément est précédé de de.

> *Pierre est le plus gentil de tous.* Peter is the kindest of all.
>
> *Ils ont coupé les plus gros arbres de la forêt.*
> They cut down the biggest trees in the forest.
>
> *C'est la plus grande province du Canada.* It is the largest province in Canada.

ATTENTION !

Lorsque l'adjectif est placé après le nom (→ page 46), il garde cette place quand il est au superlatif.

On dit : la belle femme.
           1   2

On dira : la plus belle femme.
          1   2

On dit : la femme sympathique.
        1   2

On dira : la femme la plus sympathique.
        1   2

De même on dira : « *mon plus beau livre* », mais : « *mon livre le plus rare* », etc.

II. 3 Le superlatif absolu

Pour marquer le haut degré d'une qualité sans référence à un autre élément, on fait précéder l'adjectif qualificatif de l'adverbe très ou d'un équivalent (fort, bien, extrêmement, tout à fait).

> *Il est très pauvre.*
> *Elle est fort belle.*
> *Ils sont bien déçus.*

II. 4 Emploi de « beaucoup »

Beaucoup ne peut pas être employé comme équivalent de très ; beaucoup ne peut pas précéder directement un adjectif qualificatif.

B. **Selon le modèle, mettez l'adjectif au superlatif absolu puis au superlatif relatif.**

Cet homme est admiré. → *Cet homme est très admiré.* → *C'est l'homme le plus admiré.*

1. Cette femme est heureuse.
2. Ce journal est intéressant.
3. Ces exercices sont difficiles.
4. Cette actrice est célèbre.
5. Cette région est touristique.

III. Comparatifs et superlatifs irréguliers

Le meilleur dentiste de la ville. The best dentist in town.
La gourmandise n'est pas **son pire** défaut. Greed is not his worst fault.

III. 1 Adjectifs irréguliers

Certains adjectifs ont un comparatif et un superlatif de supériorité irréguliers :
– bon fait toujours meilleur (au comparatif de supériorité) et le meilleur (au superlatif de supériorité.) → good – better – best.
– mauvais fait pire (à côté de plus mauvais) et le pire (à côté de le plus mauvais → bad – worse – worst.
– pire et plus mauvais sont souvent synonymes. Pire (moins courant que plus mauvais) est souvent lié à un jugement moral (il signifie alors « plus détestable »), alors que plus mauvais sert davantage à caractériser une réalité matérielle.

Cette solution serait pire que l'autre.
Le sirop à la cerise est plus mauvais que le sirop au citron.

– petit fait moindre (à côté de plus petit) et le moindre (à côté de le plus petit) → small – smaller – smallest.
On utilise moindre quand il s'agit d'une idée de valeur ou d'importance et plus petit quand il s'agit de dimensions physiques ou de taille.

Il nous punit dès qu'on fait la moindre sottise.
He punishes us for the smallest (least, slightest) mistake.

J'occupe la plus petite chambre. I have the smallest room.

– bon	meilleur	le meilleur
– mauvais	{ pire { plus mauvais	{ le pire { le plus mauvais
– petit	{ moindre { plus petit	{ le moindre { le plus petit

III. 2 Certains adjectifs ne peuvent avoir ni comparatif ni superlatif.

C'est le cas des adjectifs qui expriment déjà l'idée de supériorité, d'excellence ou de point limite (par exemple : supérieur, parfait, excellent, unique, inférieur, etc.). Parfois, c'est le sens de l'adjectif qui interdit de mettre au comparatif ou au superlatif (par exemple : égal).

N. B. : supérieur et inférieur ont des compléments introduits par la préposition à.

Ce magasin est supérieur aux autres.

III. 3 Aussi… que/si… que

On ne confondra pas aussi (grand) que et si (grand) que.
Aussi (grand) que introduit une comparaison alors que si (grand) que introduit une conséquence.

Il est aussi grand que son père. (comparaison) He is as tall as his father.

Il est si grand qu'il doit se baisser pour passer sous la porte. (conséquence)
He is so tall that he must duck to pass through the doorway.

ATTENTION !
Dans ce dernier cas, « that » peut se supprimer en anglais ; que ne peut pas se supprimer.

C. Traduisez.

1. They are less rich than their cousins.
2. Which one of the books is more interesting?
3. The nicest tree in the forest.
4. The traffic is worse this summer.
5. The most intelligent student.
6. His house is the largest in the street.
7. The coffee was so hot I couldn't drink it.
8. She isn't as pretty as her mother.
9. She is the best in the class.
10. The film is better than the book.

D. **Exprimez la différence des éléments suivants à l'aide d'un adjectif mis au comparatif de supériorité et d'infériorité.**

1. un camion/une auto
2. un roman policier/une thèse d'université
3. un steak-frites/un sandwich au jambon
4. un enfant/un adulte
5. une 2 CV Citroën/une Rolls Royce
6. un manteau/un imperméable

E. **Transformez les phrases suivantes selon l'exemple ci-dessous :**

Crésus était le Romain le plus riche. → *Crésus était le plus riche des Romains.*

1. Néron était l'empereur le plus cruel.
2. Palissy était l'inventeur le plus méconnu.
3. Nicolas est l'élève le plus turbulent.
4. Le mont Blanc est le sommet le plus élevé d'Europe.
5. L'hiver est la saison la plus froide.

F. **À l'aide des éléments suivants, faites une phrase qui utilise un superlatif de supériorité et un complément.**

1. timbre/rare/collection
2. moyen de transport/rapide/Paris
3. monument/célèbre/capitale
4. avion/moderne/compagnie
5. nouvelle/surprenant/journal télévisé

G. **Complétez à l'aide de « que » ou « de ».**

1. J'ai été aussi inquiet .... toi.
2. L'hiver n'est pas plus rigoureux .... celui de l'année dernière.
3. C'est la blague la plus drôle .... toutes.
4. C'est le plus grand artiste .... sa génération.
5. Elle est moins polie .... sa sœur.
6. Le billet est plus cher .... je ne le pensais.
7. C'est le coureur le plus rapide .... l'équipe.
8. Ce roman est moins intéressant .... le précédent.
9. C'est la personne la moins intéressée .... groupe.
10. Cet enfant est aussi intelligent .... sa sœur.

8 L'ADVERBE

I. Nature et fonction
Je vais **très bien**.
Je pose mon livre sur la table ; je pose mon livre **dessus**.

II. L'adverbe « tout »
Nous sommes **tout** perdus.
La terre était **toute** recouverte de neige.

III. Place des adverbes
Elle sait **toujours** tout.
Ils ont **beaucoup** aimé le spectacle.

IV. Les degrés de l'adverbe
C'est elle qui travaille **le mieux**.
Plus il est fatigué, **plus** il fait d'erreurs.

I. Nature et fonction

Je vais **très bien**. I am very well.
Je pose mon livre sur la table ; je pose mon livre **dessus**.
I place (put) my book on the table; I place (put) my book on it.

I. 1 L'adverbe est un mot invariable.

Il modifie :
– un verbe. *Je travaille bien.*
– un adjectif. *Elle est assez jolie.*
– un autre adverbe. *Je vais très bien.*

I. 2 Suivant le sens, on peut classer les adverbes en :

a. adverbes de lieu : *ici, là, ailleurs, loin…*

b. adverbes de temps : *alors, aujourd'hui, demain, ensuite, enfin, quelquefois…*

c. adverbes de quantité : *plus, beaucoup, moins…*

d. adverbes d'intensité : *si (il est si riche), bien (il est bien poli)…*

e. adverbes d'affirmation, de négation **ou de** doute : *oui, non, peut-être, si, ne... pas...*

f. adverbes de manière : *vite, ensemble, bien, mal* et adverbes en -ment : *tranquillement, joyeusement,* etc.

I. 3 Il ne faut pas confondre préposition de lieu **et** adverbe de lieu.

– Une préposition introduit un nom ou un pronom.

Je pose mon livre sur *la table.*

– Un adverbe n'introduit jamais un nom ni un pronom.

Je pose mon livre dessus.

Prépositions :
– hors de, en dehors de
– sur
– en haut de, en bas de
– sous, en dessous de

Adverbes :
– dehors
– dessus
– là-haut, en haut, en bas
– dessous

ATTENTION !

a. Il ne faut pas utiliser un adverbe à la place d'une préposition.

On ne peut pas dire :

* « Je suis dehors la maison. »

* « La cave est dessous la maison. »

On dira :

Je suis hors de *la maison. (Je suis à l'extérieur de la maison.)*

La cave est sous (en dessous de) *la maison.*

b. Un adverbe de lieu ne peut pas modifier un nom.

On ne peut pas traduire :

The room above is empty. par : *** « La salle au-dessus est vide. »

(➔ chapitre 5, II. 2, p. 43)

Une exception : l'adverbe bien peut modifier un nom ou un pronom.

C'est une femme bien. *(= C'est une femme admirable.)*

C'est quelqu'un de bien.

Il peut être utilisé comme attribut avec le verbe être.

Je suis bien. *(= à l'aise ; je me sens à l'aise)*

A. Traduisez.

1. The suitcase is under the table. Put it on top!
2. He is waiting for us outside.
3. Is my package on the floor? No, it's up there.
4. He has rented the apartment above mine.
5. They are my next door neighbours.

62

> Nous sommes **tout** perdus.
> La terre était **toute** recouverte de neige.

II. 1 **Tout est adverbe quand il marque l'intensité.**

Il a alors le sens de « entièrement », « tout à fait ».

> *Nous sommes* tout *perdus.*

II. 2 **L'adverbe tout est invariable.**

Seule exception : devant un mot féminin commençant par une consonne ou un h aspiré, il varie en genre et en nombre.
On dira donc :

> *Ils sont* tout *étonnés.*
> *Elles sont* tout *étonnées.*

Mais on dira :

> *Elles sont* toutes *honteuses. (= tout à fait honteuses)*
> *La terre était* toute *recouverte de neige.*

II. 3 **Rappel**

Tout peut être aussi un adjectif, un nom ou un pronom. (→ chapitre 15, III., p. 125)

> Elle sait **toujours** tout. She always knows everything.
> Ils ont **beaucoup** aimé le spectacle. They enjoyed the show very much.

III. 1 **L'adverbe se place généralement après le verbe qu'il modifie.**

Contrairement à l'anglais, l'adverbe ne sépare jamais le sujet de son verbe.

> *Elle sait* toujours *tout.* She always knows everything.

Exceptions :

a. aussi : *Cet homme* aussi *a raison.*

b. la particule négative ne peut se placer entre le sujet et le verbe.
(→ chapitre 38, II., p. 287)

III. 2 Avec un verbe à un temps composé

a. L'adverbe se place généralement après l'auxiliaire, entre l'auxiliaire et le participe passé. On fera attention en particulier à la traduction des adverbes de quantité qui, en anglais, se placent généralement en fin de phrase.

They enjoyed the show very much. *Ils ont beaucoup aimé le spectacle.*

b. Mais les adverbes de temps (aujourd'hui, demain, tôt, tard, tout de suite, etc.) et **les adverbes de lieu** (ici, là, dehors, etc.) viennent généralement **après le participe passé.**

Nous l'avons rencontré hier.
Vous avez dansé dehors.

N. B. 1 : les adverbes de temps, lorsqu'ils sont mis en valeur, peuvent être placés en début de phrase.

Hier nous sommes allés à la mer.
Demain nous irons à la campagne.

N. B. 2 : Lorsque le participe passé est court et que l'adverbe en -ment est long, on place souvent l'adverbe après le participe passé, pour des raisons de rythme.

Il est parti rapidement.

Mais : *Il est vite parti.*

III. 3 L'adverbe précède généralement l'adjectif ou l'adverbe qu'il modifie.

Cette pièce est très drôle.
Ce film est admirablement bien joué.

III. 4 Place de la locution adverbiale

La locution adverbiale (c'est-à-dire un groupe de mots qui équivaut à un adverbe) se place **après le participe passé.**

Il est parti à notre insu.
Anita a fumé en cachette.

B. Mettez l'adverbe à la place qui convient.

1. (hier) Je l'ai rencontré.
2. (beaucoup) Il a travaillé pour son examen.
3. (souvent) Ils vont au cinéma.
4. (dehors) Il fait très froid.
5. (intelligemment, très) Il a répondu.

C'est elle qui travaille le mieux.
She is the one who works the best.
Plus il est fatigué, plus il fait d'erreurs.
The tireder he is, the more errors he makes.

IV. 1 Comparatif et superlatif de l'adverbe

Quelques adverbes de temps (souvent, longtemps) et tous les adverbes de manière (sauf ensemble) peuvent, comme les adjectifs, se mettre :
– au comparatif d'égalité : *aussi longtemps.*
– au comparatif d'infériorité : *moins longtemps.*
– au comparatif de supériorité : *plus longtemps.*
– au superlatif : *le plus longtemps, le moins longtemps, très longtemps.*

IV. 2 Comparatifs et superlatifs irréguliers

Quatre adverbes ont un comparatif et un superlatif irréguliers.

	Comparatif	Superlatif
bien	mieux	le mieux
mal	pire	le pire
peu	moins	le moins
beaucoup	plus (ou davantage)	le plus

Je l'aime beaucoup. Tu l'aimes plus. C'est lui qui l'aime le plus.
Il travaille bien. Tu travailles mieux. C'est elle qui travaille le mieux.

IV. 3 Rapports entre les degrés (plus... plus ; moins... moins...)

• Pour indiquer qu'il y a un rapport entre une augmentation et une autre, entre deux diminutions ou entre une augmentation et une diminution, l'anglais utilise le comparatif précédé de l'article défini (the older he gets, the wiser he becomes) ou les expressions :
– the more... the more...
– the less... the less...
– the more... the less...
– the less... the more...

• Le français n'utilise pas l'article ; il utilise les structures suivantes :
– moins... moins...
– plus... plus...
– plus... moins...
– moins... plus...

Plus il parle, plus il nous persuade. The more he says, the more he convinces us.
Plus il boit de café, moins il dort. The more coffee he drinks, the less he sleeps.

ATTENTION !

En français, non seulement il n'y a pas d'article devant plus ou moins, mais le sujet est tout de suite placé après l'adverbe plus ou moins.

Plus il est fatigué, plus il fait d'erreurs. The tireder he is, the more mistakes he makes.

Retenez bien la phrase type :

Plus il est satisfait, plus je suis heureux. The more satisfied he is, the happier I am.

IV. 4 « De plus en plus »

a. Pour indiquer une **progression** ou une **diminution constante**, l'anglais utilise « more and more », « less and less » ou deux comparatifs « to get richer and richer ». Ces expressions sont traduites en français par : de plus en plus, de moins en moins.

Nous devons travailler de plus en plus. We must work more and more.
Il fait de moins en moins attention. He pays less and less attention.

b. Cette tournure peut introduire un **adjectif** ou un **adverbe**.

Elle est de plus en plus riche. She gets richer and richer.
Il travaille de plus en plus vite. He works faster and faster.
Il est de moins en moins timide. He is less and less shy.

c. La tournure « **de plus en plus** » ne peut s'employer qu'avec les adjectifs et les adverbes qui ont un comparatif régulier.

– Avec l'adjectif bon, on remplacera la tournure par s'améliorer.

Ses notes s'améliorent. His grades are getting better.

– Avec l'adjectif mauvais, on peut utiliser le verbe empirer.

La situation empire. The situation is getting worse.

– Avec l'adverbe bien on utilise la tournure de mieux en mieux.

Il travaille de mieux en mieux. He is working better and better.

– Avec l'adverbe mal on utilise rarement la tournure de pire en pire ou de pis en pis. On utilise plutôt de plus en plus mal.

Il travaille de plus en plus mal. (Il travaille de pire en pire.)
He is working more and more badly.

C. **Traduisez.**
1. I like my work more and more.
2. The pig is getting fatter and fatter.
3. Our team is playing better and better.
4. The more she spends, the happier she is.
5. I like this book less and less.

D. Mettez l'adverbe à la place qui convient.

1. (silencieusement) Le voleur est entré dans la maison.
2. (après-demain) Nous irons au théâtre.
3. (trop) Nous avons mangé.
4. (bien) Elle a dormi la nuit dernière.
5. (ici) Je laisserai mon parapluie.

E. Traduisez.

1. I did it yesterday.
2. She did it right away.
3. Will you have finished the book tomorrow?
4. We have travelled nearly everywhere.
5. He left the packages outside.
6. Did he come here?
7. I ran to the store quickly.
8. The sun was sinking very slowly into the sea.
9. After many revisions the book was finally published.
10. I think she will soon be a mother.

F. Traduisez.

1. The situation is becoming less and less advantageous.
2. Our winters seem to be getting less and less rigorous.
3. The more I worry, the less I sleep.
4. The more she studies, the more she finds French interesting.
5. Athletes today have to train more and more intensely.

G. Traduisez.

1. Everyone treated me very kindly.
2. This milk smells bad.
3. Please speak more loudly.
4. He was profoundly disappointed.
5. Wait for me outside.

H. Traduisez en utilisant l'adverbe « tout ».

1. They were quite drenched.
2. The sky is completely blue.
3. The pie was completely burned.
4. Our hotel is quite close.
5. The room was totally flooded with sunlight.

9 L'ADVERBE DE MANIÈRE

I. Adverbes en -ment
Heureusement, je parle français **couramment**.
Elle m'a **gentiment** aidé.

II. Autres adverbes de manière et locutions adverbiales
Ne parlez pas **si fort**.
Elle l'a fait **avec réticence**.

I. Adverbes en -ment

Heureusement, je parle français **couramment**.
Elle m'a **gentiment** aidé.

I. 1 Formation

• Beaucoup d'adverbes de manière se forment à l'aide de l'adjectif et du suffixe -ment. Quand l'adjectif masculin se termine par une consonne, on ajoute -ment à la forme féminine de l'adjectif.

actif → *active* → *activement*
doux → *douce* → *doucement*
heureux → *heureuse* → *heureusement*
long → *longue* → *longuement*
léger → *légère* → *légèrement*

• Quelques exceptions à retenir :

a. gentil **devient** gentiment ; bref **devient** brièvement.

b. commun, confus, exprès, importun, obscur, précis, profond prennent un é devant le suffixe : communément, confusément, expressément, importunément, obscurément, précisément, profondément.

I. 2 Particularités

a. Quand l'adjectif masculin se termine par une voyelle, on forme l'adverbe de manière en ajoutant le suffixe -ment à la forme masculine de l'adjectif.

agréable → *agréablement*
poli → *poliment*

• Quelques exceptions à retenir :

gai → *gaiement*   *traître* → *traîtreusement*
impuni → *impunément*

b. Quelques adjectifs **qui se terminent par un -e** au masculin prennent un accent aigu devant le suffixe -ment.

aveugle → *aveuglément*   *énorme* → *énormément*
conforme → *conformément*   *immense* → *immensément*
commode → *commodément*   *uniforme* → *uniformément*

c. Les adjectifs **qui se terminent par -ent** forment des adverbes en -emment.

évident → *évidemment*
négligent → *négligemment*
violent → *violemment*

d. Les adjectifs **qui se terminent par -ant** forment des adverbes en -amment

constant → *constamment*   *courant* → *couramment*

A. **Donnez l'adverbe qui correspond aux adjectifs suivants.**

1. récent   6. profond
2. courageux   7. public
3. régulier   8. immense
4. savant   9. poli
5. prudent   10. joyeux

II. Autres adverbes de manière et locutions adverbiales

Ne parlez pas si fort.
Elle l'a fait avec réticence.

Tous les adverbes de manière ne se terminent pas par -ment.

II. 1 Locutions adverbiales

On ne peut pas toujours former un adverbe en -ment à partir d'un adjectif (il faut faire attention en particulier aux adjectifs formés à partir d'un participe).
Dans ce cas, on fait appel à une locution adverbiale.

• On utilise des formules comme :

blessant → *d'une manière blessante*
attrayant → *d'une façon attrayante*
convaincu → *d'un air convaincu*

- On peut aussi avoir recours à des expressions idiomatiques comme : à la légère, à son insu, etc.

- On peut aussi parfois utiliser un nom abstrait précédé de la préposition avec :

> charmingly : *d'une manière charmante, avec charme*
> indignantly : *avec indignation*
> urgently : *de toute urgence, d'une façon urgente*

II. 2 Adverbes à forme simple

- Certains adverbes de manière ont, en français, une forme simple qui ne se termine pas par le suffixe -ment :

> *bien, mal, ensemble, vite*

- Certains adverbes de manière ont une forme simple, identique à celle de l'adjectif masculin singulier.

> *Chanter haut, parler fort, sentir mauvais,* etc.

Dans ce cas, l'adverbe, comme tous les adverbes, reste invariable.

II. 3 Fautes à éviter

a. Vite est déjà un adverbe ; on ne peut donc pas dire *« vitement ».

b. On ne dit pas en français « *possiblement » pour traduire « possibly ». On utilise, selon le contexte, probablement, peut-être ou la tournure il est possible que + subjonctif ou il se peut que + subjonctif.

> This is possibly the truth. *Il se peut que ce soit la vérité.*

c. On utilise **soudain** et non **soudainement** quand on veut signifier brusquement, tout à coup.

> *Soudain un cri déchira le silence.*

d. Il ne faut pas confondre **adjectif et adverbe.**

– Vite est un adverbe. Il ne peut pas être attribut d'un sujet, c'est-à-dire qu'il ne peut pas modifier un nom ni un pronom personnel qui seraient sujets des verbes être, devenir, paraître, sembler.

On ne peut pas dire : *« Je suis vite » (I am quick.)

On doit dire : « Je suis rapide » (adjectif) ou : « Je vais vite » (adverbe).

– On ne dit pas : *« Cette information est assez. » (This information is enough.)

On doit dire : « Cette information est suffisante. »

– De même, on ne confondra pas bon/meilleur et bien/mieux.

On traduira : He sings better than I do par : « Il chante mieux que moi » (meilleur, adjectif, serait une faute).

B. Traduisez.

1. He works very quickly.
2. This is a quick route.
3. We'll get there quickly.
4. Possibly he will arrive tonight.
5. Suddenly the door opened.

C. Remplacez les mots soulignés par un adverbe.

Il parle avec douceur. → *Il parle doucement.*

1. Elle travaille avec rapidité.
2. La vendeuse a répondu avec gentillesse.
3. Le chauffeur a pris son virage avec prudence.
4. Notre voisine nous a reçus avec amabilité.
5. Le professeur nous a expliqué ce problème avec patience.
6. Elle danse avec grâce.
7. L'accusé a regardé le témoin avec méchanceté.
8. Ils l'ont hébergé avec générosité.
9. Les locataires sont sortis de l'immeuble avec calme.
10. Il lui a répondu avec impatience.

D. Remplacez le nom et l'adjectif soulignés par un adverbe.

Il parle d'une voix douce. → *Il parle doucement.*

1. L'enfant joue de façon bruyante.
2. Mon professeur m'a parlé un bref moment.
3. Le directeur règle les problèmes d'une façon systématique.
4. Le juge l'a interrogé d'un ton sec.
5. Il a observé son ami d'un air triste.
6. Le petit garçon a répondu de façon très polie.
7. Ils ont discuté de longs moments.
8. La journaliste a quitté la salle de façon discrète.
9. L'employé lui a répondu sur un ton posé.
10. Il a abordé son professeur de façon abrupte.

E. **Complétez les phrases suivantes de façon logique par un adverbe.**

1. Le conférencier me fatigue : il parle trop ....
2. Il a encore eu un accident ; il conduit vraiment ....
3. Les roses sont superbes et sentent très ....
4. Le manteau vert et les chaussures orange ne vont pas ....
5. Chut ! Parle plus ....
6. Cet étudiant a passé un an en France et parle maintenant français ....
7. Cette étudiante est très douée ; elle a été .... reçue à son examen.
8. Cela fait plus d'un an que je ne l'ai pas rencontré ; je le vois ....
9. Monsieur Tartempion a annoncé .... sa candidature à la présidence.
10. Ce fromage sentait trop .... Je l'ai jeté.

F. **Traduisez.**

1. Their home is nicely decorated.
2. Speak to him very frankly.
3. That couple is truly happy.
4. The child sings prettily.
5. The train will certainly be leaving on time.

G. **Traduisez.**

1. The candidate urgently requested our participation.
2. The film follows the book closely.
3. The pianist played movingly.
4. We would like to sit by the window preferably.
5. He asks for a favour convincingly.

H. **Traduisez les adverbes suivants.**

1. ultimately
2. truly
3. frankly
4. legibly
5. nicely
6. slowly
7. quickly
8. madly
9. passively
10. negligently

I. **Trouvez une locution adverbiale correspondant aux adverbes suivants.**

1. ultimately
2. urgently
3. fortunately
4. carefully
5. willingly
6. grudgingly
7. gruffly
8. (walk) aimlessly
9. tolerantly
10. inadvertently
11. effortlessly
12. concisely

J. **Traduisez à l'aide d'une locution adverbiale.**

1. He asked for me urgently.
2. Desperately, he asked for mercy.
3. He protested aloud.
4. He shamelessly cheated on the exam.
5. She chose her words carefully.

10 LE PRONOM PERSONNEL

I. Formes
Il **me** voit, **se** dirige vers **moi** et **me** dit bonjour.

II. Pronom complément d'un verbe construit avec « à »
Christine obéit aux lois ; elle **y** obéit.
Christine obéit à son père ; elle **lui** obéit.
Christine pense à son père ; elle pense à **lui**.

III. Emplois du pronom « en »
Je veux **des cerises** ; j'**en** veux.
Je veux **trois cahiers** ; j'**en** veux **trois**.
J'ai besoin **de ta voiture** ; j'**en** ai besoin.

IV. Le pronom « le »
Elle est malade ; elle **l'**est depuis deux mois.
Sais-tu **ce que je t'ai acheté pour Noël** ? Oui, je **le** sais.

V. Place du pronom
« **Tu me les** donneras demain », **me** dit-**il**.
Donne-**les-moi** maintenant.
Peut-être pourras-**tu** venir ce soir ?

VI. La forme tonique du pronom
Il vient avec **moi**.
Toi, **tu** as raison.

I. Formes

Il **me** voit, **se** dirige vers **moi** et **me** dit bonjour.

Le pronom personnel peut changer de forme selon sa fonction dans la phrase.
Vous trouverez page suivante un tableau récapitulatif de ces différentes formes.

I. 1 Formes du pronom personnel

Sujet	Objet direct	Objet indirect	Tonique
je	me	me	moi
tu	te	te	toi
il	le (l')	lui	lui
elle	la	lui	elle
nous	nous	nous	nous
vous	vous	vous	vous
ils	les	leur	eux
elles	les	leur	elles
	se (s')	se (s')	soi

I. 2 Nous et vous

Notez que les formes de la 1re et de la 2e personnes du pluriel sont particulièrement faciles puisqu'elles restent nous ou vous quelle que soit la fonction.

I. 3 Le pronom personnel réfléchi se

Ce pronom renvoie à un sujet de la 3e personne (du singulier ou du pluriel).
Le pronom sujet et le pronom réfléchi représentent alors la même personne ou la même chose (➜ chapitre 21, I., p. 166).

> *Il se lave.*
> *Elles se lèvent.*

A. Dans les phrases suivantes, remplacez les mots soulignés par un pronom personnel.

1. Je comprends <u>ses raisons</u>. → Je .... comprends.

2. Hélène écrit <u>à ses parents</u>. → Hélène .... écrit.

3. Paul téléphone <u>à sa femme</u>. → Paul .... téléphone.

4. Annie débarrasse <u>la table</u>. → Annie .... débarrasse.

5. Nous apprenons <u>les règles de grammaire</u>. → Nous .... apprenons.

II. Pronom complément d'un verbe construit avec « à »

> Christine obéit aux lois ; elle **y** obéit.
> Christine obéit à son père ; elle **lui** obéit.
> Christine pense à son père ; elle pense à **lui**.

II. 1 Le pronom y

Pour remplacer un nom de chose, un nom abstrait ou un nom géographique précédés de à, on utilise y.

> *Je m'habitue à ma nouvelle maison. (chose) → Je m'y habitue.*
> *Je m'intéresse à la philosophie. (nom abstrait) → Je m'y intéresse.*
> *Je vais au Mexique. (nom géographique) → J'y vais.*

II. 2 Le pronom lui

En règle générale, pour remplacer un nom de personne précédé de la préposition à, on utilise lui (masculin ou féminin singulier) ou leur (masculin ou féminin pluriel).

> *Ce livre appartient à mon père. (personne, singulier) → Ce livre lui appartient.*
> *Cette voiture appartient à mes parents. (personne, pluriel) → Cette voiture leur appartient.*

ATTENTION !
On utilise le pronom personnel sans la préposition à et on le place devant le verbe.

> *Je téléphone à mon père. → Je lui téléphone.*
> (On ne peut pas dire : *« Je téléphone à lui. »)

II. 3 Forme tonique du pronom personnel

Quand il s'agit d'un nom de personne, il faut conserver la préposition à suivie de la forme tonique du pronom personnel uniquement dans les deux cas suivants :

a. quand le complément d'objet direct est : me, te, se, nous, vous (c'est le cas très souvent avec les verbes pronominaux).

> *Le professeur s'adresse aux étudiants. → Le professeur s'adresse à eux.*
> *Elle nous envoie à son remplaçant. → Elle nous envoie à lui.*
> (On ne peut pas dire : *« Le professeur se leur adresse » ou *« Elle nous lui envoie. »)

b. après certains verbes comme : être à, faire attention à, penser à, prendre garde à, rêver à, tenir à.

> *Je fais attention à la petite fille. → Je fais attention à elle.*
> *Je pense à Paul. → Je pense à lui.*

ATTENTION !

a. Il ne faut pas confondre le pronom personnel leur avec l'adjectif possessif. Le pronom personnel indirect pluriel ne prend jamais de s.

Je leur téléphone. (pronom personnel)
Leurs amis sont partis. (adjectif possessif)

b. N'oubliez pas que certains verbes français sont construits avec la préposition à alors que, en anglais :

– ils n'ont pas de préposition.

to obey s.o. = *obéir à quelqu'un* ; to telephone s.o. = *téléphoner à quelqu'un*

– ou ils sont suivis d'une préposition telle que of, in, etc.

to think of = *penser à* (→ liste page 342)

c. N'oubliez pas qu'en français de nombreux verbes sont suivis d'un complément d'objet direct de chose et d'un complément d'objet indirect de personne : la construction n'est pas la même en anglais.

Je donne un conseil à mon ami. I give my friend some advice.
→ *Je lui donne un conseil.* = I give him some advice.

Les parents promettent une récompense à leur fille. The parents promise their daughter a reward.
→ *Les parents lui promettent une récompense.* The parents promise her a reward.

B. Remplacez les mots soulignés par un pronom.

1. J'habite au Canada.
2. Je me suis abonné à un quotidien.
3. Je pense à mes amies.
4. Julien prête un livre à Benjamin.
5. Je pense à mes vacances.
6. Je joue aux échecs.
7. Je me suis adressé à la directrice.
8. Ce livre est à mon frère.
9. J'écris à mes amis.
10. Il fait attention à sa petite sœur.

C. Traduisez.

1. I advise her to leave.
2. They phoned him at 2.00 am.
3. Her children disobey her.
4. We were thinking of you.
5. They joined us for lunch.

Je veux **des cerises** ; j'**en** veux.
Je veux **trois cahiers** ; j'**en** veux **trois**.
J'ai besoin **de ta voiture** ; j'**en** ai besoin.
Je me souviens **de ton ami** ; je me souviens **de lui**.

III. 1 Emploi

On utilise en pour remplacer un nom précédé de l'article partitif (du, de la, des) ou de l'article indéfini (des). La quantité est alors indéterminée.

> **ATTENTION !**
>
> On comparera :
>
> *Je veux des pommes.* (quantité indéterminée) → *J'en veux.* I want some.
>
> avec :
>
> *Je veux les pommes.* (totalité ; quantité déterminée) → *Je les veux.* I want them.

III. 2 Cas particuliers

Quand le substantif est complété par un adjectif numéral ou qualificatif, ou bien quand il est modifié par un adverbe de quantité (beaucoup, trop, peu, etc.), le substantif est remplacé par en mais on garde alors l'adjectif ou l'adverbe.

> *Elle a trois enfants.* → *Elle en a trois.*
> *J'ai acheté trois bonnes pommes.* → *J'en ai acheté trois bonnes.*
> *J'ai beaucoup de travail.* → *J'en ai beaucoup.*

III. 3 La préposition de

On utilise en pour remplacer un nom de chose, un nom abstrait ou un nom géographique précédés de la préposition de.

> *Je me souviens de ta première voiture.* (chose) → *Je m'en souviens.*
> *J'ai peur de la mort.* (nom abstrait) → *J'en ai peur.*
> *Je reviens du Brésil.* (nom géographique) → *J'en reviens.*

> **ATTENTION !**
>
> Pour remplacer un nom de personne complément introduit par la préposition « de », on garde la préposition de, suivie de la forme tonique du pronom.
>
> *J'ai peur de ce professeur.* → *J'ai peur de lui.*
> *Je suis jalouse de ma sœur.* → *Je suis jalouse d'elle.*

D. Remplacez les mots soulignés par un pronom.

1. Je m'ennuie <u>de mes parents</u>.
2. J'ai essayé deux <u>robes</u>.
3. J'ai envie <u>de chocolat</u>.
4. Je me souviens <u>de tes cousines</u>.
5. J'ai peur <u>de l'orage</u>.

E. Traduisez.

1. What do you think of him?
2. Do you remember the chapter on the pronouns? No, I don't remember it at all.
3. He won one of the races. She won two.
4. Her film was a great hit. What did you think of it?
5. Do you want stamps? Here is one.

IV. Le pronom « le »

Elle est malade ; elle l'est depuis deux mois.
Sais-tu **ce que je t'ai acheté pour Noël** ? Oui, je le sais.

IV. 1 Emploi

- Le pronom le peut remplacer un adjectif ou un nom attribut (les verbes sont alors les verbes être, sembler, devenir, paraître).

    Je suis généreux. → *Je le suis.*
    Ils sont étudiants. → *Ils le sont.*

ATTENTION !

Dans ce cas, on utilise toujours le, même quand l'adjectif à remplacer est au féminin ou au pluriel.

Ils sont américains. (masculin, pluriel) → *Ils le sont.*
Elles sont contentes. (féminin, pluriel) → *Elles le sont.*
Elle est absente. (féminin, singulier) → *Elle l'est.*

- On remarquera que l'anglais fait l'ellipse du pronom alors que cette ellipse est impossible en français.

    Are you tired? Yes, I am. *Es-tu fatiguée ? Oui, je le suis.*

IV. 2 Le pronom le peut remplacer toute une proposition objet direct.

Je veux [que tu viennes demain à 3 heures.] (proposition complément direct de je veux) → *Je le veux.*

IV. 3 La proposition objet direct peut être une proposition infinitive.

Je veux [partir demain.] (proposition complément de je veux) → *Je le veux.*
Elle espère être reçue à son examen. → *Elle l'espère.*

ATTENTION !

a. La subordonnée infinitive peut être objet direct d'un verbe mais être introduite par de qui est, alors, un simple mot de liaison.

Il me permet de sortir demain soir.

Le verbe permettre est un verbe transitif direct ; on dit « permettre quelque chose ». Dans ce cas le pronom qui remplace la subordonnée est le pronom le.

→ *Il me le permet.*

b. La subordonnée infinitive peut être complément d'un verbe construit nécessairement avec la préposition de (→ liste page 343).

Je me charge de lui trouver une chambre.

Le verbe se charger de est un verbe transitif indirect ; il est toujours construit avec la préposition de ; on dit se charger de quelque chose.
Dans ce cas le pronom qui remplace la subordonnée est le pronom en.

→ *Je m'en charge.*

F. **Répondez aux questions suivantes sans répéter les mots soulignés.**

Es-tu fatiguée ? → *Oui, je le suis.*

1. Hélène est-elle américaine ? → Oui,...

2. Penses-tu qu'il fera beau demain ? → Oui, ...

3. Dois-tu apprendre cette leçon par cœur ? → Oui, ...

4. A-t-il demandé à Nicolas de venir demain ? → Oui, ...

5. A-t-elle envie d'aller au cinéma ce soir ? → Oui, ...

G. Traduisez.

1. Do you think they are ready? Yes, they are.
2. Is your car disabled? Yes, it is.
3. Do you know if she bought any bread? No, I don't know.
4. Have you been to Paris? Yes, I just came from there.
5. Are you satisfied? Yes, I am.

V. Place du pronom

Je **les lui** donne.

Je ne **lui en** parle pas.

« Tu **me les** donneras demain », **me** dit-**il**.

Donne-**les-moi** maintenant.

Peut-être pourras-**tu** venir ce soir ?

V. 1 Les pronoms objets

- Ces pronoms (objets directs ou indirects) précèdent toujours le verbe sauf à l'impératif affirmatif (→ V. 2).

  Je les lui prêterai.
  Je ne la leur ai pas montrée.
  Ne me les perdez pas.

- Dans le cas de plusieurs pronoms objets, il faut suivre l'ordre indiqué dans le tableau ci-dessous.

1	2	3	4	5
me	le	lui		
te	la	leur	y	en
se	les			
nous				
vous				

  Je lui en donne.
  Ils me la prêtent.
  Ne m'en donnez pas !
  Il ne les y conduit pas.

- Si on a deux pronoms compléments, on ne combine jamais deux pronoms de la même colonne. On ne peut pas non plus utiliser ensemble des pronoms des colonnes 1 et 3. Dans ce dernier cas, les pronoms lui et leur sont remplacés par la préposition à et le pronom tonique correspondant (→ II. 3, a, p. 76).

  Elle me présente à lui.
  Elle s'adresse à eux.
  Il vous a présenté à moi.

V. 2 À l'impératif affirmatif

- les pronoms suivent le verbe ;
- l'objet direct (le, la, les) précède l'objet indirect ;
- me et te deviennent moi et toi sauf devant en où ils deviennent m' et t' ;

10 LE PRONOM PERSONNEL

81

– les traits d'union sont obligatoires entre le verbe et les pronoms compléments de l'impératif.

> *Montre-moi ton livre.* → *Montre-le-moi.* (direct ; indirect)
> *Donnez-les-nous.*
> *Donnez-m'en.*

V. 3 L'inversion du pronom sujet

Cette inversion est obligatoire :
– dans une proposition incise, c'est-à-dire après le verbe de déclaration qui suit le discours direct :

> *Viens, dit-elle.* Come, she says.

– après peut-être, aussi, sans doute, à peine, placés au début de la phrase :

> *Peut-être sera-t-il en retard.*

– dans l'interrogation directe :

> *Pars-tu en vacances ?*

H. Dans les phrases suivantes, remplacez les mots soulignés par les pronoms qui conviennent.

1. Envoie cette lettre à ton cousin.
2. Nous avons appris la nouvelle leçon de grammaire.
3. Jacques a offert des disques à ma sœur.
4. Ne demande pas leur avis à tes copains !
5. Charlotte conduit sa cousine à Paris.

VI. La forme tonique du pronom

Il vient avec moi.
Toi, tu as raison.

VI. 1 Emploi

La forme tonique du pronom personnel (parfois appelé pronom personnel disjoint) est utilisée après les prépositions.

> *Pierre est venu avec ses amis.* → *Pierre est venu avec eux.*
> *Ils ont dormi chez leur tante.* → *Ils ont dormi chez elle.*

ATTENTION !
Comme on le sait, si la préposition est à ou de, la règle est plus complexe
(→ II et III, pages 76 à 79).

VI. 2 L'emphase

On utilise la forme tonique du pronom dans les expressions emphatiques pour marquer l'insistance, la mise en relief (c'est... qui/c'est... que/il n'y a que...).

Moi, j'ai fini mon travail; toi pas. I have finished my work; you haven't.

Ce sont eux qui m'ont prêté leur maison. They are the ones who lent me their house.

Il n'y a que toi qui puisses le faire. You are the only one who can do it.

VI. 3 La comparaison

On utilise la forme tonique du pronom comme deuxième élément d'une comparaison.

Il est plus riche que moi.
Elles sont aussi intelligentes qu'eux.

VI. 4 La forme tonique soi

- On utilise la forme tonique soi comme complément lorsque ce pronom renvoie à on ou à un pronom indéfini sujet (chacun, tout le monde, personne).

On a toujours besoin d'un plus petit que soi.
Chacun travaille pour soi.

- Mais on dira : *Jacques travaille pour lui*, parce que le sujet est précis.

- Pour éviter toute confusion (lui dans l'exemple ci-dessus, pourrait, hors contexte, représenter une autre personne que Jacques) et pour bien marquer que le pronom complément est la même personne que le sujet, on ajoutera même/mêmes.

L'étudiant travaille pour lui-même.
Elles travaillent pour elles-mêmes.

I. **Remplacez les mots soulignés par un pronom.**

1. J'ai voyagé avec mes parents.
2. Je suis allé chez Hélène.
3. J'ai vu ce spectacle sans mes frères.
4. J'ai écrit ce livre pour mes anciennes élèves.
5. Les députés ont voté une loi contre les pollueurs.

J. Remplacez les pronoms soulignés par des noms.

1. Hélène en a reçu dix.
2. Michel les a données à son ami.
3. Es-tu souvent allé chez eux ?
4. J'y suis allé deux fois.
5. Je lui donne des leçons de français.
6. Marie leur en a envoyé.
7. Je le leur ai souvent répété.
8. J'y pense souvent.
9. Je m'en souviens.
10. Ils le sont.

K. Remplacez les mots soulignés par des pronoms.

« J'ai pressenti la peur en Afrique. Et pourtant la peur est fille du Nord ; le soleil dissipe la peur comme un brouillard. »

L. Remplacez les mots soulignés par des pronoms personnels en faisant attention à la place de ces pronoms et à l'accord des verbes.

1. J'ai acheté deux tricots à ma fille.
2. Visitons l'exposition avec ce guide !
3. Le professeur a rendu leur composition aux étudiants.
4. N'écoute pas ces disques tout de suite !
5. J'ai ouvert ta lettre par erreur.
6. Pensez à vos enfants !
7. Geneviève est allée au concert avec son amie Nicole.
8. Je n'ai pas encore lu cette nouvelle de Maupassant.
9. Il a toujours été jaloux de son frère.
10. Je ne pense jamais à mon anniversaire.

M. Traduisez.

1. Do you understand this question? I don't.
2. She loves that bracelet and I'm the one who gave it to her.
3. Eggs? I have lots. I'll give you a dozen.
4. The keys? We gave them back to you.
5. Did you go there with them?
6. Pass me the sugar please and give him some too.
7. Ottawa? We came back from there last night.
8. No doubt you're the one who invited her.
9. Show me those sandals. Have you tried them on?
10. Ask him to explain it to you.

11 L'OPPOSITION « IL EST »/ « C'EST »

I. Traduction de « it is »
Où est mon stylo ? **Il est** sur la table.
Où est ma bague ? **Elle est** sur la table.

II. « Il est » / « C'est » + adjectif
Il est souhaitable que vous veniez.
Il est bon de partir.
C'est bon à manger.

III. Traduction de « he is » / « she is » + nom de profession
et de nationalité
Elle est architecte.
C'est une architecte renommée.

IV. « Il est » et l'expression du temps
Il est cinq heures.

V. « C'est… qui » / « C'est… que » et la mise en relief
C'est lui qui me l'a dit.
C'est à Paris **que** je suis né.

VI. « Il est » et « c'est » dans la phrase segmentée
Ton père, **il est** patient ?
Le pouvoir, **c'est** dangereux.

I. Traduction de « it is »

Where is my pen? It is on the table. **Où est mon stylo ? Il est sur la table.**
Where is my ring? It is on the table. **Où est ma bague ? Elle est sur la table.**

Lorsque l'on reprend par un pronom un objet ou une idée déjà mentionnés, on utilise comme sujet, selon les cas, le pronom personnel il/elle ou le pronom ce/cela.

I. 1 It **représente** un objet précis déjà mentionné

On traduit alors it par il ou elle selon le genre qu'a le nom en français.

Où est mon livre ? → *Il est dans le salon.*
Où est ta serviette ? → *Elle est dans le tiroir.*

I. 2 It représente une idée générale

On traduira alors it par ce ou cela. C'est également le cas lorsque it implique une généralisation ou sert de reprise à toute une proposition antérieure.

a. On utilise ce (ou c') immédiatement devant le verbe être.

Nous passerons quinze jours en Norvège ; ce sera intéressant.
Je n'ai rien vu ; c'est dommage.

On garde la forme ce devant le verbe être directement précédé de la négation ne.

Nous avons attendu ; ce n'était pas agréable.
Si on m'accuse, ce ne sera pas juste.

b. On utilise cela dans les autres cas.

Il a répondu à côté de la question ; cela prouve qu'il n'a rien compris.
Il ne l'a même pas remerciée de son cadeau ; cela lui a fait de la peine.
Venir te voir dimanche prochain ? Cela ne me sera pas facile.

Ça remplace souvent cela dans le langage parlé mais cette forme est à éviter à l'écrit.

N. B. 1

• Dans les deux cas (I. 1 et I. 2), le sujet « it » (il, elle, ce, cela) est un sujet réel.
(Il représente un élément déjà mentionné ; il peut être remplacé par un nom.)

• Dans le cas I. 1, on peut remplacer il/elle par la répétition du nom.

Où est mon stylo ? → Mon stylo [il] est sur la table.
Où est ma bague ? → Ma bague [elle] est sur la table.

• Dans le cas I. 2, cela peut être remplacé par un mot à valeur générale : cet objet, cette idée, cette action, cette attitude, etc.

Nous avons attendu pendant cinq heures ; cette attente [cela] n'était pas agréable.

N. B. 2

On notera la différence de sens entre ces deux phrases :

L'orateur parlera en public ; il sera intéressant. The speaker will speak in public; he will be interesting.

L'orateur parlera en public ; ce sera intéressant. The speaker will speak in public; it (that) will be interesting.

Dans le premier cas, le pronom personnel il représente une personne.

Dans le deuxième cas, ce reprend l'idée générale de discours.

N. B. 3

Lorsque, dans un contexte précis, on montre une personne ou une chose, on peut utiliser c'est + nom singulier ou ce sont + nom pluriel. Dans ce cas, c'est/ce sont peut être remplacé par voici. (Il s'agit de montrer et non pas de reprendre un nom déjà mentionné.)

C'est ma règle. It's (That's) my ruler.
Ce sont mes enfants. Those are my children.

> **Il est** souhaitable que vous veniez.
> **Il est** bon de partir.
> **C'est** bon à manger.

II. 1 Sujet apparent (il est)

- On utilise il est lorsque l'adjectif qui suit le verbe être introduit un infinitif précédé de la préposition de ;

  *Il est bon de **partir**.*
  *Il est préférable d'**étudier** avant le test.*

- lorsque l'adjectif qui suit le verbe être introduit une subordonnée commençant par que.

  *Il est souhaitable que **vous veniez**.*
  *Il est important que **vous nous téléphoniez**.*

Le il de « il est » est un sujet apparent ; il ne remplace aucun nom ; il est « neutre » et sert seulement à annoncer le vrai sujet (l'infinitif ou la subordonnée qui suit le verbe être). Le sujet apparent il ne peut pas être remplacé par le mot chose.

  *Il est bon de **partir**.* = [Partir] est bon. Partir est donc le sujet réel.
  It's good to leave.

  *Il est souhaitable que **vous veniez**.* = [Que vous veniez] est souhaitable.
  It is preferable that you should come.

II. 2 Sujet réel (il/elle est ou c'est)

- Lorsque l'adjectif qui suit le verbe être n'est suivi de rien.

  C'est bon. It's/That's good.

- Lorsque l'adjectif qui suit le verbe être introduit un infinitif précédé de la préposition à,

  C'est bon à manger. It's/That's good to eat.

Le sujet du verbe est un sujet réel et, dans ce cas, on applique les règles énoncées en I. 1 et en I. 2.

- On utilise donc il/elle est si le sujet reprend un nom précis, une référence déjà énoncée.

  Voici mon voisin ; il est agréable. Here is my neighbor; he is very pleasant.
  Voici un fruit ; il est bon à manger maintenant. Here is some fruit; it is good to eat now.

- On utilise c'est si le sujet reprend, d'une façon assez vague, une notion ou une activité exprimées par toute une phrase.

  Je parle à mon voisin ; c'est agréable.
  J'apprends le français ; c'est intéressant.

N. B.

Dans le langage parlé, la distinction il est/c'est + adjectif est peu marquée et l'on emploie souvent c'est dans les cas mentionnés en II. 1.

A. Mettez le pronom qui convient (niveau de langue de l'écrit).

1. .... est rare que je reçoive des lettres telles que les vôtres.

2. Arrive à l'heure ce soir. .... est important.

3. .... est important de le prévenir.

4. .... est triste à dire.

5. .... serait intéressant de le savoir.

III. Traduction de « he is »/« she is » + nom de profession et de nationalité

> **Elle est** architecte.
> **C'est** une architecte renommée.
> **C'est** l'architecte la plus célèbre du pays.

III. 1 Noms de profession

Si on emploie le pronom personnel il (elle, ils, elles), + le verbe être + un nom de profession (de nationalité, de religion), ce dernier nom ne prend pas d'article, contrairement à l'anglais.

> *Il est ingénieur./Ils sont ingénieurs.*
> *Elle est protestante./Elles sont protestantes.*

On ne peut pas traduire : He is an engineer; she is a lawyer.
par : *« Il est un ingénieur » ; *« elle est une avocate ».

III. 2 Emploi des pronoms

Si le nom attribut est accompagné d'un article (et éventuellement d'un adjectif ou d'une proposition relative), on ne peut pas utiliser le pronom personnel ; on utilise le démonstratif ce (c') devant le verbe être.

> *C'est un ingénieur hautement qualifié.*
> *C'est l'avocate la mieux payée du service.*
> *C'est une Française qui vient de Paris.*

B. **Traduisez.**

1. She is an American.
2. He was a well-known surgeon.
3. And his brother? He was a clergyman.
4. He is an author.
5. I don't know if he is a good actor.

IV. « Il est » et l'expression du temps

Il est cinq heures.
Il fait froid.
C'est le printemps.

IV. 1 Le temps = time

Dans ce sens, on utilise le pronom il et le verbe être quand il s'agit d'indiquer l'heure.

Il est 5 heures.
Il était minuit quand je me suis réveillé.
Quelle heure est-il ?

IV. 2 Le temps (atmosphérique) = weather

Cette notion s'exprime à l'aide de l'expression impersonnelle il fait.

Il fait froid ; il fait chaud, etc.

ATTENTION !
Contrairement à l'anglais, on n'utilise pas le verbe être !
« It's fine » et « it's cold » ne se traduisent pas par *« Il est beau » ; *« Il est froid ».
On doit dire : Il fait beau ; il fait froid.

IV. 3 Saisons, années...

Lorsque l'on se réfère aux saisons, aux années, aux parties du jour ou à des durées, on utilise le pronom démonstratif ce (c') et le verbe être.

C'est le printemps !
C'était en 1999.
C'est le matin de Noël.
C'était pendant la guerre de Sécession.

N. B. : « It's light » et « it's dark » se traduisent par il fait jour et il fait nuit.

11 L'OPPOSITION « IL EST »/« C'EST »

1. It's nice outside.
2. It's spring today.
3. It's 5 o'clock in the afternoon.
4. It was cold yesterday.
5. It was New Year's Eve.

V. « C'est… qui »/«C'est… que » et la mise en relief

C'est **lui** qui me l'a dit.
Ce sont **eux** qui te le diront.

V. 1 Pour mettre en relief un mot ou un groupe de mots

Lorsque l'on veut mettre en relief un nom, un pronom ou toute une partie de phrase, on peut intercaler l'élément dans la formule de mise en relief c'est… qui…, c'est… que…, ce sont… qui…, ce sont… que….

C'est mon voisin qui me l'a dit. It was my neighbour who told me.
C'est « viens ici » qu'il a dit. It was "come here" that he said.
C'est mon voisin qui vous fera entrer. It is my neighbour who will let you in.

N. B. : la formule de mise en relief reste au présent en français, contrairement à l'anglais.

V. 2 C'est, ce sont

• La première partie de la formule de mise en relief est c'est. Mais, lorsque l'on met en relief :
– les pronoms personnels eux/elles,
– un nom pluriel non précédé d'une préposition,
on utilise ce sont (alors qu'en anglais on garde le verbe au singulier).

On dira :

C'est aux enfants qu'il faut le dire. It is the children who must be told.
C'est nous qui en sommes responsables. It is we who are responsible.
C'est hier qu'il a parlé. It was yesterday that he spoke.

Mais on dira :

Ce sont leurs enfants qui ont cassé le carreau. It was their children who broke the window.
Ce sont eux qui le paieront. It is they who will pay for it.

• Le deuxième élément de la formule de mise en relief est :

a. le pronom qui lorsque l'élément mis en relief correspond au sujet du verbe qui suit.

C'est mon frère qui me l'a dit. (= mon frère me l'a dit)
Ce sont ses parents qui le surveillent. (= ses parents le surveillent)

b. le pronom que dans les autres cas.

C'est de mon frère que nous parlons. (Nous parlons de mon frère.)
C'est mon frère que je félicite. (Je félicite mon frère.)
C'est pour elle que je suis venu. (Je suis venu pour elle.)

D. **Mettez en relief le mot ou les mots soulignés.**

1. Je voudrais votre avis.
2. Elle vous le dira.
3. Vous le rencontrerez à la sortie du lycée.
4. Ils travaillent pour obtenir un bon salaire.
5. Ses parents ont payé ses études.

VI. « Il est » et « c'est » dans la phrase segmentée

Ton père, **il est** patient ? Your father, is he patient?
Ce camion, **il est** difficile à conduire ? This truck, is it difficult to drive?
Les études, **c'est** toujours fatigant. Studying, it's always tiring.

VI. 1 Emploi de la phrase segmentée

Souvent, dans la langue parlée, la phrase est plus ou moins désarticulée ; on exprime d'abord l'élément (le mot, l'idée) qui est le plus important dans la pensée du locuteur et, après une pause, on le reprend par un pronom (selon les règles I. 1 et I. 2, pages 85-86).

Ton père, il va à la pêche ?

VI. 2 Utilisation du pronom dans la phrase segmentée

• Parfois on segmente la phrase en annonçant un élément par un pronom.

Il va à la pêche, ton père ?

- Bien sûr, on peut avoir des cas analogues d'annonce ou de reprise dans les phrases segmentées utilisant le verbe être.

  > *Ton père, il est patient ?*
  > *Cette voiture, elle est difficile à conduire ?*
  > *Apprendre le français, c'est intéressant ?*

- On a tendance à généraliser c'est quand il s'agit de reprendre ou d'annoncer un mot à valeur généralisante (les parents, le pouvoir, l'armée, etc.), une activité sportive ou intellectuelle.

  > *Le pouvoir, c'est dangereux.*
  > *Les parents, c'est jamais content.*
  > *Les études, c'est toujours fatigant.*

E. Mettez à la forme segmentée les phrases suivantes.

1. Les ordinateurs sont difficiles à faire fonctionner.
2. La pêche est un sport qui demande de la patience.
3. Enseigner aux petits enfants exige du courage.
4. Mon ordinateur est difficile à faire fonctionner.
5. Le thé est une boisson désaltérante.

F. Traduisez « it » à l'aide d'un pronom personnel.

1. I can't lift your suitcase, it's too heavy.
2. If you leave water on the blade, it'll rust.
3. Where is my briefcase? It is behind the door.
4. I didn't like that new film. It was too violent.
5. I have finished this exercise. It was easy.

G. Traduisez à l'aide du pronom qui convient.

1. It would be wise to leave now.
2. It's pleasant to hear.
3. It is tiring to work 10 hours a day.
4. It is to be hoped that they will arrive on time.
5. It was easy to check.

H. Complétez à l'aide du mot qui convient.

1. Nous voulions aller au Canada mais cette année .... ne sera pas possible.

2. .... est regrettable.

3. .... est déjà minuit.

4. Il ne faut pas utiliser de médicaments périmés. .... serait trop dangereux.

5. À cause des gens qui étaient autour de moi, il m'était difficile .... me concentrer.

6. C'est difficile .... accepter.

7. .... est à prévoir qu'il dira non.

8. Oui, c'est .... prévoir.

9. .... est difficile de travailler dans le bruit.

10. Apprendre une langue étrangère, ... est utile.

I. Traduisez.

1. There is the house. It's for sale.
2. There are the mountains. It's not far now.
3. He is a pilot. It's an interesting job.
4. Buy a frozen meal. It's ready to cook.
5. It was hot and sunny yesterday.
6. It was winter when I arrived in Australia.
7. Is he telling the truth? It's hard to know.
8. She's an artist.
9. Her father was a very famous artist.
10. It's impossible to speak French like a Frenchman.

12 LE PRONOM RELATIF

I. Formes
La femme **qui** m'a parlé s'appelle Brigitte Dubois.
La femme **à laquelle** j'ai parlé est une voisine.

II. Pronom relatif et antécédent
L'élève qui a compris.
Celui qui a compris.
Voilà **ce que** j'ai compris.

III. « Qui » et « que »
Les hommes **qui** l'aiment.
Les hommes **que** nous aimons.

IV. « Dont » et « duquel »
Le livre **dont** je vous parle.
Le livre à la page **duquel** je me réfère.

V. « Où »
L'appartement **où** il vit est agréable.
Le jour **où** je suis partie en vacances, il pleuvait à verse.

VI. Pronom relatif et préposition
Les preuves **sur lesquelles** il s'appuie ne sont pas convaincantes.
Il n'y a rien **sur quoi** s'asseoir.

I. Formes

La femme **qui** m'a parlé s'appelle Brigitte Dubois.
La femme **à laquelle** j'ai parlé est une voisine.

I. 1 Le pronom relatif a deux séries de formes

– Série a : qui – que – quoi – dont – où. Ces pronoms relatifs sont invariables.

– Série b : lequel – laquelle – lesquels – lesquelles. En général, on utilise ces pronoms après une préposition. Ces pronoms varient en genre et en nombre selon l'antécédent (le mot qu'ils représentent) ; ils peuvent se combiner aux prépositions à et de (auquel, auxquels, duquel…).

Le livre **dans** *lequel j'ai trouvé cet exercice…*
La question **à** *laquelle il a répondu…*

- Les pronoms relatifs de la série b sont très rarement utilisés en l'absence d'une préposition (→ VI. 2, page 101).

On ne dira donc pas : *« Mon frère, lequel s'est acheté un nouvel équipement… »
Il faut dire : « Mon frère qui s'est acheté un nouvel équipement… »

I. 2 Non-omission du pronom relatif

Contrairement à l'anglais, le pronom relatif objet ne peut pas être omis.

> *L'homme que je connais…* The man (that) I know…
> *La question à laquelle j'ai répondu…* The question (that) I answered…
> *Le livre dont j'ai besoin…* The book (that) I need…

A. Traduisez.

1. The book I was reading.
2. The message I heard.
3. The flowers I received.
4. The parking ticket I paid.
5. The movie he saw.

II. Pronom relatif et antécédent

> **L'élève** qui a compris.
> **Celui** qui a compris.
> Voilà **ce** que j'ai compris.

II. 1 L'antécédent

- Le pronom relatif en français a toujours un antécédent (nom ou pronom qu'il représente). (Les formules du type « Qui vivra verra » sont des formules figées, utilisées dans les proverbes.)

> *L'inspecteur qui a surveillé les travaux a envoyé un rapport.*
> *Celui qui a surveillé les travaux a envoyé un rapport.*
> *Lui, qui était si pressé, retarde maintenant les travaux.*

- Lorsque l'antécédent est le pronom indéfini tout, on appuie cet antécédent au moyen du pronom démonstratif ce.

> *C'est tout ce que je peux vous dire.* It is all I can tell you.
> *C'est tout ce qui lui plaît.* That's all he likes.

B. **Dans les phrases suivantes, soulignez le pronom relatif (un trait) et son antécédent (deux traits).**

1. J'ai reçu la lettre qu'il m'a envoyée.
2. Ce que je craignais est arrivé.
3. As-tu vu le film dont je t'ai parlé ?
4. La table sur laquelle nous mangeons est très fragile.
5. Les chiens sont des animaux auxquels nous nous attachons.

II. 2 Traduction de what

Puisque le pronom relatif a toujours un antécédent, on traduira what, relatif anglais, par deux mots en français : un antécédent (le pronom démonstratif ce) et le pronom relatif.

Je vois ce que vous voulez dire. I see what you mean.
Je comprends ce qui vous ennuie. I understand what bothers you.

N. B. : on ne confondra pas what relatif avec what exclamatif (What a good teacher! = Quel bon professeur !) ni avec what interrogatif qui, dans une interrogation indirecte, se traduit sans ce.

Elle demande à quoi tu fais allusion. (interrogation indirecte)
She asks what you are referring to.
Elle voit ce à quoi tu fais allusion. (relatif)
She can see what you are referring to.

→ V., p. 262

II. 3 Accord du pronom relatif

Le pronom relatif est du même genre, du même nombre et de la même personne que son antécédent.

Par exemple :

a. **si l'antécédent** est une 2ᵉ personne du pluriel, le pronom relatif sujet est, lui aussi, une 2ᵉ personne du pluriel et le verbe s'accorde avec lui. Pour cette raison on dira :

C'est vous qui êtes récompensés.
C'est moi qui suis arrivé le premier.

N. B. : attention à l'accord du verbe avec plusieurs pronoms personnels antécédents.
Vous et moi, qui avons le même âge, nous aimons les mêmes chansons.

b. **si l'antécédent** est masculin, le pronom relatif est masculin. Si l'antécédent est féminin pluriel, le pronom relatif est féminin pluriel, etc.

Pour cette raison, si le pronom relatif est un complément d'objet direct, il faut faire l'accord du participe passé conjugué avec avoir dans la proposition relative.

Il m'a rendu les cinq dollars que je lui avais prêtés. (Que est un c.o.d. de prêter ; que est masculin pluriel par son antécédent [dollars] → accord.)

C. Mettez le verbe à la forme qui convient.

1. Pour vous, qui (être) .... spécialiste, cette question est facile.

2. Est-ce vous qui (envoyer) .... le dossier ?

3. Vous et moi, qui le (connaître) .... bien, sommes du même avis.

4. Toi, qui (savoir) .... tout, donne-moi la réponse

5. Nous, qui (rester) .... à la maison, pourrons le recevoir quand il viendra.

III. « Qui » et « que »

Les hommes **qui** l'aiment.
Les hommes **que** nous aimons.

III. 1 Le pronom qui

a. Qui, pronom relatif, sujet du verbe, a pour antécédent une personne ou une chose.

b. Qui, précédé d'une préposition, est un complément d'objet indirect et ne peut représenter qu'une personne.

c. Qui ne peut pas être élidé.

III. 2 Le pronom que

a. Que, pronom relatif, est toujours complément d'objet direct du verbe (l'antécédent peut être une personne ou une chose).

b. Que n'est jamais directement précédé d'une préposition.

c. Que est élidé devant une voyelle ou un h muet et devient « qu' ».
L'enfant qu'il a vu.

d. Que, complément d'objet direct, entraîne l'accord du participe passé du verbe conjugué avec avoir.
Les enfants qu'il a vus.

III. 3 Qui l' et qu'il

En raison des règles III. 1 et III. 2, on fera attention à ne pas confondre qui l' (pronom relatif sujet) et qu'il (pronom relatif objet direct).

> *Les hommes qui l'aiment* (les hommes l'aiment) : pronom relatif sujet + pronom personnel objet.

> *Les hommes qu'il aime* (il aime les hommes) : pronom relatif objet + pronom personnel sujet.

D. Utilisez le pronom relatif qui convient.

1. Voici les devoirs .... elle a écrits.

2. Ce sont elles .... sont parties les premières.

3. La personne .... il recommande vous téléphonera.

4. C'est ce .... il faut savoir.

5. C'est ce .... lui plaît.

IV. « Dont » et « duquel »

> **Le livre dont je vous parle.**
> **Le livre à la page duquel je me réfère.**

IV. 1 Le choix du pronom

- Lorsque le pronom relatif représente un nom précédé de la préposition de, on a théoriquement le choix entre :
– de + lequel → duquel, de laquelle, desquels, desquelles ;
– de + qui (quand l'antécédent est une personne) ;
– de + quoi (quand l'antécédent est un pronom indéfini) ;
– dont.

Mais en réalité, en français moderne, on emploie presque toujours dont.

> *Le livre dont je vous parle.* (parler d'un livre)

> *La personne dont vous m'avez présenté les parents.*
> (présenter les parents de la personne)

> *Le goudron dont la route est recouverte.* (la route est recouverte de goudron)

> *Ce dont vous me parlez.* (vous me parlez de cela)

- Il y a un cas où l'emploi de dont est impossible : lorsque le pronom relatif est complément d'un nom précédé par une préposition, on emploie la forme duquel, de laquelle, etc.

Le livre à la page duquel je me réfère... (Duquel représente livre mais il est complément du nom page qui est précédé d'une préposition : je me réfère à la page du livre.)

ATTENTION !

Dans ce cas, il faut bien faire attention à l'ordre qui n'est pas le même qu'en anglais. On a le schéma suivant :
Antécédent + préposition + nom + duquel (de laquelle...)
S'il s'agit d'un antécédent de personne, on peut utiliser aussi de qui.

Le spécialiste sur les conseils duquel (de qui) vous avez acheté cet ordinateur. (Vous avez acheté cet ordinateur sur les conseils du spécialiste.)
The specialist on whose advice you bought this computer.

Les spécialistes sur les conseils desquels (de qui) vous avez acheté cet ordinateur. The specialists on whose advice you bought this computer.

Notez la différence avec :

Le spécialiste dont vous avez écouté les conseils. (Vous avez écouté les conseils du spécialiste.) The specialist whose advice you listened to.

IV. 2 Difficultés posées par la traduction de whose

a. Avec l'emploi de **dont**, il faut noter l'ordre des mots en français dans la proposition relative. Après dont, l'ordre reste en français sujet, verbe, c.o.d.

Voici l'étudiante dont je vous ai transmis le c.v.
Here is the student whose c.v. I sent you.

b. Comme le pronom relatif **dont** marque déjà la possession, l'emploi de l'adjectif possessif devient redondant et doit être évité.

On ne peut pas dire :
*« Ce sont des étudiants dont leurs études ont été financées par l'État. »
Il faut dire :
« Ce sont des étudiants dont les études ont été financées par l'État. »

E. **Traduisez.**

1. My neighbour, whose son was arrested last night, isn't answering the phone.
2. Our professor, whose wife just won the lottery, is thinking of retiring.
3. My cousin, whose book was just published, is becoming rather pretentious.
4. This is the man whose sister is an actress.
5. The journalist, whose tape-recorder was destroyed, is furious.

V. « Où »

L'appartement où il vit est agréable.
Le jour où je suis partie, il pleuvait à verse.

V. 1 Le pronom où

- Lorsque l'antécédent exprime un lieu, le pronom relatif où remplace souvent les pronoms relatifs de la série b (lequel, etc.) précédés d'une préposition de lieu.

    Le tiroir dans lequel j'ai mis mon argent. → *Le tiroir où j'ai mis mon argent.*

- Il ne faut pas confondre où et ou (conjonction de coordination).

    La salle de classe où il travaille. (où = dans laquelle) ≠ *Il travaille dans la salle de classe ou dans son bureau.* (ou = ou bien)

    → IV., p. 337

> **ATTENTION !**
> Lorsque l'antécédent exprime le temps, on utilise en français le pronom relatif où ; on n'utilise jamais l'adverbe quand.
>
> *Le jour où je l'ai rencontré.* The day when I met him.
> *Au moment où nous nous sommes levés.* At the moment when we stood up.
>
> Contrairement à l'usage anglais qui peut omettre when (The day I met him. At the moment we stood up.), où ne peut pas être omis.

V. 2 Les pronoms d'où, dont et par où

a. **Pour marquer l'origine,** on emploie d'où quand l'antécédent est une chose et dont quand l'antécédent représente des personnes.

Le pays d'où je viens.
La famille dont il descend.

b. **Pour marquer le passage** dans un lieu ou la traversée, on utilise par où.

Les villes par où nous sommes passés.

F. Utilisez « où », « par où », « dont », « d'où » selon le sens de la phrase.

1. Les villages .... nous sommes passés étaient très pittoresques.

2. Ça s'est passé l'été .... il faisait si chaud.

3. Voici la ville .... nous nous sommes arrêtés.

4. Le pays .... elle vient est situé à l'est.

5. Les ancêtres .... il descend ont émigré au XVIIIe siècle.

VI. Pronom relatif et préposition

Les preuves **sur lesquelles** il s'appuie ne sont pas convaincantes.
L'homme **pour lequel** il travaille est très exigeant.
Il n'y a rien **sur quoi** s'asseoir.

VI. 1 Place de la préposition

Contrairement à l'anglais, la préposition qui porte sur le pronom relatif complément ne peut pas être rejetée à la fin de la proposition relative ; elle se place immédiatement devant le pronom relatif (qui n'est jamais omis en français).

> *L'homme pour lequel je travaille est très exigeant.*
> The man (that) I work for is very demanding.

> *La chaise sur laquelle je m'assieds est très confortable.*
> The chair (that) I sit on is very comfortable.

VI. 2 Structure de la proposition

• Dans une proposition relative avec préposition, l'anglais peut utiliser deux structures :

a. **préposition + which** (antécédent chose).
The raquet with which I used to play was very heavy.

Ou préposition + whom (antécédent personne)
The person for whom I voted was elected.

b. **omission du pronom relatif** et rejet de la préposition à la fin de la proposition.

The raquet I used to play with was very heavy.
The person I voted for was elected.

• Le français, lui, n'a qu'une structure : préposition + pronom relatif.

> *La raquette avec laquelle je jouais était très lourde.*
> *La personne pour laquelle/pour qui j'ai voté a été élue.*

N. B. 1 : Les pronoms relatifs de la série b (lequel, laquelle...) ne s'emploient pas sans préposition sauf dans quelques rares cas, pour éviter une ambiguïté.

> *Je suis venu avec ma nièce et ma cousine, laquelle était malade.*

N. B. 2 : Après une préposition, on peut aussi utiliser le pronom relatif qui lorsque l'antécédent est une personne.

> *Le patron pour qui/pour lequel je travaille...*

VI. 3 Le pronom quoi

Si l'antécédent est un pronom indéfini (rien, quelque chose, tout, etc.) ou le démonstratif ce, on utilise le relatif quoi après la préposition.

> *Il n'a rien à quoi s'accrocher.* He has nothing to hang on to.
> *Je voudrais quelque chose sur quoi écrire.* I would like something to write on.
> *Voici ce à quoi je m'attends.* This is what I expect.

12 LE PRONOM RELATIF •

Traduisez.

1. The woman you spoke to is my sister.
2. The chair she was leaning on broke.
3. The man she was living with left.
4. The bed I am sleeping on is very hard.
5. The factory beside which I was living was very noisy.

H.**Soulignez l'antécédent du pronom relatif.**

1. L'employé à qui j'ai téléphoné était très aimable.
2. C'est toi qui as acheté ce livre.
3. Ce qui m'inquiète, c'est son retard.
4. Voici l'étudiant à qui j'ai donné un A.
5. L'arbre sur lequel l'oiseau a fait son nid menace de tomber.

I. **Complétez par le pronom relatif qui convient.**

1. Pensez à ce .... il vous dit.
2. Vous ne savez pas ce .... vous voulez.
3. Ils ne savent pas ce .... les attend.
4. Voici en quelques mots ce .... il s'agit.
5. Voici quelque chose à .... je m'oppose.

J. **Complétez par la préposition et le pronom relatif qui conviennent.**

1. Il voulait quelque chose .... il pourrait couper la corde.
2. Elle a acheté des ciseaux .... elle a coupé le fil.
3. C'est quelque chose .... on ne peut pas lutter.
4. C'est un fléau .... on ne peut pas lutter.
5. C'est ce .... nous nous attendions tous.

K. Dites si le participe doit s'accorder ou non et donnez la forme qui convient.

1. Les fleurs que vous avez (acheter) .... sont déjà fanées.

2. L'actrice qui a (jouer) .... a été fort applaudie.

3. Les auto-stoppeuses que nous avons (prendre) .... en voiture allaient à Vancouver.

4. La femme que tu as (voir) .... est la femme du patron.

5. Les médicaments que nous avons (acheter) .... l'année dernière sont périmés.

L. Remplacez les mots soulignés par les mots suggérés et changez le pronom relatif selon la construction du verbe.

C'est une personne que j'apprécie. .... j'ai honte.
→ *C'est une personne dont j'ai honte.*

1. Voilà la ville que j'ai visitée.

.... il est né.

...............nous avons parlé.

.... nous sommes passés.

2. C'est un spectacle auquel il faut assister.

.... je recommande.

...............a fait scandale.

...............on parle.

3. Vous m'avez donné un conseil qui m'a été utile.

..............,j'ai oublié.

.... j'ai tenu compte.

.... je ne m'attendais pas.

4. C'est un ami en qui tu peux avoir confiance.

.... j'ai passé la soirée.

.... me surprend toujours.

...............je vous recommande chaleureusement.

5. Ce sont des résultats dont je suis satisfaite.

.... me satisfont.

.... je suis fier.

.... je m'attendais.

M. Complétez à l'aide du pronom relatif qui convient.

1. Je ne comprends toujours pas la raison pour .... il a quitté le pays.
2. Ce nouveau rythme de vie ne correspondait pas à celui .... il était habitué.
3. Je souhaite la bienvenue à tous ceux .... sont venus.
4. L'événement .... vous faites allusion a eu lieu le jour .... elle est partie.
5. Dites-moi le jour .... vous conviendrait.
6. Dites-moi ce .... vous voulez.
7. Les personnes chez .... il a été accueilli ont été très gentilles.
8. La situation en face de .... nous nous trouvons est embarrassante.
9. C'est la réponse .... j'attendais.
10. C'est la réponse à .... je m'attendais.

N. Traduisez.

1. The politician you wrote to never replied.
2. The people we are living with are charming.
3. The shop we buy our books from is closed.
4. The child you were talking about has left.
5. The bed I am sleeping on is quite comfortable.
6. The statistics that the study is based on are false.
7. This is not the answer I expected.
8. The letter he was waiting for never arrived.
9. He is a friend that we can count on.
10. The people you were talking to have left.

O. Déterminez les noms suivants à l'aide d'une proposition relative. Le pronom relatif sera le complément (direct ou indirect, selon le cas) des verbes suggérés. Le sujet du verbe sera à votre choix.

L'ami / faire ce voyage → L'ami avec qui (avec lequel) je fais ce voyage.
Le restaurant / déjeuner → Le restaurant où nous déjeunons.

1. Le pourboire / donner au serveur
2. La robe / essayer
3. Le spectacle / participer
4. Les questions / répondre
5. Les bêtises / être puni
6. La salle / entrer
7. Les magazines / prêter
8. Les livres / se servir
9. Le soir / rencontrer
10. Les documents / présenter

P. Composez des phrases sur le modèle suivant :

Nous avons pris un petit déjeuner. → Le petit déjeuner que nous avons pris était vraiment délicieux.

1. Les habitants ont signé une pétition.
2. Nous avons réservé une table.
3. Elles ont passé d'agréables vacances au bord de la mer.
4. Il a eu des ennuis.
5. Il a acheté des disques.

Q. Traduisez.
1. This apartment is not the one I wanted.
2. I forgot the address that he gave me.
3. The kitchen they ate breakfast in overlooked the garden.
4. The day we left, the weather was horrible.
5. The play we saw yesterday was very disappointing.
6. He has a garage where he keeps all his tools.
7. Think of the groceries we will have to buy.
8. Do you remember the day you met him?
9. She left the university the year that I started.
10. There was a subway strike the day we wanted to meet.

13 LES ADJECTIFS ET LES PRONOMS POSSESSIFS

I.   Formes
On fête **son** anniversaire ; on fêtera **le mien** plus tard.

II. Adjectif possessif
Merci de **ton** aimable invitation.
Ils ont risqué **leur** vie.

III. Pronom possessif
Je prendrai mon auto ; prenez **la vôtre**.

IV. Emplois
Elle a fermé **les** yeux ; elle a fermé **ses** grands yeux noirs.

I. Formes

On fête **son** anniversaire ; on fêtera **le mien** plus tard
J'ai **mon** livre ; prenez **le vôtre**.

I. 1 Il faut distinguer l'adjectif possessif du pronom possessif

• L'adjectif possessif est toujours suivi d'un nom et il ne peut pas être précédé d'un article.

> *On fêtera son anniversaire le 6 mai.*

• Le pronom possessif, lui, n'est jamais suivi d'un nom (il remplace le nom). Contrairement à l'anglais, il est toujours précédé de l'article défini.

> *On fêtera le mien cinq jours plus tard.* We will celebrate mine 5 days later.

• On distinguera en particulier :
– their : leur (adjectif) et theirs : le leur, la leur, les leurs (pronoms) ;
– our : notre (adjectif) et ours : le nôtre, la nôtre, les nôtres (pronoms) ;
– your : votre (adjectif) et yours : le vôtre, la vôtre, les vôtres (pronoms).

> *Notre anniversaire tombe un lundi ; le vôtre tombe un dimanche.*
> Our birthday falls on a Monday, yours on a Sunday.

A. Indiquez si les mots soulignés sont des adjectifs ou des pronoms.

1. Il a pris ses lunettes mais j'ai oublié les miennes.
2. J'aime beaucoup votre cardigan.
3. Ces maisons coûtent cher mais ils ont acheté la leur à un prix intéressant.
4. Ses enfants sont bien élevés ; les leurs sont un peu plus turbulents.
5. Avez-vous rendu vos livres ? Nous, nous n'avons pas encore rendu les nôtres.

II. Adjectif possessif

Merci de **ton** aimable invitation.
Ils ont risqué **leur** vie.

II. 1 Formes de l'adjectif possessif

a. En français, l'adjectif possessif s'accorde en genre et en nombre avec le nom qu'il modifie, alors qu'en anglais, il s'accorde avec le possesseur et ne prend la marque du genre qu'à la 3e personne du singulier (his/her).

Donc, en français, si l'objet possédé est au féminin, l'adjectif possessif est au féminin ; si l'objet possédé est au pluriel, l'adjectif possessif est au pluriel, etc.

J'aime ta jupe mais je n'aime pas ton corsage.

Le genre de l'adjectif ne dépend pas du genre du possesseur ; il dépend du genre du possédé.

b. Le radical de l'adjectif possessif dépend de la personne du possesseur (1re, 2e, 3e personne, du singulier ou du pluriel).

Je suis allé en vacances avec mon frère et ma sœur.
Nous sommes heureux car nous avons reçu notre cadeau.

En français, il faut donc à la fois tenir compte du possesseur (singulier ou pluriel ? 1re, 2e ou 3e personne ?) et du possédé (masculin ou féminin ? singulier ou pluriel ?).

c. Contrairement à l'anglais, à la 3e personne du singulier, le français ne fait pas la différence entre un possesseur masculin (his watch) et un possesseur féminin (her watch).

Il a perdu sa montre. (his watch).
Elle a perdu sa montre. (her watch).

Voici un tableau des formes de l'adjectif possessif.

POSSESSEUR	POSSÉDÉ		
	Masculin	**Féminin**	**Pluriel**
1re pers. sg. (je)	mon	ma	mes
2e pers. sg. (tu)	ton	ta	tes
3e pers. sg. (il, elle, on)	son	sa	ses
1re pers. pl. (nous)	notre	notre	nos
2e pers. pl. (vous)	votre	votre	vos
3e pers. pl. (ils, elles)	leur	leur	leurs

ATTENTION !

– Les formes *notres et *votres n'existent pas. Il faut utiliser nos et vos.
– Leur devant un nom féminin (singulier ou pluriel) n'a pas de -e final.

Leur robe ; leurs robes ; leur maison ; leurs maisons.

d. **Les adjectifs possessifs féminins, ma, ta, sa** ne s'utilisent pas devant un mot féminin commençant par une voyelle ou un h muet ; on utilise alors les formes mon, ton, son.

Mon auto ; ton aimable invitation ; son amie.

Ma belle auto ; ta sympathique invitation ; sa grande amie.

II. 2 **Formes et emplois de** ses, leur et leurs

• On utilise ses lorsqu'il y a un seul possesseur (masculin ou féminin) et plusieurs objets possédés.

Il a vendu ses patins ; elle a vendu ses skis.

• On utilise leur lorsqu'il y a plusieurs possesseurs (masculins ou féminins) et un seul objet possédé.

Guy et Anne vendent leur maison. (Ils possèdent ensemble un seul objet.)

• On utilise leurs lorsqu'il y a plusieurs possesseurs (masculins ou féminins) et plusieurs objets possédés.

Mes enfants ont cassé leurs jouets. (Dans ce cas, les enfants possèdent plusieurs jouets.)

ATTENTION !

Lorsqu'on parle de plusieurs possesseurs mais que chaque possesseur n'a qu'un seul objet, l'anglais utilise souvent le pluriel pour le possédé car il envisage la somme des objets possédés. Le français, lui, utilise générale-ment le singulier, surtout si le sens du nom implique l'idée de singulier.

Ils ont risqué leur vie. (Chaque personne n'a qu'une vie.) They risked their lives.

Ils fumaient leur pipe. (Chacun fume une pipe.) They were smoking their pipes.

B. Traduisez.

1. Our cat and their dog get along very well together.
2. His question and our answer made everyone laugh.
3. They spent their lives working.
4. My friends are your friends, aren't they?
5. She lost her watch too.
6. Is your family planning to stay in France this summer?
7. They all left on their motorcycles.
8. He refused my invitation.
9. She lost her hat and her gloves.
10. My neighbours sold their house.

C. Complétez les phrases suivantes par l'adjectif possessif qui convient.

1. Anne n'a pas fini .... exercices.
2. Mes enfants ont vendu tous .... disques.
3. J'ai vendu .... auto hier.
4. Ils ont prêté .... voiture.
5. Jacques a perdu .... belle montre.

III. Pronom possessif

Prête-moi **ton** stylo ; j'ai oublié **le mien**.
Je prendrai **mon** auto ; prenez **la vôtre**.

III. 1 Formes du pronom possessif

a. Le pronom possessif est toujours précédé de l'article défini.

Le mien ; la mienne ; les vôtres, etc.

Lorsque le pronom possessif est précédé de la préposition à ou de la préposition « de », il faut faire la contraction de l'article défini (au/aux ; du/des).

Je n'ai pas encore écrit à mes parents mais j'ai écrit aux siens.
J'ai entendu parler des tiens.

b. Pour trouver la forme du pronom qui convient, il faut tenir compte du possesseur (1re, 2e ou 3e personne du singulier ou du pluriel) et du possédé (le pronom remplace-t-il un nom masculin ou féminin ? un nom singulier ou pluriel ?), contrairement à l'anglais où on ne tient compte que du possesseur : mine, yours, his/hers, theirs.

> *J'ai retrouvé mes lunettes de soleil mais mon frère* (3e personne du singulier) *n'a pas retrouvé les siennes.* (remplace un nom féminin pluriel)

ATTENTION !

Il ne faut pas oublier l'accent circonflexe sur les pronoms de la 1re et de la 2e personnes du pluriel :
– le nôtre, la nôtre, les nôtres ;
– le vôtre, la vôtre, les vôtres.

Voici un tableau des formes du pronom possessif.

POSSESSEUR	POSSÉDÉ			
	Singulier		Pluriel	
	Masculin	Féminin	Masculin	Féminin
1re pers. du sg. (je)	le mien	la mienne	les miens	les miennes
2e pers. du sg. (tu)	le tien	la tienne	les tiens	les tiennes
3e pers. du sg. (il, elle, on)	le sien	la sienne	les siens	les siennes
1re pers. du pl. (nous)	le nôtre	la nôtre	les nôtres	
2e pers. du pl. (vous)	le vôtre	la vôtre	les vôtres	
3e pers. du pl. (ils, elles)	le leur	la leur	les leurs	

D. Remplacez les pointillés par le pronom possessif qui convient.

1. J'ai pris mes responsabilités ; prenez ....

2. Nous avons nos documents ; ont-ils .... ?

3. On nous a indiqué notre place ; Éric n'est pas content de ....

4. Vous avez fait vos devoirs mais nous n'avons pas fini ....

5. J'ai téléphoné à mes parents ; et vous, avez-vous téléphoné .... ?

Il a mal à **la** tête.
Levez **la** main droite.
Il s'est rasé **la** moustache.
Voici **un de mes** amis.

IV. 1 Adjectif possessif ou article défini

a. Quand on parle des parties du corps et des facultés mentales (la mémoire, la conscience, etc.) et que l'identité du possesseur est clairement indiquée par le sens de la phrase, on remplace très souvent l'adjectif possessif par l'article défini.

Il a mal à la tête.
Fermez la bouche.
Elle a la conscience tranquille.

• On garde l'adjectif possessif :
– quand le rapport de possession pourrait être ambigu ;
– quand le nom est sujet.

Sa bouche est bien dessinée.

– quand le nom, c.o.d. d'un verbe autre que avoir, est accompagné d'un adjectif qualificatif.

Elle a fermé les yeux.
Elle a fermé ses grands yeux noirs.

• Quand le nom est accompagné des adjectifs gauche et droit ou quand il est complément de l'auxiliaire avoir, on utilise l'article défini.

Levez la main droite.
Elle a les cheveux longs.

b. Pour indiquer une possession, l'anglais utilise un adjectif possessif, alors que le français préfère souvent utiliser un pronom personnel (ou un pronom réfléchi) et l'article défini.

Il s'est coupé le doigt. He cut his finger.
On lui a rasé la moustache. He had his moustache shaved off.
Elle s'est cassé la jambe. She broke her leg.
Nous nous lavons les dents trois fois par jour.
We brush our teeth three times a day.

• On utilise aussi cette construction s'il peut y avoir un doute sur l'identité du possesseur. Par exemple, dans la phrase : « Il a touché sa joue », on ne sait pas s'il s'agit de sa joue à lui ou de la joue de quelqu'un d'autre. Pour éviter l'ambiguïté, on dira : « Il s'est touché la joue » (pronom réfléchi ; le sujet est aussi le possesseur) ou « Il lui a touché la joue » (le sujet et le possesseur ne sont pas la même personne).

c. **Lorsqu'il s'agit de traduire une attitude** ou un aspect vestimentaire, on utilise en français l'article défini au lieu de l'adjectif possessif, si l'identité du possesseur est clairement indiquée par le sens général de la phrase (alors que l'anglais utilise l'adjectif possessif et la préposition with).

> *Il dort la bouche ouverte.* He sleeps with his mouth open.
> *Elles étaient assises les bras croisés.* They were sitting with their arms crossed.

E. **Complétez par l'adjectif possessif ou par l'article défini.**

1. Mon fils s'est cassé .... jambe en descendant l'escalier.

2. Il la regardait de .... petits yeux effrontés.

3. Jacques a .... cheveux gris.

4. Il s'est foulé .... cheville gauche.

5. Cet enfant a de la fièvre : .... yeux brillent.

IV. 2 Mise en valeur du possesseur

a. **On peut utiliser l'adjectif** propre (own).

> *J'ai mon propre matériel.* I have my own equipment.
> *Je vous ai répété ses propres mots.* I repeated his own words.

b. **Souvent,** on reprend l'adjectif possessif par le pronom personnel tonique précédé de la préposition à.

> *J'ai mon matériel à moi.*
> *Il a ses idées à lui.*

Cette tournure permet notamment d'éviter les ambiguïtés.

> *J'aime bien sa montre à lui, mais je n'aime pas la sienne à elle.*
> I like his watch but I don't like hers.

IV. 3 Adjectif possessif ou pronom en

On peut remplacer l'adjectif possessif par en + l'article défini quand le possesseur est un nom de chose situé dans la proposition qui précède.

> *Je viens dans ce parc parce que j'en apprécie la tranquillité.*
> (la tranquillité du parc) I come to this park because I like its tranquility.

IV. 4 Problèmes de traduction

a. **La construction anglaise** « a friend of mine » ne peut pas être traduite littéralement. On traduira :

– soit par : un de mes amis/une de mes amies. (L'adjectif possessif est alors au pluriel.)

– soit par : un(e) ami(e) à moi.

A neighbour of ours. *Un de nos voisins/un voisin à nous.*

ATTENTION !

Après une conjonction de coordination, il faut, en général, répéter le possessif.

His brother and sister. *Son frère et sa sœur.*

b. La construction anglaise : « This book is mine » ne peut pas être traduite littéralement. On traduira :

– soit par le verbe être suivi de la préposition à et du pronom personnel (forme tonique).

Ce livre est à moi.

– soit par le verbe être suivi du pronom possessif.

Ce livre est le mien.

– soit par le verbe appartenir précédé du pronom personnel objet indirect (forme non tonique).

Ce livre m'appartient.

On peut aussi utiliser la formule c'est/ce sont et l'adjectif possessif.

C'est mon livre.

F. **Dites d'une autre façon.**

1. Ce document est à moi.
2. Ce foulard vous appartient.
3. Ces gants sont-ils à vous ?
4. Ce sont nos photocopies.
5. Cette montre est la mienne.

G. **Traduisez.**

1. Raise your left elbow.
2. His grandfather has lost his memory.
3. Is this book yours? I thought it was mine.
4. She washed her hair.
5. A neighbour of his has just won the lottery.
6. His mother and aunt were both born in Austria.
7. Give him his share.
8. I know the way with my eyes closed.
9. Is that your dog?
10. No. It is his.

H. **Remplacez les pointillés par l'adjectif ou le pronom possessif, selon les cas.**

1. J'ai acheté .... robe dans un grand magasin ; Alice a acheté .... dans une boutique.

2. Ils ont appris .... leçons ; savez-vous .... ?

3. Quand passez-vous .... examen de français ? Marc passe .... le 9 mai.

4. Didier et Nicole ont vendu .... maison mais Gérald et Geneviève ne veulent pas vendre ....

5. Avez-vous vu .... auto ? Je l'ai achetée parce que mon frère ne voulait plus me prêter ....

6. Quels sont .... projets pour les grandes vacances ? Christèle ne m'a pas dit quels étaient ....

7. Nous aimons beaucoup .... appartement. Et vous, comment trouvez-vous .... ?

8. Est-ce que tu as fini .... composition ? Moi, je n'ai pas encore fini ....

9. Alice est contente ; .... parents, ... frères et .... sœur arrivent demain.

10. Les enfants ont invité .... amis à jouer dans .... chambre.

I. **Inventez des phrases sur le modèle :** *Marc s'est coupé le doigt.*

1. Annie – laver – mains.
2. Le coureur – tordre – cheville.
3. La petite fille – couper – cheveux.
4. Le skieur – casser – jambe.
5. Robert – fouler – poignet.

J. Complétez par « ses », « leur » ou « leurs ».

1. Mes amis ont passé .... vacances en Colombie britannique.

2. Hélène a oublié .... lunettes.

3. Gérard a prêté .... patins à Pierre.

4. Ils ont raté .... avion.

5. Les touristes ont laissé .... bagages à la consigne.

6. Les Dupont doivent rejoindre .... fille en Europe.

7. Jean-Claude a reçu .... amis australiens.

8. Ils ont envoyé .... enfants en colonie de vacances.

9. Elle a fini .... recherches pour sa thèse.

10. On a besoin de .... papiers quand on voyage.

14
LES ADJECTIFS ET LES PRONOMS DÉMONSTRATIFS

I. Adjectifs et pronoms
Cette jeune fille parle bien ; **celle-ci** parle mieux.

II. Formes de l'adjectif démonstratif
Ce tigre est dangereux ; **cet** animal est encore plus méchant.
Cette recette est facile ; **ces** recettes sont plus difficiles.

III. Formes et emplois du pronom démonstratif
J'ai pris **celui** de mon ami.
J'ai pris **celui-ci**.
Est-ce que **cela** t'ennuie ?

I. Adjectifs et pronoms

Cette jeune fille parle bien ; **celle-ci** parle mieux.
Ces garçons étudient ; **ceux-là** ne font rien.

I. 1 Il faut distinguer l'adjectif **démonstratif** et le **pronom démonstratif**.

a. L'adjectif démonstratif détermine un nom ; il se place devant le nom avec lequel il s'accorde en genre et en nombre.

Cette jeune fille parle bien.
Ce garçon écoute avec attention.
Ces enfants sont calmes.

b. Le pronom démonstratif remplace un nom ; il s'accorde en genre et en nombre avec le nom qu'il remplace.

Celle-ci parle bien.
Celui-ci écoute avec attention.

Ce tigre est dangereux ; cet animal est encore plus méchant.
Cette recette est facile ; ces recettes sont plus difficiles.

II. 1 Les formes de l'adjectif démonstratif sont les suivantes :

– ce : devant un nom masculin singulier,
– cette : devant un nom féminin singulier,
– ces : devant un nom pluriel (masculin ou féminin).

ATTENTION !
• Ce devient cet devant un mot masculin commençant par une voyelle ou un h muet.

Cet autre ami ; cet animal ; cet hôpital.

• Ce reste ce devant un mot masculin commençant par un h aspiré.

Ce héros ; ce hasard.

• Le pluriel de cette est ces. La forme *« cettes » n'existe pas !

Cette fenêtre est ouverte.
Ces fenêtres sont ouvertes.

II. 2 Emploi des particules -ci et -là

• Pour opposer deux noms on ajoute parfois au nom précédé de l'adjectif démonstratif la particule -ci ou -là. Ci et là sont liés au nom par un trait d'union : -ci indique généralement l'objet le plus proche ; -là indique l'objet le plus éloigné.

Je ne veux pas ces légumes-ci ; je veux ces légumes-là.

• L'anglais, lui, utilise deux formes différentes : this/that ; these/those.

Ces livres-ci sont à moi ; ces livres-là sont à vous
These books are mine; those books are yours.

A. Remplacez les pointillés par l'adjectif démonstratif qui convient.

1. .... roman est passionnant.

2. Je ne connais pas .... étudiant.

3. Il n'a pas su faire .... exercices.

4. Ne te mets pas devant .... haut-parleur.

5. .... table est en chêne.

> J'ai pris **celui** de mon ami.
> J'ai pris **celui que** tu m'as offert.
> J'ai pris **celui-ci.**
> Est-ce que **cela** t'ennuie ? Non, **ça** ne m'ennuie pas, **c'**est intéressant.

III. 1 Formes

Le pronom démonstratif a les formes suivantes lorsqu'il remplace :
– un nom masculin singulier : celui ou celui-ci, celui-là ;
– un nom féminin singulier : celle ou celle-ci, celle-là ;
– un nom masculin pluriel : ceux ou ceux-ci, ceux-là ;
– un nom féminin pluriel : celles ou celles-ci, celles-là.

III. 2 Emplois

• Celui, celui-ci, celui-là

a. Lorsque le pronom démonstratif a un complément ou lorsqu'il est complété par une proposition relative, on utilise obligatoirement la forme simple.

J'ai emprunté le livre de mon ami. → *J'ai emprunté celui de mon ami.*
Je voudrais la cassette que vous m'avez proposée. → *Je voudrais celle que vous m'avez proposée.*

b. Lorsque le pronom démonstratif n'a pas de complément ou lorsqu'il n'est pas complété par une proposition relative, on utilise obligatoirement la forme composée (celui-ci, celle-ci, celui-là, celle-là, etc.).

Je ne veux pas ce livre ; je veux celui-là.
Ne me donnez pas ces pommes-ci ; donnez-moi celles-là.

B. Complétez par la forme simple ou par la forme composée du pronom démonstratif.

1. J'aime beaucoup la robe de Catherine mais je n'aime pas .... de Monique.

2. Luc aime les disques de jazz mais il n'a jamais écouté .... que tu lui as offerts.

3. J'ai vu cette exposition mais je n'ai pas encore vu ....

4. Ils ont acheté une belle voiture mais .... est encore plus confortable.

5. Je préfère les lunettes de Chloé à .... de Bernadette.

• **Celui-ci et celui-là**

a. En principe les formes en -ci (celui-ci, celle-ci, etc.) marquent la proximité, alors que les formes en -là marquent l'éloignement. Mais, en français moderne, cette distinction n'est pas toujours respectée.

b. Quand, pour rappeler deux noms que l'on oppose, on traduit « the former », « the latter » par un pronom démonstratif, celui-ci (celle-ci, etc.) correspond à « the latter » et celui-là (celle-là, etc.) correspond à « the former ».

I have met her previous and her current husband. I prefer the former to the latter.
J'ai rencontré son ancien mari et son mari actuel. Je préfère celui-là à celui-ci.

> **ATTENTION !**
>
> • On ne peut caractériser en français un pronom démonstratif ni par un participe présent ni par un participe passé. Pour traduire la tournure anglaise, on utilise une proposition relative.
>
> Those injured in the battle will stay in the hospital. *Ceux qui ont été blessés dans la bataille resteront à l'hôpital.*
>
> Only those travelling in first class may board now. *Seuls ceux qui voyagent en première classe peuvent embarquer maintenant.*
>
> • « The one » précédant un pronom relatif anglais ne peut pas se traduire par *l'un/l'une ; on le traduit par un pronom démonstratif.
>
> The one who gives the answer will get a prize. *Celui/celle qui donnera la réponse recevra un prix.*

• **Ceci, cela, ça et ce**

a. Lorsqu'on veut reprendre toute une proposition, lorsqu'on veut représenter non pas un objet individualisé mais une idée générale ou vague, un concept, un sentiment, on utilise le pronom démonstratif ceci ou cela.

Je vous propose de venir vous chercher à 5 heures et de vous conduire à la gare. Est-ce que cela vous convient ? (Cela = tout ce que je propose.)
I suggest that I pick you up at 5 to take you to the station. Is that alright with you?

Il a rapporté un bon bulletin scolaire à la maison ; cela a fait plaisir à ses parents. He took home a good report: that made his parents happy.
En principe, ceci désigne les choses dont il va être question et cela les choses dont il a été question mais cette distinction n'est pas toujours respectée.

b. Très souvent, dans le langage familier, « cela » peut être remplacé par la forme ça.

Est-ce que ça vous plaît ?
Ça va ?

c. On n'utilise **pas le démonstratif** «cela/ça» devant le verbe **être** ; on utilise le démonstratif **ce** (élidé en **c'** devant une voyelle).

Ce serait courageux de sa part. That would be brave of him.
C'est intéressant. That's interesting.

d. On utilise **le démonstratif ce** devant une proposition relative sans antécédent précis (➜ chapitre 12, II. 1 et II. 2, p. 95-96).

Ce que je veux, c'est que vous soyez à l'heure.
What I want is for you to be on time.

C. Complétez par « ce », « c' » ou « cela ».

1. .... qui l'intéresse vraiment, ... est l'informatique.

2. Je ne sais pas si .... est vrai mais .... semble bizarre.

3. Il n'est pas venu ; .... est inquiétant.

4. Elle est en retard ; .... m'étonne.

5. Arrêtez de fumer ! .... est mauvais pour la santé.

D. Complétez les phrases suivantes par le démonstratif qui convient.

1. .... semble incroyable. .... enfant est tombé du sixième étage et il n'est même pas blessé !

2. .... qui m'ennuie, ... est que je n'ai pas compris .... leçon de grammaire ; par contre j'ai bien assimilé .... de la semaine dernière.

3. Quels sont .... qui étaient absents hier ?

4. J'aime les chaussures d'Angela mais je préfère .... de Chantal.

5. .... tableaux sont sûrement des faux !

6. .... exposition est intéressante mais moins complète que .... de Montréal.

7. .... professeur vient d'Australie.

8. Il a été congédié ; .... est tout à fait injuste.

9. .... vieil hôpital va bientôt être démoli.

10. Quelle couleur préfères-tu ? .... ou .... ?

E. Traduisez.

1. This one interests me; that one doesn't at all.
2. If you had to choose between two brands, would you prefer this one or that one?
3. Those injured will be looked after immediately.
4. Those who miss the train will need to take the bus.
5. Last week I went to see a new Japanese film and an Australian one. The former was very exciting and the latter was rather boring.
6. The one who delivered the paper was a 12 year old boy.
7. What I like about him is that he always arrives on time.
8. You take this and I'll take that.
9. Please make room for those waiting outside.
10. To resist is to conquer.

15 LES ADJECTIFS ET LES PRONOMS INDÉFINIS

I. Adjectifs et pronoms
Chaque pays est responsable de la pollution.
Chacun doit prendre des mesures pour la combattre.

II. Rien, personne, aucun, nul
Rien ne va plus.
Je **n'**ai rencontré **personne**.
Aucun mal **ne** lui sera fait.
· **Nul n'**a pensé te faire de la peine.

III. Tout
Tous les hommes sont égaux.
Toutes vous remercieront.
Tout ira bien.

IV. On
On a toujours besoin d'un plus petit que soi.
On ne se trompe jamais.

V. Quelque, quelqu'un, quelque chose
Quelques élèves étaient absents.
Quelques-uns étaient malades.
Il nous faut **quelque chose** d'intéressant.

VI. Autre
Les autres arriveront demain.
Avez-vous **d'autres** questions ?

VII. Même
Ils font toujours **les mêmes** fautes.
Elle est venue **elle-même**.
Même eux ont fait une erreur.

Certaines personnes ne savent pas garder un secret.
Chaque pays est responsable de la pollution.
Chacun doit prendre des mesures pour la combattre.

I. 1 Il faut distinguer adjectifs et pronoms indéfinis

Aucun, autre, certain, même, nul, plusieurs, tel et tout peuvent être adjectifs indéfinis ou pronoms indéfinis.

- Ils sont adjectifs quand ils précèdent un nom et qu'ils déterminent ce nom.

    Aucun (Nul) homme n'est capable d'accomplir un tel exploit.
    Certains étudiants sont bilingues.

N. B. : à l'exception de autre, de même et de tout (les autres enfants, les mêmes enfants, tous les enfants), les adjectifs indéfinis ne sont pas accompagnés de l'article défini.

- Ils sont pronoms quand ils remplacent un nom.

    Nul n'est censé ignorer la loi.
    Certaines vous diront la vérité.

I. 2 Problèmes de traduction

- Quand each est adjectif, on le traduit par chaque (forme unique du masculin et du féminin).

- Quand each est pronom, on le traduit par chacun ou par chacune (selon le genre du nom qu'il remplace).

    Each country is sending two delegates to the congress. *Chaque pays envoie deux délégués au congrès.*

    Each (one) will stay three days in the capital. *Chacun restera trois jours dans la capitale.*

- Everyone ou everybody suivis de who ou de whom sont traduits par tous ceux qui, tous ceux que.

A. **Dans les phrases suivantes, repérez l'indéfini. Dites s'il s'agit d'un adjectif ou d'un pronom.**

1. Tous les enfants étaient présents à la petite fête mais certains ont dû partir tôt.
2. J'ai fait les mêmes exercices que toi.
3. Certains étudiants sèchent souvent les cours.
4. J'ai vu quelques films intéressants dont plusieurs en version originale.
5. J'ai entendu plusieurs chansons de Brassens ; je les ai toutes aimées.

II. Rien, personne, aucun, nul

Rien ne va plus.
Personne ne te le dira.

II. 1 Emploi de la négation

Il ne faut pas oublier la négation ne dans une phrase avec rien, personne, aucun et nul.

Rien ne l'intéresse.
Personne ne l'a vu.
Elle n'a fait aucune faute.
Nul ne te reprochera cette initiative.

ATTENTION !

En présence de rien, personne, aucune, nul, on n'utilise jamais la négation composée ne... pas. On utilise seulement ne.

II. 2 Transformation due à la négation

Dans une phrase négative, on n'emploie jamais quelqu'un ni quelque chose comme complément de verbe. On utilise alors ne... personne ou ne... rien.

ATTENTION !

On ne traduira pas : I didn't see anything par : *« Je n'ai pas vu quelque chose », ni I didn't see anyone par : *« Je n'ai pas vu quelqu'un. »
On traduira par : « Je n'ai rien vu. »
« Je n'ai vu personne. »

N. B. : lorsque rien et personne sont compléments d'objet direct, rien se place après l'auxiliaire et personne se place après le participe passé (➔ II. 2 et Attention, p. 288).

B. **Traduisez.**

1. Nobody came to see me.
2. Nothing happened.
3. No one believes him.
4. I didn't meet anyone at the disco.
5. No one has the right to kill another person.

III. Tout

Tous les hommes sont égaux.
Tout le monde vous le dira.
Il nous rendait visite **tous** les jours.

III. 1 Tout, tous, toute **et** toutes

• Tout (masculin singulier) fait au masculin pluriel : tous (sans t !).

Tous les hommes sont égaux.
Tous vous le diront.

• Toute (féminin singulier) fait au féminin pluriel : toutes.

Toutes les femmes sont libres.

III. 2 Emploi d'un article

• En général, tout, adjectif indéfini, est suivi de l'article défini.

Charles a dormi tout l'après-midi.
Il a répondu à toutes les questions.
Je joue au tennis tous les matins.
Ils ont fait toute la vaisselle.

N. B. : tout et toute (adjectifs singuliers) peuvent être, selon le sens, suivis de l'article défini ou non.
On distinguera :

Toute la journée a été agréable (= la journée entière). The whole day was pleasant.
Toute journée vous sera payée (= chaque journée). You will be paid for every day.

• Tous et toutes (pronoms pluriels) ne sont jamais suivis de l'article.

Toutes / Tous vous remercieront.

ATTENTION !

• Tous et toutes (pronoms) ne sont généralement pas situés entre le sujet et le verbe.

Ils sont tous venus. They all came.

• Lorsque tous est pronom, il faut prononcer le -s final.

III. 3 Tout = pronom singulier

Lorsque tout est pronom singulier, il représente toujours un inanimé ou une idée (= everything) ; il ne représente jamais une personne.

Tout ira bien. Everything will go well.

III. 4 Tout(e) et tout

Il ne faut pas confondre tout(e) (adjectif ou pronom indéfini) et tout (adverbe) (→ chapitre 8, II, p. 63).

> *Elle est tout en colère.* She is completely (totally) angry.

ATTENTION !

Tout le monde, malgré son sens pluriel de collectif, est le sujet d'un verbe au singulier.

Tout le monde vous le dira.

III. 5 Répétition dans le temps

Quand il s'agit d'une répétition dans le temps, every se traduit rarement par chaque et un nom singulier ; le français préfère utiliser tous, toutes et un nom au pluriel.

> *Il nous rendait visite tous les jours.* He used to visit us every day.

C. Traduisez.

1. We are all very tired.
2. He has four sisters. They all live in Australia.
3. Everyone was very happy with the result.
4. Every day he would telephone his brother to see how things were going.
5. Everybody who wants to take part in the weekend must pay before Friday.

IV. On

> **On** a toujours besoin d'un plus petit que soi.
> Je me demande si **on** l'a vendu.

IV. 1 Le pronom on est toujours sujet d'un verbe.

Dans une phrase à valeur généralisante, l'anglais one, complément d'objet, se traduit par vous.

> It makes one wonder. *Cela vous fait réfléchir.*

IV. 2 On est un pronom de la 3e personne du singulier.

Par conséquent :

• le verbe s'accorde au singulier.

> *On vous écrira.*

- lorsque le verbe a un pronom réfléchi comme complément, le réfléchi est se ou soi.

    On ne se trompe pas.

    On a toujours besoin d'un plus petit que soi.

- on demande le possessif 3ᵉ personne du singulier (son, sa, ses).

    On doit apprendre ses leçons tous les jours.

IV. 3 On, nous et vous

En français moderne, dans le langage familier, « on » a tendance à remplacer nous et vous. Dans ce cas, on peut faire l'accord de l'adjectif attribut au pluriel.

    On est tous riches. We are all rich.

IV. 4 Emploi d'un pronom de reprise

On ne peut pas être repris par le pronom personnel il. Cette règle vaut aussi pour la plupart des pronoms indéfinis.

On ne peut pas dire en bon français :
*« Quelqu'un est venu à la porte ; il avait une lettre à la main. » Somebody came to the door; he had a letter in his hand.

Il faut répéter le pronom indéfini ou changer de construction :
« Quelqu'un est venu à la porte et avait une lettre à la main. » (Ou : en tenant une lettre à la main, etc.)

IV. 5 Dans le langage soutenu

- Après si, et, ou et que, on utilise de préférence l'on à on.

    On peut le faire si l'on veut.

- Cette règle ne s'applique pas si le mot suivant commence par la lettre l car les sonorités seraient désagréables , on ne dira pas *« et l'on l'a vendu » ; on dira : « et on l'a vendu ».

> **D. Complétez par « on » ou « l'on » selon le cas.**
>
> 1. Je me demande si .... ne va pas arriver en retard.
>
> 2. .... dira ce que .... voudra, moi, je continue à penser le contraire.
>
> 3. .... nous a dit qu'............... pourrait camper à cet endroit.
>
> 4. Il faut que .... te dise la vérité ; .... n'est pas d'accord avec toi.
>
> 5. .... a toujours besoin d'un plus petit que soi.

Quelques élèves étaient absents.
Quelques-uns étaient malades.
Il nous faut **quelque chose** d'intéressant.

V. 1 L'adjectif quelque et les pronoms quelqu'un, quelque chose

a. Quelque et quelques sont des adjectifs indéfinis qui signifient some ou a few ; ils sont suivis du nom qu'ils déterminent.

J'ai déjà lu quelques pages de ce roman policier.
I have already read a few pages of this detective novel.

b. Quelques-uns et quelques-unes sont des pronoms indéfinis qui remplacent un nom pluriel.

Les candidats inscrits sont nombreux mais quelques-uns ne viendront pas. A lot of candidates have registered but some won't come.

Quelques-unes des pages de ce roman sont illisibles.
Some of the pages of this novel are unreadable.

c. Quelqu'un est un pronom singulier qui représente une personne d'identité non précisée (someone, somebody).

Quelqu'un frappe à la porte. Someone's knocking at the door.

d. Quelque chose (something) est un pronom qui représente une chose inanimée non précisée.

J'ai quelque chose à vous dire. I have something to tell you.

ATTENTION !

Lorsque quelqu'un, quelque chose, rien et personne sont suivis d'un adjectif qualificatif, l'adjectif qualificatif est précédé de la préposition de et il se met au masculin singulier.

Il faut quelqu'un d'intelligent à ce poste. We need someone intelligent for this job.
Je mange quelque chose de bon. I am eating something delicious.
Rien de spécial n'est arrivé. Nothing special happened.
Il n'y a personne d'aussi courageux qu'elle. There is no one as brave as her.

E. Complétez à l'aide d'un des indéfinis mentionnés dans la section V.

1. Je ne prendrai pas tous ces livres ce soir ; je n'en prendrai que ....

2. Il a fait .... remarques judicieuses.

3. .... passagers eurent le mal de mer.

4. .... n'a pas fermé la porte.

5. Ils avaient .... dans la main mais je ne sais pas quoi.

Les autres arriveront demain.
D'autres arriveront demain.
Avez-vous **d'autres** questions ?
Ils travaillent les uns pour **les autres**.

VI. 1 Autre **peut être** adjectif **ou** pronom.

a. Autre est adjectif quand il modifie un nom.

Les autres enfants sont restés en récréation.

b. Autre est pronom quand il remplace un nom.

Les autres sont restés en classe.

VI. 2 **Les deux emplois du pronom pluriel** autres

a. Lorsque autres représente une quantité assez bien définie parce qu'il signifie « all the others », c'est-à-dire le reste d'un groupe ou d'un ensemble ou même le reste du monde, on utilise le pronom avec l'article défini « les ».

Trois candidats ont été choisis. Les autres ont été éliminés.
Three candidates were chosen. The others were eliminated.

Ne le dites pas aux autres. (aux = à + les) Don't tell the others.
Il a pris l'argent des autres. (des = de + les) He took the others' money.

b. Lorsque autres représente une quantité non définissable et signifie « (some) others », on utilise la préposition de (d') sans article.

Certains étudiants ont échoué ; d'autres ont réussi.
Some students failed ; others passed.

ATTENTION !
On n'utilise pas des devant autres mais d' quand :
a. autres est **pronom** et marque une quantité indéterminée (cas VI. 2, b).

Ces documents ne sont pas les bons ; j'en veux d'autres.
These documents are not the right ones; I want some others.

b. autres est **adjectif.**

D'autres personnes vous diront le contraire. Other people will tell you otherwise.
Avez-vous d'autres questions à poser ? Do you have any other questions?

N. B. : le plus souvent any et some devant others ne se traduisent pas.

Do you have some other children? *Avez-vous d'autres enfants ?*
No, I don't have any others. *Non, je n'en ai pas d'autres.*

VI. 3 Les uns les autres **et la réciprocité**

a. Pour marquer la réciprocité, on utilise généralement le pronom réfléchi.

Ils se battent. They are fighting (each other).

Ils se surveillent. They are watching each other.

On peut insister en ajoutant la formule les uns les autres.

Ils se surveillent les uns les autres. They are watching each other.

Elles se félicitent les unes les autres. They are congratulating each other.

b. Dans le cas d'un verbe qui se construit avec une préposition, si on utilise la formule les un(e)s les autres, la préposition se place devant les autres.

Ils font attention les uns aux autres. They look out for each other.

Ils travaillent les uns pour les autres. They work for each other.

F. Complétez par les mots qui conviennent.

1. Avez-vous .... autres coups de téléphone à donner ?

2. Quelques-uns sont partis mais .... autres sont restés.

3. Je vous conseille de parler à .... autres personnes.

4. Elles s'encourageaient .... les autres.

5. On a toujours besoin les uns ....

VII. Même

Ils font toujours **les mêmes** fautes.
Elle est venue **elle-même**.
Même eux ont fait une erreur.

VII. 1 **Place de** même

a. Lorsque l'adjectif même **correspond à** same, il est placé devant le nom.

They always make the same mistakes. *Ils font toujours les mêmes fautes.*

b. Lorsque même **correspond à** self (himself, herself, ourselves, etc.), il est placé après le nom ou, le plus souvent, après le pronom.

She came herself. *Elle est venue elle-même. (en personne)*

Dans les deux cas, même s'accorde avec le nom ou le pronom auquel il se rapporte.

Les directeurs eux-mêmes ont été congédiés. The managers themselves were fired.

VII. 2 Confusion à éviter

On ne confondra pas même (adjectif ou pronom indéfini) et l'adverbe « même » (toujours invariable) qui a le sens de even.

Eux-mêmes ont fait une erreur. They themselves made a mistake.

Même eux ont fait une erreur. Even they made a mistake.

G. Traduisez.

1. No one among us knew how to speak Chinese.
2. Because of the strike, none of the students will take the bus today.
3. Nobody ever told me anything.
4. No one wants to work when it is so hot.
5. No book was available.
6. We have no idea of the answer.
7. No parent would sell their child to others.
8. Do you have any other books?
9. No, but I have some other magazines.
10. The nurse checks his temperature every hour.

H. Mettez « tout » (adjectif, pronom ou adverbe) à la forme qui convient.

1. .... abus sera sévèrement puni.
2. .... les bagages étaient prêts.
3. .... les insecticides sont dangereux.
4. Elles étaient .... contentes d'avoir été reçues à l'examen.
5. Les étudiantes étaient contentes : .... avaient été reçues à l'examen.

I. Traduisez.

1. Some of the road maps were out of date.
2. Somebody took some of the books I need.
3. Everything has changed.
4. Each person must make up his mind for himself.
5. Some of these exercises are terribly difficult.
6. Tell me something interesting.
7. Each of his answers was incorrect.
8. Each of these objects is precious but some are more valuable than others.
9. Each student made several mistakes.
10. Those flowers are not fresh. Do you have any others?

16 LES VERBES ET LES ADJECTIFS SUIVIS DE PRÉPOSITIONS

I. Verbes et prépositions + nom ou pronom
J'ai téléphoné **à** ses parents.
Il pense **à** lui ; il **lui** donne un conseil.

II. Adjectifs et prépositions
On est responsable **de** ses actes.
Les citoyens sont hostiles **au** projet.

I. Verbes et prépositions + nom ou pronom

J'ai téléphoné **à** mes parents. I phoned my parents.
Je pense **à** mon avenir. I am thinking of my future.
Il pense **à** lui ; il **lui** donne un conseil. He is thinking of him ; he is giving him advice.

I. 1 Différences de construction

a. Certains verbes français peuvent se construire avec une préposition, alors que leur équivalent anglais se construit directement.
Il faut noter en particulier :
– entrer dans une pièce = to enter a room,
– téléphoner à quelqu'un = to phone someone,
– se marier à quelqu'un = to marry someone,
– se joindre à quelqu'un = to join someone,
– répondre à quelqu'un (ou à qqch.) = to answer someone (or something),
– obéir à quelqu'un (ou à qqch.) = to obey someone (or something),
– avoir besoin de quelque chose (ou de quelqu'un) = to need something (or someone),
– s'approcher de quelqu'un (ou de qqch.) = to approach someone (or something).

b. Inversement, certains verbes anglais peuvent se construire avec une préposition alors que leur équivalent français se construit directement.
to look at something = *regarder quelque chose*

On notera en particulier :
– to ask for something = demander qqch.
– to hope for something = espérer qqch.
– to wait for something (or someone) = attendre qqch. (ou qqun).

132

I. 2 Différences de préposition

Dans certains cas, le verbe français et le verbe anglais ont tous les deux une préposition mais les prépositions ne correspondent pas d'une langue à l'autre.
Il faut noter en particulier :
– to think **of** = penser à,
– to consist **of** = consister en,
– to fill **with** = remplir de,
– to cover **with** = couvrir de,
– to depend **on** = dépendre de,
– to borrow **from** = emprunter à.

I. 3 Parfois le sens du verbe français change

a. Selon que le verbe est accompagné ou non d'une préposition.
Il faut noter en particulier :
– penser qqch. de qqch. = to think something of something ;
– penser à qqch. = to think of, about something.

– rêver de qqch., de qqun = to dream of, about something ;
– rêver à qqch. = to muse on (ponder over) something.

b. Selon la préposition dont le verbe est accompagné.
Par exemple :
– manquer à son devoir = to fail in one's duty ;
– manquer de qqch. = to lack, to be short of something.

→ annexes, p. 345-346

A. Complétez à l'aide de la préposition qui convient.

1. J'ai besoin .... repos.

2. Jean n'a pas pu entrer .... la salle de cinéma.

3. Cela dépendra .... mon travail,

4. Élisabeth pense encore .... ses vacances.

5. Ses parents ont téléphoné .... directeur.

I. 4 Préposition à + pronom personnel représentant une personne

a. On garde la préposition à suivie du pronom personnel tonique (moi, lui, eux, elles, etc.) quand on emploie :
– des verbes pronominaux (comme s'intéresser à, se fier à, se confier à, etc.) ;

– les verbes penser à, rêver à, faire attention à...

Je pense à mon camarade. → Je pense à lui.
Il rêve à moi.

b. Dans les autres cas, on ne garde pas la préposition à ; on utilise seulement la forme faible, non tonique **du pronom personnel (me, te, lui, nous, vous, leur).**

Cette affaire convient à l'acheteur. → Cette affaire lui convient.

C'est le cas, en particulier, lorsqu'il s'agit d'un complément d'attribution, c'est-à-dire lorsque le verbe a un complément d'objet direct de chose et un complément indirect de personne (selon le schéma verbe + qqch. + à qqun). L'emploi de la forme faible du pronom sans préposition est alors obligatoire.

Je donne un conseil à mon frère. → Je lui donne un conseil.

> ATTENTION !
> On ne peut pas dire :
> *Je donne un conseil à lui.
> *Je vends mon auto à lui.
> *Elle propose ses services à elles.
> On dira :
> Je lui donne un conseil.
> Je lui vends mon auto.
> Elle leur propose ses services.

→ chapitre 10, II. 3, p. 76-77

B. Reformulez les phrases suivantes en remplaçant les mots soulignés par le pronom personnel précédé ou non de la préposition « à ».

1. Le garçon a apporté un jus de pommes <u>à la cliente</u>.
2. Ce savant s'intéresse <u>aux enfants surdoués</u>.
3. Gérard n'obéit pas <u>à ses parents</u>.
4. Nicole fait très attention <u>à son petit frère</u>.
5. Chloé a fait un baiser <u>à son papa</u>.

II. Adjectifs et prépositions

On est responsable de ses actes. One is responsible for one's actions.
Les citoyens sont hostiles au projet. The citizens are hostile to the project.

II. 1 Différences de préposition

Les <u>adjectifs qualificatifs</u> suivis d'un complément se construisent généralement avec une préposition (→ annexes, p. 346-348).

Les prépositions anglaises et françaises ne correspondent pas toujours.
Il faut noter en particulier que l'on traduit :
- responsible **for**   par   responsable de,
- satisfied **with**   par   satisfait de,
- pleased **with**   par   content de,
- surprised **by** or **at**   par   surpris par ou de,
- worried **about**   par   inquiet de.

N. B. : on dit différent de et non *différent que.

II. 2 Choix de la préposition

En français, la préposition qui suit l'adjectif est souvent à ou de mais on peut rencontrer d'autres prépositions devant le nom ou le pronom complément.
Par exemple on utilise envers (ou avec) après aimable, charitable, poli, agréable.

> *Soyez aimable envers (avec) elle.*

II. 3 La préposition de

Lorsque l'adjectif qualificatif se rapporte à un pronom indéfini (rien, personne, quelque chose, quelqu'un), on le fait précéder de la préposition de (d'). (➜ rubrique ATTENTION, page 128)

> *J'ai rencontré quelqu'un d'intelligent.*
> *Rien de grave ne s'est passé.*
> *Donnez-moi quelque chose de bon.*
> *Il n'y a personne d'intéressé par cette sortie.*

ATTENTION !

Personne et quelque chose, pronoms indéfinis, ne sont pas féminins.
On dira :
J'ai vu quelque chose de beau.
Il n'y a eu personne de satisfait.

➜ V. 1, p. 128

C. Complétez par la préposition qui convient.

1. L'automobiliste n'était pas responsable .... l'accident.

2. Elle est restée insensible .... ses reproches.

3. Je suis content .... résultats obtenus.

4. Nous sommes fiers .... vous.

5. Soyez poli .... vos supérieurs.

D. À l'aide des mots suivants, faites des phrases sur le schéma : verbe + quelque chose + à quelqu'un.

le médecin – du repos – son patient – conseiller
→ *Le médecin a conseillé du repos à son patient.*

1. Alain – son amie – des fleurs – pour son anniversaire – envoyer
2. hier – donner – le prof – une leçon supplémentaire – Jacques
3. je – ma correspondante – une longue lettre – écrire – ce matin
4. ma mère – vendre – des fruits trop mûrs – le marchand
5. il – emprunter – son copain – des disques des Beatles
6. acheter – demain – sa tante – un cadeau – Michel
7. la voiture – mon père – ma sœur – prêter – samedi dernier
8. son appui – le syndicat – les ouvriers – promettre
9. son admirateur – son livre – dédicacer – l'écrivain
10. son patron – un congé de maladie – l'ouvrier – demander

E. Récrivez les phrases suivantes en remplaçant les mots soulignés par le pronom personnel précédé ou non de la préposition « à ».

1. Benjamin téléphone souvent à ses copains.
2. Les ouvriers se sont plaints à leur patron.
3. J'ai pardonné son retard à mon ami.
4. Monique pense souvent à ses enfants.
5. Elle a envoyé sa démission au chef de service.

F. Complétez à l'aide de la préposition qui convient.

1. J'ai promis .... mon frère de jouer au tennis avec lui.
2. Le voleur a pénétré .... la maison par l'arrière.
3. Cet article est rempli .... erreurs.
4. Il n'a jamais pardonné .... son concurrent.
5. La route est couverte .... verglas.
6. Il a téléphoné .... service de renseignements.
7. Il s'est contenté .... une vague réponse.
8. Nous nous excusons .... notre retard.
9. L'enfant est privé .... dessert.
10. Nous assisterons .... la répétition générale.

G. **Répondez aux questions suivantes.**

1. À quoi pensez-vous ?
2. À quoi s'intéressent les jeunes d'aujourd'hui ?
3. À qui téléphonez-vous le plus souvent ?
4. De quoi a-t-on besoin pour écrire ?
5. De quoi dépend le succès aux examens ?

H. **Traduisez.**

1. We are powerless to stop it.
2. They have always been generous to me.
3. He addressed himself to the strikers.
4. What did you think of the new movie?
5. I bought this car from my brother-in-law.

I. **Traduisez.**

1. I am worried about his health.
2. The child said something funny.
3. The trainer entered the lion's cage.
4. The lion obeyed the trainer.
5. The trees were covered with ice.
6. They borrowed money from the bank.
7. I don't like to depend on others.
8. The priest forgave the thief.
9. Waiting for Godot.
10. They are hoping for a miracle.

17 LES PRÉPOSITIONS DE TEMPS ET DE LIEU

I. Prépositions de temps
J'ai travaillé **pendant** trois heures.
Je travaille **depuis** trois heures.
Je ferai ce devoir **en** une heure.
Je ferai ce devoir **dan**s une heure.

II. Prépositions de lieu
Je me promène **dans** la rue.
Je suis **dans** le bus.
Ils vivaient **au** Mexique ; ils travaillent **en** Afrique.

III. Pièges à éviter
Après avoir appris ses leçons, il a regardé une émission **à** la télévision.
Nous louons notre poste de télé 8 euros **par** jour.

I. Prépositions de temps

J'ai travaillé **pendant** trois heures. I worked for three hours (and stopped).
Je travaille **depuis** trois heures. I have been working for three hours (still am).
Je ferai ce devoir **en** une heure. I will do this homework in an hour (duration).
Je ferai ce devoir **dans** une heure. I will do this homework in an hour (an hour from now).

I. 1 Traduction de for (préposition de temps)

a. **La préposition** pour ne peut pas s'employer pour indiquer un laps de temps déjà écoulé. For se traduit alors par pendant (ou durant).

J'ai travaillé pendant trois heures. I worked for three hours.

• For peut se traduire par pour et marquer une durée uniquement quand il s'agit d'un projet, d'une prévision.

Je pars demain à Paris pour 15 jours. Tomorrow, I leave for Paris for 15 days.

b. **Lorsqu'une action commencée dans le passé aboutit au présent,** quand l'action est encore en train de se réaliser au présent, l'anglais utilise le present perfect et la préposition for, alors que le français utilise le présent et la préposition depuis.

*J'attends depuis **deux heures**.* (J'ai attendu et j'attends encore.)
I have been waiting for 2 hours.

• Notez que depuis, dans ce cas, peut indiquer une origine ou une durée.

*J'attends depuis **deux heures**.* peut signifier : I have been waiting since
2 o'clock ou : I have been waiting for 2 hours.

I. 2 Les prépositions en et dans

On notera la différence entre en deux heures et dans deux heures.
En indique le temps utilisé pour accomplir une action.
Dans indique une idée de futur, une période à la fin de laquelle commencera l'action.
On dira : « Je me marierai dans un mois. » (Et non pas « en un mois » car cela voudrait dire que la cérémonie durerait un mois !)

A. Traduisez.

1. I have been revising my test since this morning.
2. I'll meet you in two hours.
3. She did her homework in two hours.
4. She will do her homework two hours from now.
5. She is leaving for a month.

II. Prépositions de lieu

Je me promène **dans** la rue. I am walking in/on the street.
Je suis **dans** le bus. I am on the bus.
Ils habitaient **au** Mexique ; ils travaillent **en** Afrique.
They lived in Mexico; they work in Africa.
Ils vont **à** Paris. They are going to Paris.
Elles habitent **à** 200 mètres d'ici. They live 200 metres from here.

II. 1 La préposition dans

a. Dans et sur

Dans marque l'intérieur d'un lieu ou d'un objet alors que sur marque le simple contact.

Je suis dans mon lit. I am in my bed.
Je suis sur mon lit. I am on my bed.

Je suis assis dans un fauteuil. (Idée que l'on est entouré par les bras du fauteuil.)
I am sitting in an armchair.

Je suis assis sur une chaise, sur un banc. I am sitting on a chair, on a bench.

On dit :

Je suis dans la cour de l'école. I am in the school yard.
Je me promène sur la route. I am on the highway.
Je me promène dans la rue. I am walking in/on the street.

N. B. : noter la différence entre :

l'anglais britannique :
– to walk in the street
– to live in Downing Street

et l'anglais américain :
– to walk on the street
– to live on Wall Street

ATTENTION !

On traduira :

– I am on the bus.	par	Je suis dans le bus.
– I am on the train.	par	Je suis dans le train.
– I am on the subway.	par	Je suis dans le métro.
– I am on the phone.	par	Je suis au téléphone.

(« Sur le bus », « sur le train » ou « sur le métro » voudrait dire que l'on est sur le toit du véhicule.)

b. Dans et en

Dans marque l'espace intérieur, physique et matériel, alors que en a tendance à marquer une intériorité psychologique.

Voilà ce que je ressens en moi.
Il y a quelque chose de cassé dans mon moteur

Quand il s'agit des moyens de locomotion, on utilise en devant les noms non déterminés (aller en avion, en auto, en bateau, en train, etc.) et l'on emploie dans quand le nom est déterminé.

Je suis venu en voiture.
Je suis venu dans la voiture de mon frère.

c. Dans et à

Quand il s'agit des points cardinaux, on utilise à pour indiquer une direction (alors que l'anglais n'utilise pas de préposition) mais dans pour indiquer une région située à l'intérieur d'un pays.

Montréal est situé au nord des États-Unis. (Et non pas dans le nord des États-Unis = in the north of the USA.) Montréal is situated north of the USA.

d. Notez que l'on dit :

– boire dans un verre = to drink from/out of a glass.
– manger dans une assiette = to eat from a plate.
– prendre qqch. dans sa poche = to take something out of one's pocket.

B. **Traduisez.**

1. Don't drink from this glass; it's dirty.
2. He took the money out of his pocket.
3. There is a stop sign on the street.
4. She was comfortably seated on the sofa.
5. I was on the bus when the accident occurred.

II. 2 Prépositions et noms de pays

a. Règle générale

- Le lieu où l'on est ou le lieu où l'on va se marque par :
- **en** devant les noms féminins ou les noms masculins singuliers commençant par une voyelle.

  Je vais en Louisiane puis en Ohio.

- **au/aux** devant les noms masculins.

  Il part au Mexique dans un mois.
  Elle est allée aux États-Unis.

- **à** devant les noms de ville.

  Nous vivons à New York depuis deux ans.

- Le lieu d'où l'on vient se marque par :
- **de/d'** devant les noms féminins ou les noms masculins singuliers commençant par une voyelle.

  Je reviens de Pologne ; je reviens d'Irak.

- **du/des** devant les noms de pays masculins.

  Je reviens du Brésil, du Japon, des États-Unis.

- **de/d'** devant les noms de ville.

  Je reviens de Bordeaux, de Dakar, d'Ankara.

b. Exceptions : les noms d'îles

- Les noms d'îles féminins suivent souvent la règle des noms de pays féminins (en ou de).

  Je vais en Crète ; je suis en Corse. Je reviens de Crète, de Corse.

- Les noms d'îles masculins prennent la préposition à ou de (comme les noms de villes).

  Je vais à Cuba, à Madagascar.
  Je reviens de Cuba, de Madagascar.

- Les noms pluriels (archipels ou groupes d'îles) prennent la préposition à ou de combinée à l'article défini (aux ou des).

  Je vais aux Antilles. Je reviens des Philippines.

II. 3 La notion de distance

Pour indiquer la distance d'un point à un autre, on est obligé, en français, d'utiliser la préposition à.

> *Montréal est à 500 km de Toronto.* Montreal is 500 km from Toronto.
> *J'habite à deux pas d'ici.* I live just steps from here (very close to).

III. Pièges à éviter

Après avoir appris ses leçons, il a regardé une émission **à** la télévision.
After learning his lessons, he watched a programme on TV.
Nous louons notre poste de télé 8 euros **par** jour. We rent our TV 8 euros a day

III. 1 Attention à la traduction de before et after.

a. Il ne faut pas confondre avant et devant.

Devant ne peut pas introduire un complément de temps.

> *Je viendrai te voir avant 5 heures.* (temps) I will come to see you before 5 o'clock.
> *Je te rencontrerai devant le théâtre.* (lieu) I will meet you in front of the theatre.

b. Avant est relié à l'infinitif par la préposition de ; après est immédiatement suivi de l'infinitif.

> *Avant de quitter la salle.* Before leaving the room.

c. Si après est suivi d'un infinitif, cet infinitif est un infinitif passé.

> After leaving the room... *Après avoir quitté la pièce...*

ATTENTION !
Avant et après ne sont jamais suivis d'un participe présent. On ne peut pas dire : *« Après quittant la salle... »*

III. 2 Notez bien l'emploi des prépositions dans certaines expressions.

a. On regarde un reportage, un film, etc. à la télévision (on TV).

b. On loue quelque chose à l'heure, à la journée, au mois, à l'année **mais on** paie tant de l'heure (ou l'heure), par jour, par mois, par an.

> *L'agence loue des voitures à la journée.* The agency rents cars by the day.

> *L'agence loue une Peugeot 30 euros par jour.*
> The agency rents a Peugeot 30 euros a/per day.

> *Je loue un pédalo et je paie 5 euros l'heure (ou de l'heure).*
> I rent a pedalo and I pay 5 euros an hour.

Rappel : on ne forme pas de complément de nom avec une préposition de lieu
(→ chapitre 5, II. 1, p. 42).

> The crowd around him was shouting. *La foule qui l'entourait criait.*

142

III. 3 Après une conjonction de coordination

Il faut répéter, en général, la préposition de lieu.

> *Je n'irai pas chez lui mais chez vous.*

C. Traduisez.

1. Come and see me before the class.
2. I will meet you in front of the school.
3. They went to his house then to hers.
4. Call me before leaving.
5. She rents her house for $1,000 a week.

D. Complétez avec la préposition qui convient.

1. Patrick et Virginie ont séjourné .... Paris .... cinq jours.
2. Ils ont visité la capitale .... taxi.
3. Je te donne rendez-vous .... trois semaines.
4. La station de métro est .... cent mètres ici
5. Elles se sont rencontrées par hasard .... la rue.
6. Nous étions déjà installés .... l'avion, quand l'hôtesse nous a annoncé un retard de quarante minutes.
7. Je prendrai le bus pour aller .... Versailles.
8. La voiture de location nous coûte 15 euros .... jour.
9. Elle revient .... Afrique.
10. Toute l'intrigue du film se passe .... Chine.

E. Traduisez.

1. They got back from the Virgin Islands yesterday.
2. After finishing his book, he read a magazine.
3. Nunavut is in the north of Canada.
4. Detroit is north of Windsor.
5. I have been studying this chapter for an hour and a half.

18 L'INFINITIF COMPLÉMENT D'UN VERBE (SANS PRÉPOSITION)

I. L'infinitif complément et la construction directe
Ils espèrent **venir** bientôt.
Je vais **travailler**.

II. Les doubles constructions
Elle dit **l'avoir reconnu**.
Elle dit **qu'elle l'a reconnu**.

I. L'infinitif complément et la construction directe

> Ils espèrent **venir** bientôt. They are hoping to come soon.
> Je vais **travailler**. I am going to work.
> Viens **voir** ce qui se passe. Come and see what's happening.

I. 1 Liste des verbes concernés

Les verbes suivants, quand ils sont suivis d'un infinitif complément, sont reliés à l'infinitif directement (sans l'intermédiaire d'une préposition) :

a. **les auxiliaires de mode** : vouloir, savoir, pouvoir, devoir.

> *Je veux aller* **au cinéma.** I want to go to the movies.
> *Je dois faire* **mes devoirs.** I have to do my homework (must do).

b. **faillir** (almost, nearly).

> *La voiture a failli écraser* **le piéton.** The car nearly ran over the pedestrian.

c. **Une série de verbes de sentiment** comme espérer, préférer, désirer, oser, daigner, etc.

> *Elle désire faire l'ascension du mont Blanc.* She wants to climb mont Blanc.
> *J'ai osé tenir* **tête à mon patron.** I dared to confront my boss.

ATTENTION !

Espérer et sembler suivis d'un infinitif se construisent sans la préposition de.

Il espère venir bientôt. He hopes to come soon.
Elle semble reprendre des forces. She seems to be getting stronger.

Il en est de même pour l'expression avoir beau.

Il a beau travailler fort, il ne réussit pas. However hard he works, he doesn't succeed.

d. Les verbes de mouvement qui indiquent un but comme aller, courir, partir, venir, descendre, monter.

Elle vient me voir. Je cours te rejoindre. Je monte me coucher.

Une liste des principaux verbes suivis directement d'un infinitif est donnée en annexe, page 341.

ATTENTION !

Avec certains verbes (notamment to come, to go), l'anglais, pour indiquer un but, utilise deux verbes de même mode (par exemple : deux impératifs) ou de même temps, reliés par and, alors que le français utilise aller ou venir suivis d'un infinitif.

Viens voir. Come and see.
Va chercher la voiture. Go and get the car.
Es-tu venu demander quelque chose ? Did you come and ask for something?

N. B. : la tournure venir de + infinitif existe en français mais elle marque un passé récent. On ne confondra pas :

Elle vient de me voir. She has just seen me.
Elle vient me voir. She is coming to see me.

I. 2 Sujet du verbe conjugué et sujet de l'infinitif

- L'emploi de l'infinitif après les verbes mentionnés ci-dessus signifie que le sujet du verbe conjugué et le sujet de l'infinitif sont les mêmes.

  Je veux partir. I want to leave.
  Il veut me demander de l'argent. He wants to ask me for money.

- Si le sujet des deux verbes n'est pas le même, on utilise une subordonnée avec que.

  Je veux que tu partes. I want you to leave.
  Il veut que je lui donne de l'argent. He wants me to give him some money.

A. Traduisez.

1. She wants me to drive her to the station.
2. I prefer to speak to you later.
3. It would be better to leave immediately.
4. We were to meet again the next day.
5. He hopes you will buy his car.

18 L'INFINITIF COMPLÉMENT D'UN VERBE (SANS PRÉPOSITION)

145

Elle dit l'avoir reconnu. She says (that) she recognised him.
Elle dit qu'elle l'a reconnu.
J'entends les enfants chanter. I hear the children singing.
J'entends les enfants qui chantent.
Il lui faut travailler. (Il doit travailler.) He has to work. (must)
Il faut qu'il travaille.

II. 1 Liste des verbes concernés

Les verbes de déclaration et d'opinion (dire, affirmer, jurer, déclarer, prétendre, avouer, reconnaître, penser, croire, etc.) peuvent avoir une double construction. Dans certains cas ils peuvent être suivis d'un infinitif ou d'une subordonnée introduite par que.

> *Il avoue avoir tort.* → *Il avoue qu'il a tort.*
> *Je pense avoir tout dit.* → *Je pense que j'ai tout dit.*
> *Tu crois le savoir par cœur.* → *Tu crois que tu le sais par cœur.*

ATTENTION !

Cette double construction n'est possible que si le sujet du verbe introducteur et le sujet du verbe suivant représentent une même personne. S'ils représentent deux personnes différentes, l'infinitif n'est plus possible.

Il dit que nous avons tort. He says we are wrong.
Je pense qu'il a tout dit. I think he has said everything.
Tu crois qu'il le sait par cœur. You believe he knows it by heart.

B. Traduisez (si les deux constructions sont possibles, donnez-les).

1. She thinks she made a mistake.
2. You admit that we were right.
3. He claims he has already done it.
4. We think that you will be a candidate.
5. He swears that he returned it.

II. 2 Les verbes de perception

Ces verbes (voir, entendre, écouter, sentir) se construisent avec l'infinitif. On peut remplacer l'infinitif par une proposition relative si le sujet du deuxième verbe est exprimé.

> *J'entends chanter.* I hear singing.
> *J'entends les enfants chanter.* (enfants = sujet de chanter.)
> I hear the children singing.

J'entends les enfants qui chantent.
Je vois l'acteur pleurer. I see the actor crying.
Je vois l'acteur qui pleure.

ATTENTION !

Apercevoir **ne peut pas être construit avec l'infinitif. On utilise une** proposition relative.

J'aperçois les enfants qui arrivent. I notice the children arriving.

II. 3 Le verbe « falloir »

Le verbe falloir (il faut, il faudra, il a fallu, etc.) est un <u>verbe</u> <u>impersonnel</u> ; le vrai sujet de l'infinitif n'est pas exprimé et c'est le contexte qui éclaire le sens.
Il faut partir **peut signifier** : Je dois partir, vous devez partir, **etc. Pour éviter les** ambiguïtés on peut :

a. soit ajouter un pronom personnel complément à il faut et garder l'infinitif :

Il me faut partir. I must go.   *Il leur faut partir.* They must go.

b. soit préférer l'emploi de la subordonnée introduite par que (verbe au subjonctif) :

Il faut que je parte. I must go.   *Il faut que vous partiez.* You must go.

C. **Dites d'une autre façon, en utilisant la proposition relative.**

1. J'entends les musiciens répéter.
2. Je vois descendre les skieurs.
3. Les spectateurs écoutent la soprano chanter une aria.
4. La foule regarde les patineurs évoluer sur la glace.
5. Les enfants voient les clowns se jeter de l'eau.

D. **Dites d'une autre façon en utilisant l'infinitif.**

1. Elle croit qu'elle est intelligente.
2. Patrick pense qu'il a raison.
3. Ma mère croit qu'elle connaît votre ami.
4. Elle affirme qu'elle possède un passeport canadien.
5. Paul croit qu'il a bien réussi.
6. Il faut qu'ils répondent.
7. Il faut que nous nous préparions.
8. Cet homme déclare qu'il a été injustement licencié.
9. Son frère dit qu'il aime le chocolat suisse.
10. Le surveillant voit les enfants qui jouent dans la cour de récréation.

18 L'INFINITIF COMPLÉMENT D'UN VERBE (SANS PRÉPOSITION) •

1. She seems to be at ease in this group.
2. We hope to have reached Stockholm before Sunday.
3. They were going to leave early.
4. I want you to work hard.
5. She says she read the book three times.
6. He thinks he has already seen that film.
7. I heard them singing and talking.
8. I saw the waves dancing in the sunlight.
9. He claims that you took his seat.
10. I think you know what I mean.

F. **Traduisez en utilisant l'expression « avoir beau ».**

1. We warned him in vain, he didn't listen to us.
2. You are knocking in vain, we will not open the door.
3. He tries in vain, but he doesn't succeed.
4. We are shouting in vain, they can't hear us.
5. You can plead in vain, we will never give in.

19

L'INFINITIF COMPLÉMENT D'UN VERBE (AVEC PRÉPOSITION)

I. Verbes suivis de la préposition à
Elle a réussi **à** obtenir le silence.
J'ai **à** travailler.

II. Verbes suivis de la préposition de
Elle craint **d'**arriver trop tard.
Je demande au témoin **de** dire la vérité.

III. À ou de ?
Il s'attend **à** partir.
Il attend **de** partir.

IV. Pour + infinitif
Je travaille **pour** payer mes factures.

I. Verbes suivis de la préposition « à »

Elle a réussi **à** obtenir le silence.
J'ai **à** travailler.

I. 1 Liste des verbes concernés

Certains verbes sont reliés à l'infinitif complément par la préposition à. Généralement ces verbes marquent un effort, une tension.
On notera en particulier :
– chercher à (faire plaisir, etc.);
– apprendre à (écrire, etc.);
– consentir à (recevoir un visiteur, etc.);
– enseigner à (respecter la loi, etc.);
– réussir à (obtenir un poste, etc.);
– hésiter à (partir, etc.).

➜ annexes, p. 342-343

I. 2 Le verbe avoir

Le verbe avoir suivi de à et d'un infinitif marque un devoir, une obligation ou un besoin.

> *J'ai à travailler.* I have to work.
> *J'ai beaucoup à faire.* I have a lot to do.
> *Tu n'as rien à craindre.* You have nothing to fear.

I. 3 Le verbe être

- Le verbe être suivi de à et d'un infinitif marque une nécessité, un devoir ou une tension psychologique.

> *C'est à prendre ou à laisser.* Take it or leave it.
> *C'est un film à voir.* It's a film you must see.

- Lorsque l'infinitif est suivi d'une subordonnée introduite par que, on utilise le sujet apparent il.

> *Il est à craindre que vous soyez en retard.* (= que vous soyez en retard est à craindre ; il ne peut pas être remplacé par un nom.)

A. **Traduisez.**

1. He consented to take part in the meeting.
2. I hesitate to accept his invitation.
3. She managed to find a place to live.
4. We have given up studying Chinese.
5. They are learning to swim.

II. Verbes suivis de la préposition « de »

Elle craint **d'**arriver trop tard.
Je demande au témoin **de** dire la vérité.

II. 1 Liste des verbes concernés

Certains verbes sont reliés à l'infinitif complément par la préposition de.
On notera en particulier :
- accuser de (copier sur le voisin, etc.) ;
- accepter de (répondre, etc.) ;
- craindre de (faire de la peine, etc.) ;
- refuser de (subir un chantage, etc.) ;
- décider de (partir en vacances, etc.) ;
- cesser de (parler, etc.).

→ annexes, p. 343-344

II. 2 Différentes fonctions de la préposition de

• Il faut parfois distinguer :

    a. si de est une simple préposition de liaison :

    Je crains de partir. (Si le complément est un nom, le verbe se construit directement : je crains ce départ.)

    b. si de est une préposition qui accompagne toujours le verbe :

    J'ai besoin de travailler. (Si le complément est un nom, le verbe se construit également avec de : j'ai besoin de ce travail.)

• Si on remplace la proposition infinitive par un pronom, dans le premier cas, on utilise le pronom le.

    Je crains de partir. → *Je le crains.* (Question : Que crains-tu ?)

• Dans le deuxième cas, on utilise le pronom en.   → chapitre 10, IV. 3, p. 80

    J'ai besoin de partir. → *J'en ai besoin.* (Question : De quoi as-tu besoin ?)

B. Traduisez.

1. The traffic prevented me from arriving on time.
2. He is running the risk of getting lost.
3. He felt like having a drink.
4. She refused to answer the question.
5. Are you accusing me of lying?

II. 3 Construction

Certains verbes sont <u>transitifs</u> directs (par exemple, demander qqch., suggérer qqch., etc.) mais sont <u>suivis</u> d'un complément indirect de personne s'ils ont en même temps un complément direct de chose (demander qqch. à quelqu'un, ordonner qqch. à quelqu'un).

▌ATTENTION !

Ces verbes, quand ils sont suivis d'un infinitif complément précédé de de, mettent le complément de personne au régime indirect.

Défendre à quelqu'un de marcher sur la pelouse.
To forbid someone to walk on the grass.

Demander à quelqu'un de prendre rendez-vous.
To ask someone to make an appointment.

Voici les verbes les plus courants. Il est utile de les connaître par cœur.

– commander	– dire	– promettre
– conseiller	– interdire	– proposer
– défendre	– pardonner	– reprocher
– demander	– permettre	– suggérer

C. Traduisez.

1. The judge ordered the victim to stop talking.
2. He forgave his guest for arriving late.
3. When will they tell the racers to leave?
4. The law forbids the students from smoking inside the school.
5. He promised his mother he would come back.

III. « À » ou « de » ?

Il s'attend **à** partir.
Il attend **de** partir.

III. 1 Préposition et sens du verbe

Certains verbes peuvent se construire avec la préposition à, la préposition de ou encore sans préposition, en changeant de sens.

On notera en particulier :

– *Il s'attend à partir. = Il ne sera pas surpris de partir.*
He is expecting to leave.

≠ *Il attend de partir. = Il cherche à partir ; il est impatient de partir.*
He is waiting to leave.

– *Il se décide à partir = Il prend enfin une décision.* He makes up his mind to leave.

≠ *Il décide de partir = Il prend une initiative.* He decides to leave.

→ annexes, p. 342-344

IV. « Pour » + infinitif

Je travaille **pour payer** mes factures.
Il est trop jeune **pour voir** ce film.
Il a eu une contravention **pour être allé** trop vite.

IV. 1 On utilise pour et un infinitif :

a. pour exprimer un but, une intention ou un projet (to = in order to) :
Je travaille pour payer mes factures. I work to pay my bills.

b. après trop et assez + adjectif pour exprimer un résultat, une conséquence :

Il est trop jeune pour rester seul à la maison.
He is too young to stay at home alone.

Elle est assez grande pour comprendre. She is old enough to understand.

c. après le verbe suffire et les adjectifs suffisant et insuffisant :

Ces explications suffiront pour te guider.
These directions will suffice to guide you.

d. pour traduire for **+ la forme en** -ing quand elle exprime une cause :

Dans ce cas, l'infinitif en français est un infinitif passé.

Il a eu une prime pour être arrivé à l'heure.
He got a bonus for arriving on time.

D. Traduisez à l'aide d'un infinitif précédé de la préposition « de ».

1. He simply said "Yes".
2. We were afraid of bothering them.
3. She ordered him to be quiet.
4. I beg you to excuse me.
5. We refuse to betray him.
6. He forgot to close the door again.
7. We are very happy to be leaving on holiday.
8. The child stopped screaming.
9. She accepted to speak.
10. The referee accused him of cheating.

E. Traduisez à l'aide d'un infinitif précédé de la préposition « à ».

1. She was anxious to introduce her friends to me.
2. This tool is used for cutting electric wires.
3. She has nothing to do this evening.
4. It started raining at 5 o'clock.
5. You managed to get inside.
6. I encourage you to continue.
7. We are giving up continuing this useless effort.
8. He is teaching him to drive.
9. She is expecting to succeed.
10. I hesitate to tell him he has failed.

19 L'INFINITIF COMPLÉMENT D'UN VERBE (AVEC PRÉPOSITION)

153

F. Complétez les phrases suivantes à l'aide de la préposition qui convient.

1. Ses complexes d'infériorité l'empêchent .... réussir.

2. Ses parents cherchent .... lui faire plaisir.

3. Je m'amuse .... collectionner les boîtes d'allumettes.

4. La victime jura .... se venger.

5. Évitez .... prendre ce chemin.

6. Permettez-moi .... vous présenter mon amie.

7. Je vous promets .... vous téléphoner.

8. Nous tenons .... assister à ce concert.

9. Il s'attend .... être élu au conseil municipal.

10. Elle a demandé .... ses voisins .... faire moins de bruit.

20 LES VERBES PIÈGES

I. Construction et sens
De quoi **s'agit-il** ?
Je pense **à** toi.

II. Difficultés de traduction
poser une question = To ask a question.
aider quelqu'un = To assist someone.

I. Construction et sens

De quoi **s'agit-il** ?
Nous nous sommes **approchés de** lui.
J'ai **entendu parler** de ce restaurant.
J'ai **entendu dire** qu'il viendrait.
Vous pouvez vous **joindre à** nous.
Je **pense à toi** ; tu **me manques** beaucoup.

Notez bien la construction et le sens des expressions et verbes suivants :

I. 1 Agir

a. **Agir** : exercer une action, se comporter (to act).

Ils ont agi avec rapidité. They acted quickly.
Tu as agi avec prudence. You acted cautiously.

b. **Il s'agit de** : le verbe agir, à la forme pronominale, est impersonnel, c'est-
à-dire que le sujet, qui est toujours il, ne peut pas être remplacé par un nom.

Il s'agit d'une épidémie. It's an epidemic.
Il s'agit d'agir vite. It's important to act quickly.

> **ATTENTION !**
> Pour traduire The poem (story, play, etc.) is about the love between a king and
> queen, on ne peut pas dire : *« Le poème (l'histoire, la pièce, etc.) s'agit de
> l'amour d'un roi et d'une reine. »*
> On dira : *Il s'agit, dans ce poème, de l'amour d'un roi et d'une reine.*
> Ou encore :
> *Le poème a pour sujet l'amour d'un roi et d'une reine.*
> *Le poème traite de (parle de) l'amour d'un roi et d'une reine.*

I. 2 Approcher

a. Approcher (de) (to get closer) **signifie** devenir plus proche **ou** être proche d'un endroit, d'un but, d'un objectif. (Parfois le verbe s'utilise sans complément.)

Nous approchons de la ville. We are getting closer to the town.
Ne vous découragez pas : nous approchons. Don't despair: we are getting closer.

b. Approcher quelque chose (to bring something closer) **signifie** déplacer un objet pour le rendre plus proche (to bring near).

Approchez les chaises. Bring the chairs closer. (Draw up the chairs.)

c. S'approcher de quelque chose/de quelqu'un (to approach something/someone) **signifie** devenir plus proche.

Elle s'approcha de la voiture. She approached the car.
L'inconnu s'approcha de la vendeuse. The stranger approached the saleswoman.

d. Approcher se construit avec un complément d'objet direct de personne (approcher quelqu'un) seulement dans le sens de contacter quelqu'un, être en communication avec quelqu'un (emploi assez rare).

Je l'ai approché pour connaître son opinion.
I approached him for his opinion/to get his opinion.

I. 3 Convenir

a. Convenir à (to suit) **signifie** être adapté aux besoins, aux goûts de quelqu'un.

Cette heure de rendez-vous me convient.
That meeting time suits me (is fine for me).

b. Convenir de + infinitif ou nom (to agree) **signifie** « se mettre d'accord » (convenir, dans ce sens, se construit avec l'auxiliaire être).

Nous sommes convenus de nous rencontrer dans une semaine.
We agreed to meet in a week's time.

I. 4 Commencer

a. Commencer à faire quelque chose (to start doing something) **marque** le début d'une action.

Il commence à faire ses devoirs. (Il entreprend ses devoirs.)
He is starting to do his homework.

b. Commencer par faire quelque chose (to start by doing something) **marque** la première tâche entreprise parmi une série de tâches à accomplir.

Il a commencé par faire ses devoirs puis il a téléphoné à son copain et il est allé jouer au tennis. He started by doing his homework, then he called his friend and went to play tennis.

I. 5 Consister

a. Consister en + nom (to consist of) sert à préciser les éléments d'un ensemble.

Son repas consiste en une soupe et en une salade.
His meal consists of soup and a salad.

b. Consister à + infinitif (to consist in) explique le sens du sujet, donne un équivalent du sujet.

Votre travail consiste à répondre au téléphone.
Your job consists in answering the phone.

I. 6 Croire

a. Croire quelqu'un/quelque chose (to believe someone/something) **signifie** penser que quelque chose est vrai ou que quelqu'un dit la vérité.

Je crois ta mère. I believe your mother.

b. Selon l'usage, on dit : croire en Dieu, croire en quelqu'un **mais on dit** croire à quelque chose **et** croire au diable, croire au Père Noël (to believe in).

I. 7 Dire

a. Dire quelque chose à quelqu'un (to tell someone something).

b. Dire à quelqu'un de faire quelque chose (to tell someone to do something).

Le verbe dire veut un <u>complément</u> indirect de la personne s'il a déjà un complément direct de chose ou s'il a comme complément un infinitif précédé de de.
Les verbes qui ont la même construction sont indiqués en II. 3 page 151.

➔ chapitre 19, II. 3, p 151

I. 8 Échapper

a. Échapper à (quelque chose/quelqu'un) **signifie** ne plus être sous l'influence ni le contrôle de quelqu'un/de quelque chose.

Ces mots m'ont échappé. These words escaped me.

b. S'échapper (de) (to escape).

Le prisonnier s'est échappé (de la prison). The prisoner escaped (from prison).

c. Le verbe échapper **n'est pas** <u>transitif</u> **direct.** On *« n'échappe pas quelque chose ».

d. Laisser échapper quelque chose se traduit par : to drop something.

Par maladresse, il a laissé échapper le vase. Clumsily, he dropped the vase.

I. 9 Entendre

Attention à la traduction de :

a. to hear of/about something/someone = entendre parler de **quelque chose, de quelqu'un.**

b. to hear that... = entendre dire que...

Dans les deux cas on est obligé d'ajouter un infinitif.

J'ai souvent entendu parler de vous. I have often heard about you.

J'ai entendu dire qu'on avait annulé la réunion.
I heard that they cancelled the meeting.

c. Qu'est-ce que tu entends par là ? = Qu'est-ce que tu veux dire ? = What do you mean by that?

I. 10 Être d'accord

Entre être d'accord et le que de la subordonnée, on intercale pour dire.

Je suis d'accord pour dire que c'est une erreur. I agree that it is a mistake.

> **A. Traduisez.**
> 1. The play is about a jealous parent.
> 2. Some gas leaked from the pipeline.
> 3. I've heard that the rules are changing.
> 4. Don't go near that dog!
> 5. Start by reading the instructions.

I. 11 Il y a

Le verbe de l'expression il y a (there is, there are) peut être conjugué à tous les temps (il y avait, il y a eu, il y aura, etc.) mais il reste toujours au singulier.

Il y a beaucoup de candidats. There are a lot of candidates.

Il y aura beaucoup de candidates. There will be a lot of candidates.

I. 12 Joindre = to join

a. On se joint à un groupe, à une personne (idée de solidarité, de collaboration) = to join a group or a person (ideologically).

b. On rejoint un groupe, une personne (idée de distance abolie) = to join a group or a person (physically).

I. 13 Jouer = to play

a. On joue d'un instrument de musique.

Elle joue du piano. She plays the piano.

b. On joue à un jeu ou à un sport.

Jouer au foot, à la balle, au hockey, au Monopoly, etc.
To play soccer, ball, hockey, Monopoly, etc.

I. 14 Manquer = to miss

a. Attention à la traduction de I miss you = Tu me manques.
« Je te manque » voudrait dire : « Tu as besoin de moi. » = You miss me.

b. Manquer quelque chose = to miss something ; to fail to reach.

Il a manqué son train (son avion, etc.). He missed his train (his plane, etc.).

c. Manquer à quelque chose = to fail (in) = ne pas respecter quelque chose.

Il manque à tous ses devoirs. He fails in all his duties.

d. Manquer de quelque chose = to lack.

Nous manquons de sucre. We lack (don't have any) sugar.

e. Manquer de + infinitif = faillir = to almost do something.

Il a manqué de tomber. = Il a failli tomber. / Il est presque tombé.
He almost fell.

f. Ne pas manquer de + infinitif = ne pas oublier de = to not miss doing
something (fail to do something).

Ne manquez pas de regarder cette émission.
Don't miss (watching) that programme. (Don't fail to watch that programme.)

I. 15 Marier = to marry

a. Marier quelqu'un veut dire « donner quelqu'un en mariage » (to marry
someone to someone).

Le roi a marié sa fille. The king married his daughter.

b. Quand on veut indiquer qu'une personne choisit de vivre avec une
autre personne après mariage (to marry someone), on dit « se marier à quelqu'un » ou « épouser quelqu'un ».

Il s'est marié à une riche héritière. / Il a épousé une riche héritière.
He married a wealthy heiress.

c. Se marier = to get married.

Elle se marie dans une semaine. She gets married in a week.

I. 16 Penser = to think

a. Penser quelque chose (to think something/have an opinion about) **signifie** « être d'un certain avis ».

Voilà ce que je pense. Here is what I think.

b. Penser à quelque chose, à quelqu'un = to think of/about something, someone.

Je pense aux vacances. I am thinking about (of) the holidays.

ATTENTION !

On ne peut pas dire : *« Je pense des vacances ».

c. Penser quelque chose de quelque chose ou de quelqu'un (to think something about/of something/someone) **signifie** avoir une opinion au sujet de quelque chose ou de quelqu'un.

Que penses-tu de ce film ? What do you think of/about this film?

d. Penser + infinitif (to intend) **signifie** prévoir, avoir l'intention de

Je pense partir de bonne heure. I think I'll leave early./I intend to leave early.

e. Penser à + infinitif (to think to/not forget to) **signifie** « ne pas oublier ».

Pense à partir de bonne heure. Remember to leave early.
Pense à m'apporter ce livre. Please think to bring me that book.

I. 17 Répondre

a. Répondre de quelque chose, de quelqu'un (to answer for/guarantee) **signifie** se porter garant de.

Je réponds de son honnêteté et de son courage.
I can answer for his honesty and courage.

b. Répondre à quelque chose, à quelqu'un = to answer something/someone (to respond to).

Il a répondu à sa lettre par retour du courrier.
He answered her letter by return post.

En réponse à votre demande… In response to your request…

I. 18 Servir = to serve

a. Servir quelqu'un = être à la disposition de quelqu'un, être le serviteur de quelqu'un.

Il a servi les invités. He served the guests.

b. Servir de + nom (to serve as) **signifie** remplacer.

Ce mouchoir en papier servira de serviette.
This paper handkerchief will serve as a napkin.

c. **Servir à + infinitif** (to serve to do) signifie « avoir pour fonction, pour emploi ».

Cet outil sert à faire des trous. This tool serves (is used) to make holes.

d. **Se servir de** (to use) signifie « utiliser ».

Je me sers de cet outil pour faire des trous. I use this tool to make holes.

I. 19 Tenir

a. **Tenir quelque chose** = to hold something.

b. **Tenir à quelque chose** (to be fond of, cherish) signifie « être attaché à quelque chose, à quelqu'un » ; « attacher de l'importance à quelque chose, à quelqu'un ».

Je tiens beaucoup à cette photographie. I cherish this photograph.

c. **Tenir à + infinitif** (to be anxious to do, to insist on) signifie « vouloir faire quelque chose » ; « désirer très fort faire quelque chose ».

Je tiens à être présent. I am anxious to be there./I insist on being present.

d. **Tenir de quelque chose, de quelqu'un** (to seem like, to take after) signifie « ressembler à quelque chose, à quelqu'un. »

Ce changement subit tient du miracle. This sudden change seems miraculous.
Il tient de son oncle. He takes after his uncle (resembles) (in looks or character).

e. **Se tenir** signifie « être debout » (to stand) ou « avoir une certaine attitude, se comporter » (to behave).

Ils se tenaient devant la porte. They were standing in front of the door.
Tiens-toi droit. Stand up straight.
Les enfants se sont bien tenus durant tout le repas.
The children behaved well throughout the meal.

B. Traduisez.
1. There were too many questions.
2. Please, join us before seven o'clock.
3. Do you miss your family when you travel?
4. Answer the guard and he will let you pass.
5. I'll use a better tool.

Puis-je vous **poser une question** ? May I ask you a question?
Je **fais la cuisine**. I am cooking.
Permettez-moi de **me présenter**. Let me introduce myself.
Détendez-vous. Relax!
À quelle heure es-tu **revenu** ? What time did you get back?

II. 1 To ask

a. To ask a question se traduit par poser une question.

ATTENTION !
On ne *« demande » pas une question.
Puis-je vous poser une question ? May I ask you a question?

b. To ask for something = demander quelque chose (sans préposition).

Il m'a demandé mon livre. He asked me for my book.

II. 2 To assist

a. To assist someone in doing something = aider quelqu'un à **faire** quelque chose.

b. Assister à quelque chose (to be present, to be witness, to attend) signifie « être présent à quelque chose » ; « être témoin de quelque chose ».

J'ai assisté au concert qu'il a donné hier.
I attended the concert he gave last night.

II. 3 To complete

a. To complete se traduit par **compléter** seulement dans le sens d'ajouter un élément qui manque dans un ensemble.

Ce chapeau complète l'ensemble. This hat completes the outfit.

b. To complete ne peut pas se traduire par **compléter** s'il s'agit de marquer le terme d'une action, dans le sens de finir (un ouvrage, un discours), achever (une maison, etc.), remplir (un formulaire, un questionnaire).

J'ai fini l'exercice. I have completed the exercise.

Les étudiants doivent remplir un formulaire d'inscription.
Students must complete a registration form.

II. 4 To confront

a. To confront (an enemy, a danger, etc.) ne se traduit pas par *confronter. On dit affronter quelqu'un, s'opposer à quelqu'un, tenir tête à quelqu'un ou s'expliquer avec quelqu'un.

Je n'ai pas voulu m'opposer à lui pour une bricole comme ça.
I didn't want to confront him over such a simple matter.

Demain nos troupes vont affronter l'ennemi.
Tomorrow our troops will confront the enemy.

b. To confront peut se traduire par confronter si le verbe a le sens de comparer (des résultats).

Les savants ont confronté leurs résultats.
The scientists confronted their results.

II. 5 To cook

a. To cook est traduit par **cuire** lorsque cuire est <u>intransitif</u>.

Un plat, une viande doit cuire pendant une heure.
This dish, the meat must cook for an hour.

b. Mais lorsque le verbe est <u>transitif direct</u>, on traduit presque toujours par un autre verbe (faire, préparer).

Je fais une tarte, je prépare un plat. I bake a tart, I cook a dish.

N. B. : une personne ne *cuit pas ! On dira : Elle fait la cuisine, elle cuisine.

Je fais la cuisine. I am cooking.

II. 6 To introduce

a. Introduire signifie « placer à l'intérieur ».

Introduire une pièce dans la fente. Introduce a coin into the slot.

b. To introduce someone to someone ne se traduit pas par *introduire mais par présenter (quelqu'un à quelqu'un).

Permettez-moi de vous présenter M. Dupont. Allow me to introduce you to Mr. Dupont.

II. 7 To leave

a. Pour indiquer un départ, si le verbe n'a pas de complément d'objet, on utilise le verbe partir ou le verbe s'en aller.

Je suis parti à 5 heures du matin. I left at 5 am.

b. Si le verbe a un complément d'objet direct, on utilise le verbe quitter.

J'ai quitté la maison. I left the house.

II. 8 To relax

Quand le sujet est une personne, on ne traduit pas to relax par *se relâcher. On utilise les verbes se détendre, se décontracter, se relaxer.

> *Je me détends.* I am relaxing.

> *Ils sont allés faire une promenade pour se décontracter.*
> They went for a walk to relax.

II. 9 To return

a. To return peut se traduire parfois par **retourner** ; le verbe marque un éloignement par rapport au lieu où l'on est et une direction vers un lieu d'origine.

> *Retourne par où tu es venu.* Go back by the way you came.

Mais retourner peut aussi signifier changer un objet de côté (to turn over).

> *Retourner une crêpe, un steak dans une poêle.*
> To turn a pancake, a steak over in the pan.

b. Quand on veut marquer un mouvement de **rapprochement** vers le lieu d'origine, il faut utiliser revenir.

> *Elle est revenue à la maison vers 7 heures.*
> She returned (came back) to the house around 7.

II. 10 To support

a. **Supporter a un sens matériel** (maintenir en place un objet) et un sens psychologique (souffrir, tolérer les remarques sarcastiques de quelqu'un = to suffer, tolerate insults or sarcasm).

b. Quand on veut montrer de la **sympathie** pour quelqu'un, on dit soutenir quelqu'un, encourager quelqu'un.

> *N'aie pas peur, on te soutiendra.* Have no fear, we will support you (back you up).

c. To support a family = faire vivre une famille, subvenir aux besoins d'une famille.

> *Elle doit faire vivre ses deux enfants.* She has to support her two children.

II. 11 To visit

On visite un monument, une ville mais on rend visite à une personne.

> *Je visite Venise.* I visit Venice.

> *Je rends visite à ma tante.* I visit my aunt.

C. Traduisez.

1. You must fill in the blanks.
2. You must cook this dish for two hours.
3. I am cooking some noodles.
4. Her sarcasm is hard to take.
5. After your exam you will be able to relax.
6. And that completed the news for this evening!
7. He doubts the existence of God.
8. The usher asked me for my ticket.
9. She was very attached to her family.
10. Stand up straight.
11. His daughters take after their mother.
12. Why did she ask you all those personal questions?
13. I asked for my mail at the hotel desk.
14. Instead of running away, he stood by the gate.
15. Will she marry him?

D. Traduisez.

1. Please, introduce me to your friends.
2. I feel like baking a cake.
3. Don't bother me while I am cooking.
4. The meat is cooking in the oven.
5. I will soon complete my homework.
6. I support you in your efforts.
7. I have a five minute break; I am going to relax.
8. Turn (flip) the pancakes; they are going to burn.
9. He returned home in the middle of the night.
10. After a false start the runners returned to the starting point.
11. This play is about personal relationships.
12. They approached the stolen car cautiously.
13. Two nice lamps will complete the décor.
14. I think we are getting closer to the truth.
15. The ship's captain married the young lovers.
16. It is illegal to marry one's cousin.
17. I know him but his name escapes me.
18. I firmly believe in the virtue of telling the truth.
19. They spent the evening playing cards.
20. We have completed the exercise.

21 LES VERBES PRONOMINAUX

I. Définition et formes
Je **me** demande si **vous vous** amusez.

II. Fonctions
Je **me** lave.
Ils **se** battent.
Elle **s'**en va.

III. Le participe passé des verbes pronominaux
Elle **s'**est lav**ée**.
Elle **s'**est lav**é** les mains.

IV. Différences entre l'anglais et le français
Ils **se** sont embrassés. They kissed.
S'habiller. To get dressed.

I. Définition et formes

Je **me** demande si **vous vous** amusez bien.

I. 1 Qu'est-ce qu'un verbe pronominal ?

- On appelle verbes pronominaux les verbes qui ont comme complément un pronom qui renvoie au sujet. Le pronom objet est à la même personne et au même nombre (singulier ou pluriel) que le sujet et prend les formes suivantes :

je	me	lave	nous	nous	lavons
tu	te	laves	vous	vous	lavez
il/elle/on	se	lave	ils/elles	se	lavent

- On notera que le pronom complément de la 3e personne (singulier ou pluriel) est toujours se (s' devant une voyelle ou un h muet).

I. 2 Emploi du pronom personnel

- D'une façon générale, le pronom personnel objet suit les règles du pronom quant à sa place dans la phrase (➜ chapitre 10, V. 1 et V. 2, p. 81).

- À l'impératif, le pronom sujet n'étant pas exprimé, seul apparaît le pronom objet.
  Amusons-nous ; levez-vous.
  Ne te perds pas.

A. Complétez les verbes pronominaux par le pronom qui convient.

1. Je ne .... lèverai pas avant 11 heures.
2. Ne .... regardez pas dans le miroir.
3. Il .... penche dangereusement.
4. On .... habitue à tout.
5. Elle .... habille avec élégance.

II. Fonctions

Je **me** lave.
Ils **se** battent.
Elle **s'**en va.

II. 1 Verbes réfléchis

Les verbes pronominaux peuvent indiquer que l'action du sujet porte sur le sujet lui-même. On les appelle alors verbes réfléchis.

Je me lave ; il se rase ; etc.

II. 2 Verbes réciproques

Parfois, quand le sujet est au pluriel, les verbes pronominaux indiquent une action réciproque : un individu A agit sur un individu B et l'individu B agit de la même façon sur l'individu A.

Ils se battent ; elles se téléphonent ; etc.

II. 3 Verbes essentiellement pronominaux

• Quelques verbes ne peuvent s'employer qu'avec un pronom objet de la même personne que le sujet. On les appelle des verbes essentiellement pronominaux.

Ils s'évanouissent ; elle s'en va ; etc.

• Parmi ces verbes on notera :
– s'abstenir (de) – s'écrier – se repentir (de) – s'obstiner (à)
– se réfugier – s'évader (de) – s'écrouler – se suicider
– s'emparer (de) – se méfier (de) – s'évanouir

21 LES VERBES PRONOMINAUX

167

III. Le participe passé des verbes pronominaux

Elle s'est lavée.
Elle s'est lavé les mains.

III. 1 Choix de l'auxiliaire aux temps composés

Aux temps composés, les verbes pronominaux se construisent toujours avec l'auxiliaire être.

Elles se seraient amusées, s'il y avait eu un bon orchestre.
Dès qu'elle se sera habillée, nous partirons.
Ils se sont écrit souvent.

III. 2 Accord du participe passé

Le participe passé s'accorde avec le pronom complément d'objet direct placé avant l'auxiliaire.

Elle s'est lavée. (s' : objet direct, car on dit laver quelqu'un, quelque chose)
Ils se sont vus. (se : objet direct car on dit voir quelqu'un, quelque chose)

III. 3 Absence d'accord

Si le pronom complément d'objet est indirect, on ne fait pas l'accord avec celui-ci.

Ils se sont plu. (se : objet indirect car on dit plaire à quelqu'un)
Elle s'est lavé les mains. (s' : objet indirect ; l'objet direct est les mains).

III. 4 Accord des verbes essentiellement pronominaux

Dans le cas des verbes essentiellement pronominaux (→ II. 3, page 167), l'accord se fait avec le sujet.

Certains se sont abstenus de voter.

→ chapitre 27, IV. 1 et IV. 2, p. 209-210

B. Mettez le participe passé à la forme qui convient.

1. se téléphoner : Ils se sont ....

2. s'accrocher : Ils se sont .... à leurs privilèges.

3. s'écrier : Elle s'est .... : « Au secours ! »

4. s'adresser : Ils se sont .... des reproches.

5. s'habituer : Nous nous sommes .... à notre nouvel horaire.

> **Ils se sont embrassés.** They kissed.
> **Se marier.** To get married.
> **S'aimer.** To love each other.

IV. 1 Verbe pronominal ou verbe simple ?

- La notion de réciprocité ou de réfléchi marquée en français par un verbe pronominal s'exprime parfois en anglais par un verbe simple quand le contexte implique déjà cette notion.

    Elle lui a ouvert la porte et ils se sont embrassés.
    She opened the door to him and they kissed. (each other est sous-entendu)

    Ils se tenaient par la main. They held hands. (each other's est sous-entendu)

- Le verbe pronominal français correspond souvent à une expression anglaise composée de to get et d'un participe passé (ou d'un adjectif) :
- to get married = se marier
- to get dressed = s'habiller
- to get discouraged = se décourager
- to get used to = s'habituer
- to get angry at = se fâcher contre
- to get lost = se perdre
- to get upset (irritated) = s'énerver
- to get up = se lever

- Notez que to feel (sick, great, etc.) se traduit par se sentir (malade, en grande forme, etc.) et que to be bored se traduit par s'ennuyer.

IV. 2 Expressions marquant la réciprocité

- L'anglais, pour marquer la réciprocité ou le réfléchi, utilise les expressions each other, oneself, etc.

- Le français aussi peut accompagner le verbe pronominal d'expressions comme l'un l'autre, les uns les autres, ou soi-même, toi-même, etc. mais uniquement comme forme d'insistance.

- Ainsi, on traduira to love each other par s'aimer ou to look at oneself (in the mirror) par se regarder (dans le miroir).

    *« S'aimer l'un l'autre », *« se regarder soi-même » serait une lourde insistance, inutile, voire incorrecte.

C. Traduisez.

1. They got married last month.
2. Why did you get discouraged?
3. Suddenly she got angry.
4. I never got used to the winter.
5. Tomorrow we will get up early.

D. Complétez les verbes pronominaux par les pronoms manquants.

1. Elle .... est déguisée en sorcière.
2. Ils .... rencontreront à la gare.
3. .... se sont vues au cinéma.
4. On .... est écrit.
5. Assieds-............... sur cette chaise.
6. T'es-............... abonné à ce journal ?
7. Ne .... disputons plus.
8. Promenez-............... quelques minutes.
9. .... promènerons-............... dans le parc ?
10. Elles .... rencontreront au musée.

E. Dans le texte suivant, soulignez les verbes pronominaux.

Cette robe, je l'ai achetée la semaine dernière ; je me la suis offerte pour mon anniversaire. Jérôme m'a offert un bracelet. Nous nous étions donné rendez-vous au restaurant. Nous avions aussi donné rendez-vous à notre amie Gaëlle. Elle se souvenait de l'année précédente car nous avions vu un film ensemble. Ce film s'appelait *Au Nom de la rose*. Le réalisateur s'était inspiré d'un roman de Umberto Eco.

F. Traduisez en utilisant un des verbes pronominaux suivants :
se noyer - se trouver - se tromper - s'éteindre - s'enrhumer - se réjouir.

1. Is she wrong?
2. Where is the hospital located?
3. Was someone drowned?
4. Why did the fire go out?
5. How did you catch cold?

G. À quelle question correspondraient les réponses suivantes.

1. Je me suis couchée de bonne heure.
2. Elle s'est acheté un manteau.
3. Je me souviens de vous.
4. Nous nous rencontrerons bientôt.
5. Oui, elles s'y sont intéressées.

H. Composez un récit au passé qui aura pour thème le lancement d'une navette spatiale. Vous commencerez votre récit par : « Il y a quinze jours, elle a été invitée au lancement de la dernière navette spatiale. Le jour J, elle... ». Vous choisirez, entre autres, des verbes pronominaux de la liste suivante :

se poser - se diriger - s'ouvrir - s'énerver - s'asseoir - se demander - se sentir - se dépêcher - se détacher - s'inquiéter - se réjouir - s'évanouir - s'approcher - s'exclamer - se calmer - se détourner - s'éloigner - s'élever.

I. Traduisez.

1. She stopped to sit down.
2. Let us remember all those who died in the war.
3. She didn't remember the details of the accident.
4. He got irritable and refused to answer the phone.
5. After quarrelling, they stopped writing to each other.
6. We must remember the rules of grammar.
7. We didn't have a good time at the party.
8. It was raining so hard that he got his feet wet.
9. She did her hair, then washed her hands.
10. Let's not get discouraged.

22 LES FORMES EN -ANT (PARTICIPE PRÉSENT, GÉRONDIF ET ADJECTIF VERBAL)

I. **Formes**
Ne **faisant** pas attention, il s'est blessé.

II. **Participe présent et adjectif verbal**
Négligeant nos conseils, ils rencontrent des difficultés.
Ce sont des parents **négligents**.

III. **Participe présent et gérondif**
Il est tombé **en descendant** les escaliers.

IV. **Forme anglaise en -ing et ses équivalents en français**
J'ai envie de **boire**. I feel like drinking.
Elle **était assise** sur le plancher. She was sitting on the floor.

V. **Participe présent (ou gérondif) et proposition principale**
Il encourage l'élève **en souriant**.
Levant son verre, l'orateur propose un toast.
Les enfants **étant endormis**, elle peut enfin lire le journal.

I. Formes

Ne **faisant** pas attention, il s'est blessé.

I. 1 Formation régulière et irrégulière

• Le participe présent se forme en ajoutant -ant au radical du verbe conjugué à la première personne du pluriel du présent de l'indicatif.

nous buvons → *buvant*
nous faisons → *faisant*
nous rougissons → *rougissant*

• Notez la forme de trois verbes irréguliers :
être → étant   avoir → ayant   savoir → sachant

II. Participe présent et adjectif verbal

Négligeant nos conseils, ils rencontrent des difficultés.
Neglecting our advice, they encounter problems.
Ce sont des parents négligents. *They are neglectful parents.*

II. 1 Adjectif verbal

- À partir du participe présent, la langue a formé des adjectifs verbaux qui s'accordent en genre et en nombre avec le nom auquel ils se rapportent.

  Des jeux amusants. Amusing games.
  Des histoires passionnantes. Exciting stories.

- Ces adjectifs verbaux marquent une qualité ou un état ; ils ne peuvent pas avoir de complément d'objet. (On ne peut pas écrire *«des jeux amusants les enfants».)

II. 2 Participe présent

Le participe présent, lui, marque une action ; il est invariable et peut avoir un complément d'objet.

  Les clowns, amusant les enfants, faisaient des acrobaties.
  The clowns, amusing the children, were doing acrobatics.

II. 3 Différences orthographiques

- Le participe présent et l'adjectif verbal masculin singulier ont souvent la même forme mais parfois ils se distinguent par l'orthographe.

Notez les différences suivantes :

Participe présent	Adjectif verbal
communiquant	communicant
convainquant	convaincant
fatiguant	fatigant
intriguant	intrigant
provoquant	provocant
suffoquant	suffocant
vaquant	vacant

  Elle a donné des preuves, convainquant tout l'auditoire.
  She gave her evidence, convincing the entire audience.

  Elle a donné des preuves convaincantes. She gave convincing evidence.

• Parfois, participe présent et adjectif verbal se distinguent par la terminaison :

Participe présent	Adjectif verbal
différant	différent
équivalant	équivalent
négligeant	négligent
résidant	résident

Différant trop dans leur point de vue, les négociateurs ne sont pas arrivés à un accord.
Differing too widely in their points of view, the negotiators could not reach an agreement.

Les points de vue étaient trop différents pour que les négociateurs arrivent à un accord.
Their points of view were too different for the negotiators to reach an agreement.

II. 4 Participe présent ou relative ?

Souvent, le participe présent suivi d'un complément est remplacé par une proposition relative.

Il a observé le soleil se couchant à l'horizon.
He watched the sun setting on the horizon.

Il a observé le soleil qui se couchait à l'horizon.
He watched the sun, which was setting on the horizon.

II. 5 Problème de traduction

À l'adjectif verbal anglais ne correspond pas toujours un adjectif verbal français. On doit vérifier dans le dictionnaire si l'adjectif verbal existe. S'il n'existe pas, on traduit l'adjectif verbal anglais par une proposition relative.

a shouting man	*un homme qui crie*
a waiting limousine	*une limousine qui attend*
a barking dog	*un chien qui aboie*
a crying baby	*un bébé qui pleure*

A. Complétez à l'aide d'un participe présent.

1. (être) .... fatigué, il s'est couché de bonne heure.

2. (savoir) .... qu'on l'attendait, il a pris un taxi.

3. (avoir) .... faim, il s'est acheté un croissant.

4. (craindre) .... qu'il ne pleuve, elle a pris un parapluie.

5. (rougir) .... de honte, il a quitté la salle.

Il est tombé en descendant les escaliers. He fell going down the stairs.
En étudiant régulièrement, vous ferez des progrès.
By studying regularly, you will make progress.

III. 1 Qu'est-ce qu'un gérondif ?

On appelle gérondif la forme du participe présent précédée de la préposition en.

en chantant, en marchant, etc.

III. 2 Emploi du gérondif

a. **Le gérondif est invariable** et marque souvent le temps et, plus spéciale-ment, la simultanéité par rapport à l'action de la principale.

Je l'ai rencontré en allant à l'université. (= Je l'ai rencontré alors que j'allais à l'université.)

b. Lorsqu'on veut **insister sur la simultanéité** des deux actions, on peut faire précéder le gérondif de tout.

Il parlait tout en se préparant.

c. Le gérondif peut aussi marquer la **manière** (question : comment ?), la **cause** (question : pourquoi ?) et l'**hypothèse**.

Elle a répondu en souriant. (Manière = Elle a répondu avec le sourire.)
En lui rappelant son passé, vous l'avez mis dans l'embarras.
(Cause = Parce que vous lui avez rappelé son passé, vous l'avez mis dans l'embarras.)
En n'écoutant pas, vous ne comprendrez pas.
(Hypothèse : Si vous n'écoutez pas, vous ne comprendrez pas.)

B. **Traduisez.**

1. She hurt herself skiing.
2. It is by writing that one becomes a writer.
3. He left immediately, slamming the door.
4. I was listening to the radio while I was doing my homework.
5. Not paying attention, she picked up my purse.

J'ai passé la journée **à travailler**. I spent the day working.
J'arrête **de fumer**. I stop smoking.
Elle **était assise** sur le plancher. She was sitting on the floor.

IV. 1 Après un verbe de perception

Après les verbes du type voir, entendre, sentir, etc., la forme en -ing est traduite par un infinitif.

I see him working. *Je le vois travailler.*

→ chapitre 18, II. 2 p. 146

ATTENTION !

Après les verbes qui signifient passer du temps, on utilise l'infinitif précédé de à.

Ainsi, on dira :

J'ai passé mon temps à réfléchir. I spent my time thinking.
Il a passé la journée à chercher un emploi. He spent the day looking for a job.
Elle a passé la soirée à lire le journal. She spent the evening reading the newspaper.

IV. 2 Choix de la préposition

• En français, la seule préposition qui puisse précéder la forme en -ant est en.
En anglais la forme en -ing peut être précédée de différentes prépositions (for, without, in…) et se traduit alors par un infinitif.

for living   *pour vivre*
without paying   *sans payer*

• Notez que les verbes suivants ne sont pas suivis, en français, d'une forme en -ant mais d'un infinitif :

Verbe + -ing	Verbe + infinitif
to stop (smoking, etc.)	s'arrêter de (fumer, etc.)
to consist in	consister à
to succeed in	réussir à, parvenir à
to apologize for	s'excuser de
to thank a person for	remercier quelqu'un de
to give up	renoncer à
to begin by	commencer par
to end by	finir par

I feel like drinking. *J'ai envie de boire.*
They prevented me from falling. *Ils m'ont empêché de tomber.*
He began by thanking his parents. *Il a commencé par remercier ses parents.*
She had to give up dancing. *Elle a dû renoncer à danser.*

IV. 3 Problème de traduction

Certains participes présents en anglais correspondent à des participes passés en
français. (Le verbe marque alors une attitude physique.) En voici quelques-uns :
– clinging = cramponné
– crouching = tapi
– fainting = évanoui
– hanging = pendu, accroché, suspendu
– kneeling = agenouillé
– leaning = penché, incliné
– lying = couché, étendu
– sitting = assis
– squatting = accroupi

She was sitting on the floor. *Elle était assise sur le plancher.*

IV. 4 La notion de durée

La périphrase to be + -ing qui marque la durée peut se traduire par la périphrase
être en train de. En français, cette périphrase marque plus qu'en anglais l'insistance sur la durée.

J'étais en train de travailler (je travaillais) lorsqu'il arriva.
I was working when he arrived.

Elle est en train de faire la cuisine (elle cuisine). She is cooking.

C. Traduisez.
1. I apologize for being late.
2. I feel like playing tennis.
3. Don't leave without having a drink.
4. She succeeded in finding a job.
5. The victim was found lying under the car.

Il encourage l'élève **en souriant**.
Ne voyant pas clair, il s'est trompé de porte.

V. 1 Rappel

- Le gérondif et le participe présent suivis de leurs compléments peuvent former une proposition subordonnée qui, suivant le contexte, équivaut à une subordonnée circonstancielle de temps, de cause ou d'hypothèse (➜ page 175, III. 2).

  En étudiant ce document, vous découvrirez qu'il s'agit d'une fraude.
  = Lorsque vous étudierez ce document, vous découvrirez qu'il s'agit d'une fraude.
  On studying this document, you will find it is a fake.

  En lui rappelant son passé, vous l'avez mis dans l'embarras. = Parce que vous lui avez rappelé son passé, vous l'avez mis dans l'embarras.
  By recalling his past, you have embarrassed him.

- Le participe présent marque le plus souvent la cause.

  Étant enrhumé, il préfère ne pas sortir. Having a cold, he prefers not to go out.

V. 2 Construction avec le participe présent

- Le participe présent peut avoir un sujet autre que le sujet du verbe de la proposition principale.

  L'orateur levant son verre, les assistants applaudirent.
  As the speaker raised his glass, the audience applauded.

ATTENTION !
On ne peut pas dire :
*« Levant son verre, les assistants applaudirent. »
car levant ne peut pas se rapporter à assistants puisque le possesseur du verre est singulier (son verre).

- Si le participe présent n'a pas de sujet exprimé, il doit se rapporter au sujet du verbe de la principale.

  Levant son verre, l'orateur proposa un toast.
  Raising his glass, the speaker proposed a toast.

V. 3 Construction avec le gérondif

- Le sujet du gérondif est toujours le même que celui de la proposition principale.

  Il encouragea l'élève en souriant. Smiling, he encouraged the student.
  (C'est la même personne qui encourage et qui sourit.)

• Pour cette raison, la phrase anglaise : I met him going to the university se traduira par : « Je l'ai rencontré en allant à l'université » et implique que aller à l'université et rencontrer sont deux actions accomplies par la même personne. Si la phrase anglaise sous-entend que les deux actions sont accomplies par deux personnes différentes, il faudra exprimer les deux sujets et traduire par : « Je l'ai rencontré alors qu'il allait à l'université. »

V. 4 Participe présent de l'auxiliaire + participe passé du verbe

• Il faut noter l'existence d'un participe, composé du participe présent de l'auxiliaire (avoir ou être) et du participe passé du verbe.

> *Ayant mangé, étant tombé,* etc. Having eaten, having fallen, etc.

• Ce participe composé marque l'antériorité par rapport à l'action du verbe de la proposition principale.

> *Les enfants ayant mangé, elle desservit la table.*
> The children having eaten, she cleared the table.

> *Les enfants étant endormis, elle peut enfin lire le journal.*
> The children having gone to sleep, she can at last read the newspaper.

• Si ce participe n'a pas de sujet exprimé, il se rapporte obligatoirement au sujet du verbe de la proposition principale.

> *Ayant mangé, elle partit rencontrer son amie.* Having eaten, she went to meet her friend.

D. Traduisez à l'aide d'un participe présent ou d'un gérondif.

1. Not knowing where to meet them, she went home.
2. When we study French grammar rules, we make progress.
3. How can you work, when you are listening to rock?
4. While looking through the dictionary, I found the correct word.
5. Having finished the exercise, I turned the page.

E. Donnez le participe présent des verbes entre parenthèses.

1. (Nager) .... très vite, elle a pu atteindre l'autre rive en une demi-heure.

2. Son mari (suivre) .... un régime, elle fait de la cuisine légère.

3. (changer) .... d'avis, ils ont décidé de ne pas aller au cinéma.

4. (commencer) .... à être fatigués, ils s'arrêtèrent dans un café.

5. Ne (pouvoir) .... pas sortir, ils regardèrent la télé.

F. Remplacez l'infinitif par un participe présent ou par un adjectif verbal et, s'il s'agit d'un adjectif verbal, faites attention à l'accord et à l'orthographe.

1. J'ai passé une journée (fatiguer).
2. (vivre) à la campagne, elle a perdu l'habitude de la circulation.
3. (fatiguer) tout le monde, cette snob a parlé pendant des heures.
4. Après cet échec, son ami lui a prodigué des paroles (réconforter).
5. J'aime beaucoup Montréal ; c'est une ville vraiment (vivre).
6. Deux voitures se sont embouties, (provoquer) un embouteillage monstre.
7. (fabriquer) des ordinateurs, ils sont très compétents en informatique.
8. Elle a souvent des attitudes très (provoquer).
9. La nuit (précéder) la compétition, il n'a pas fermé l'œil.
10. C'est une histoire tout à fait (intriguer).

G. Remplacez les propositions soulignées par un gérondif ou par un participe présent.

1. Elle s'est cassé la jambe alors qu'elle faisait du ski.
2. Patrick s'est enrhumé quand il est sorti hier sans son manteau.
3. Si tu t'obstines à ne pas travailler, tu ne seras pas reçu à ton examen.
4. Mon fils a attrapé une indigestion parce qu'il a mangé beaucoup de chocolat.
5. Ils ont fait connaissance quand ils sont allés au concert ensemble.
6. Si vous regardez trop le soleil, vous risquez de vous faire mal aux yeux.
7. Comme il a beaucoup travaillé, il a pu faire des économies.
8. Comme ils ont beaucoup d'argent, ses parents lui ont offert des vacances en Californie.
9. Si vous fumez beaucoup, vous risquez une crise cardiaque.
10. Quand il est rentré de France, il a souffert du décalage horaire.

H. Sur le modèle suivant, utilisez un gérondif qui insiste sur la simultanéité.

(conduire), il regardait le paysage. → *Tout en conduisant, il regardait le paysage.*

1. Il fait son travail (écouter de la musique).
2. Elle étudie (s'occuper des enfants).
3. Ils chantaient (marcher).
4. Le patron tenait la caisse (surveiller le magasin).
5. Il marchait (penser à ses vacances).

I. Traduisez.

1. Not knowing what to do, she called her mother.
2. They ended up buying the car.
3. He avoids talking about his problems.
4. She succeeds in working full time while preparing her exams.
5. I gave up driving after the accident.
6. We were lying on the beach, sleeping in the sun.
7. Having searched everywhere, I started panicking.
8. You won't lose weight by eating ice-cream every day.
9. The robbers fled in the waiting car.
10. We will spend our vacation exploring Scotland.

23 LE PRÉSENT

   I. Remarques générales sur les formes
      Je **chante**.
      Je n'**aime** pas le thé.
      Nous **finissons** notre devoir.

  II. Les verbes en -er
      Nous **nageons** trois fois par semaine.
      Je me **rappelle**.

 III. Les verbes en -ir du 2e groupe
      Nous **choisissons** un bon exercice.

 IV. Les verbes du 3e groupe
      Où **courons**-nous ?
      Je le **veux** et je le **prends**.

  V. Emplois
      Elle **dort** ; elle **est en train de dormir**.

I. Remarques générales sur les formes

Je **chante**.
Je n'**aime** pas le thé.
Nous **finissons** notre devoir.
Nous **courons** plus vite que vous.

I. 1 Les groupes

On classe traditionnellement les verbes français en trois groupes.

  a. Les verbes du 1er groupe : les verbes qui ont un infinitif en -er.

  b. Les verbes du 2e groupe : les verbes qui ont un infinitif en -ir et qui ont au présent une première personne du pluriel en -issons.

    finir → nous finissons

  c. Les verbes du 3e groupe : les verbes en -ir, -re, -oir.

    dormir → nous dormons
    vendre → nous vendons
    vouloir → nous voulons

I. 2 Formation du présent

a. **Les verbes du 1er groupe** font régulièrement leur 1re personne du singulier du présent de l'indicatif en ajoutant au radical la terminaison -e.

Je chante, je danse, je travaille.

Une exception : le verbe irrégulier aller → je vais, tu vas, il/elle va, nous allons, vous allez, ils/elles vont.

b. **Les verbes des 2e et 3e groupes** font leur première personne du singulier avec une terminaison en -s.

Quelques verbes du 3e groupe ont une terminaison en -x.

Je finis, je dors, je vends, je veux.

Quelques rares exceptions : offrir → j'offre ; ouvrir → j'ouvre ; couvrir → je couvre ; souffrir → je souffre ; cueillir → je cueille.

> **ATTENTION !**
> • Rappelez-vous la règle : « Je n'aime pas le thé » (Je n'aime pas le t). Il n'y a jamais de -t final à la première personne du singulier d'un verbe.
> • Prononciation : la terminaison -ent de la 3e personne du pluriel ne se prononce pas [ã]. On distinguera par exemple :
> Ils négligent (verbe) et il est négligent [ã] (adjectif).

A. Dites à quel groupe appartiennent les verbes suivants.

1. vieillir	4. travailler	7. rendre	10. couvrir
2. chanter	5. attendre	8. remplir	
3. coudre	6. avoir	9. savoir	

II. Les verbes en -er

Nous **nageons** trois fois par semaine.
Nous **commençons** l'étude du présent.
Tu **lèves** la tête.
Je me **rappelle**.

II. 1 Présent des verbes en -er

On forme le présent des verbes en -er en ajoutant au radical les terminaisons :
-e, -es, -e, -ons, -ez, -ent.

chanter	*je chante*	*nous chantons*
travailler	*je travaille*	*nous travaillons*
filmer	*je filme*	*nous filmons*

II. 2 Modifications dans le radical

- Les verbes en -ger et en -cer se terminent en -geons et -çons à la 1re personne du pluriel.

    Nous nageons trois fois par semaine.
    Nous commençons l'étude du présent.

- Notez aussi :
- manger → nous mangeons ;
- ranger → nous rangeons ;
- placer → nous plaçons ;
- rincer → nous rinçons.

II. 3 Doublement de la consonne

- Les verbes en -eler et en -eter redoublent la consonne l ou t devant un e muet (c'est-à-dire à toutes les personnes sauf aux 1re et 2e personnes du pluriel).

    Je jette ce vieux journal. Nous jetons les papiers inutiles.
    Elle s'appelle Charlotte. Comment vous appelez-vous ?

Conjugaison type : jeter	
– je jette	nous jetons
– tu jettes	vous jetez
– il/elle jette	ils/elles jettent

- Notez la différence de prononciation : je jette [ɛ] ; nous jetons [ə].

- Exceptions :
Quelques verbes prennent un accent grave sur le radical au lieu de redoubler le l ou le t :
- geler (et ses composés) : je gèle, nous gelons ;
- peler : je pèle, nous pelons ;
- acheter : j'achète, nous achetons.

II. 4 Présence d'un accent grave : è

Les verbes qui ont un e ou un é à la dernière syllabe du radical le changent en è devant une syllabe muette de terminaison (c'est-à-dire à toutes les personnes sauf aux 1re et 2e personnes du pluriel).

    lever → je lève, nous levons. Tu lèves la tête.
    répéter → je répète, nous répétons. Il répète la phrase.

Conjugaison type : mener	
– je mène	nous menons
– tu mènes	vous menez
– il/elle mène	ils/elles mènent

N. B. : les verbes mentionnés en II. 3 (sauf les trois exceptions) ne sont pas concernés par cette règle.

II. 5 Changement de radical selon la personne

Les verbes en -yer (essayer, envoyer, appuyer, etc.) ont un radical en -i aux trois personnes du singulier et à la 3e personne du pluriel mais gardent le y aux 1re et 2e personnes du pluriel.

> **Conjugaison type :** envoyer
> – j'envoie   nous envoyons
> – tu envoies   vous envoyez
> – il/elle envoie   ils/elles envoient

ATTENTION ! FAUTES À ÉVITER !

a. **Les verbes en -ier** gardent toujours le i du radical, même devant une terminaison muette.

J'étudie le français. Il mendie son pain.

b. **N'oubliez pas le e muet** de la terminaison des verbes en -er (même quand le radical se termine par un d ou un t).

Je chante, il transporte (et non pas *il transport*)

c. **Ne confondez pas** « pleurer » et « pleuvoir ».

Il pleure parce qu'il s'est fait mal.
Il pleut à verse ; n'oublie pas ton parapluie.

B. Donnez la 1re personne du pluriel des verbes suivants.

1. lacer	4. espérer	7. rédiger	10. se fiancer
2. manger	5. placer	8. avancer	11. pleurer
3. jeter	6. appeler	9. déranger	12. acheter

III. Les verbes en -ir du 2e groupe

Nous **choisissons** un bon exercice.
Les enfants **grandissent**.

III. 1 Particularité du 2e groupe

• Les verbes du 2e groupe ont la particularité d'avoir une terminaison à double s aux trois personnes du pluriel.

> **Conjugaison type :** finir
> – je finis   nous finissons
> – tu finis   vous finissez
> – il/elle finit   ils/elles finissent

- Il est important de bien distinguer ces verbes car le double s se retrouve au participe présent (finissant) et à l'imparfait (je finissais).

III. 2 Comment distinguer les verbes en -ir du 2e et du 3e groupe ?

Il n'y a pas de règle absolue mais les verbes en -ir qui marquent une transformation et qui tirent leur origine d'un adjectif sont souvent du 2e groupe.

grand → *grandir*   *riche* → *s'enrichir*
blanc → *blanchir*   *vieux* → *vieillir*

> C. Distinguez les verbes du 2e groupe (type « finir, finissons ») des verbes du 3^e groupe (type « courir, courons »).
>
> 1. pâlir   4. choisir   7. raccourcir   10. bannir
> 2. partir   5. rafraîchir   8. rougir
> 3. remplir   6. dormir   9. noircir

IV. Les verbes du 3e groupe

Pourquoi courir ? Où courons-nous ?
Je le veux et je le prends.

IV. 1 Verbes du 3e groupe

Les verbes du 3e groupe comprennent les verbes en -ir (1re personne du pluriel en -ons ; type : courir/courons), ainsi que les verbes en -oir ou en -re.

IV. 2 Particularités au présent

Si l'on fait exception des auxiliaires avoir et être et de quelques verbes (par exemple : ouvrir → j'ouvre ; couvrir → je couvre ; offrir → j'offre), on peut remarquer qu'au présent de l'indicatif :

a. ces verbes ont généralement une 1re et une 2e personnes du singulier identiques qui se terminent par -s ou, assez rarement, par -x :

dormir → *je dors/tu dors*
valoir → *je vaux/tu vaux*
vouloir → *je veux/tu veux*

b. ces verbes se terminent à la 3e personne du singulier par un -t ou, plus rarement, par un -d.

peindre → *il peint ; plaindre* → *il plaint ; résoudre* → *il résout*
répondre → *il répond ; prendre* → *il prend*

IV. 3 À apprendre par cœur !

- La plupart de ces verbes sont irréguliers et changent de radical ; il faut donc les apprendre par cœur ou se référer à un tableau de conjugaison.

- Notez bien les conjugaisons suivantes :

j'ai	je suis	je prends	je peux	je veux
tu as	tu es	tu prends	tu peux	tu veux
il/elle a	il/elle est	il/elle prend	il/elle peut	il/elle veut
nous avons	nous sommes	nous prenons	nous pouvons	nous voulons
vous avez	vous êtes	vous prenez	vous pouvez	vous voulez
ils/elles ont	ils/elles sont	ils/elles prennent	ils/elles peuvent	ils/elles veulent

je sais	j'aperçois	je deviens
nous savons	nous apercevons	nous devenons
ils savent	elles aperçoivent	ils deviennent

- Notez aussi que les verbes dire et faire sont irréguliers. Ils font à la 1re personne du pluriel : nous disons, nous faisons [ə] et à la 2e personne du pluriel : vous dites, vous faites.

> **D.** Conjuguez à la 1re personne du singulier : résister, travailler, produire, partir, devoir.

> **E.** Conjuguez à la 1re personne du pluriel : boire, coudre, essayer, fuir, garantir.

> **F.** Conjuguez à la 3e personne du pluriel : venir, lever, dire, faire, savoir.

V. Emplois

Ne la dérangez pas. Elle **est en train de** dormir.
Elle **dort** jusqu'à sept heures.

V. 1 Deux exceptions notables

Les emplois du présent en français correspondent généralement aux emplois anglais. Deux exceptions cependant sont à noter :

a. en français, la subordonnée de temps est au futur quand le verbe de la proposition principale est au futur (➔ chapitre 28, III. 1, p. 215).

Je le lui donnerai quand je le verrai. I will give it to him when I see him.

b. **en français, dans le cas** où une action commencée dans le passé aboutit à un fait présent, on utilise le présent (➜ chapitre 42, IV. 1, p. 314).

J'attends depuis trois heures. I have been waiting for three hours.

V. 2 Être en train de + infinitif

• Lorsqu'on veut insister sur le procès en cours, on utilise la périphrase être en train de suivie de l'infinitif pour traduire la forme anglaise to be + -ing.

Je suis en train de travailler. I am working.

• Dans les autres cas, la formule anglaise se traduit par un simple présent.

G. Donnez l'infinitif des verbes suivants et dites à quel groupe ils appartiennent.

1. je crie	**4.** je lie
j'écris	je lis
2. je dore	**5.** je pare
je dors	je pars
3. j'épelle	**6.** je serre
je pèle	je sers

H. Complétez par -e, -is ou -s les verbes suivants (présent de l'indicatif) et dites à quel groupe ils appartiennent.

1. j'envi...............	**6.** j'étudi...............
2. j'encourag...............	**7.** j'écr...............
3. je vieill...............	**8.** je prend...............
4. j'ag...............	**9.** je continu...............
5. je nettoi...............	**10.** je grand...............

I. Donnez la première personne du pluriel des verbes suivants.

1. je fais	**6.** je dis
2. je bois	**7.** je reçois
3. je choisis	**8.** je vois
4. je prends	**9.** je vais
5. je crois	**10.** j'espère

J. Complétez les phrases suivantes en choisissant un verbe de la liste ci-jointe et en le mettant à la forme correcte : jeter – geler – semer – élever – enlever.

1. J'............... mes lunettes parce qu'elles me font mal au nez.

2. Il est fâché après moi ; il me .... un regard noir.

3. Bien que nous soyons en avril, il .... encore.

4. Nous .... toujours les graines au mois d'avril.

5. Elle est divorcée et elle .... seule ses enfants.

K. Traduisez.

1. They are discussing politics.
2. The policeman arrests the thief.
3. He is studying French.
4. We eat at 1 p.m.
5. Is she raising her hand?
6. It's freezing today.
7. He sings very badly.
8. She's throwing her old hat away.
9. Do you know whether it's raining?
10. I have been living in Canada for 20 years.

24 L'IMPÉRATIF

I. Formes
Arrive à l'heure pour le concert.
Viens à sept heures précises.

II. Place des pronoms à l'impératif
Amusez-vous bien et **téléphonez-moi.**
Ne **nous** attardons pas et ne **lui** disons rien.

III. L'impératif des verbes pronominaux
Amusez-vous ; ne vous pressez pas.

I. Formes

Arrive à l'heure pour le concert.
Viens à sept heures précises.

I. 1 Les personnes de l'impératif

L'impératif n'a pas de sujet exprimé et n'existe qu'à trois personnes :
– 2e personne du singulier : *Travaille !*
– 1re personne du pluriel : *Partons !*
– 2e personne du pluriel : *Mangez !*

I. 2 Présent de l'impératif et présent de l'indicatif

En règle générale, les formes de l'impératif présent sont semblables à celles du présent de l'indicatif.

Fais attention ! Verbe faire. Présent : tu fais → impératif : fais !

Cours vite ! Verbe courir. Présent : tu cours → impératif : cours !

Mangeons rapidement ! Verbe manger. Présent : nous mangeons → impératif : mangeons !

I. 3 Particularités

• À la deuxième personne du singulier, les verbes en -er et les verbes couvrir, cueillir, offrir, ouvrir et souffrir ne prennent pas de -s sauf s'ils sont suivis des pronoms compléments y et en.

Mange des pommes. → *Manges-en.*
Va faire les courses. → *Vas-y.*

- Quand y et en sont suivis d'un infinitif dont ils sont compléments, la 2ᵉ personne du singulier des verbes mentionnés en I. 3 ne prend pas de -s.

    Va chercher des fruits. → Va en chercher.
    Va dormir à l'hôtel. → Va y dormir.

- Les quatre verbes suivants ont un impératif irrégulier :

– avoir	→	aie	ayons	ayez
– être	→	sois	soyons	soyez
– savoir	→	sache	sachons	sachez
– vouloir	→	(veuille)	(veuillons)	veuillez

A. Donnez les trois personnes de l'impératif des verbes suivants.

1. dormir
2. manger
3. cueillir
4. boire
5. lire

6. prêter
7. faire
8. dire
9. savoir
10. tenir

I. 4 L'impératif passé

- L'impératif passé se forme à partir de l'impératif présent de l'auxiliaire être ou avoir et du participe passé du verbe.

    finir → aie fini ayons fini ayez fini
    arriver → sois arrivé(e) soyons arrivé(e)s soyez arrivé(e)s

- Il exprime l'idée que l'action doit être complètement terminée à un moment déterminé du futur.
    En anglais, l'impératif est toujours au présent.

    *Soyez arrivés **quand il viendra.***
    Be there when he arrives. (Make sure you have arrived when he comes.)

    *Ayez fini **cette lettre avant cinq heures.***
    Finish this letter before 5 o'clock. (Make sure you have finished…)

B. Traduisez.

1. Let's leave right away.
2. Let's be gone by sunset.
3. Eat (Make sure you have eaten) before I arrive.
4. Know that I will not tolerate insubordination.
5. Let's drink to his health.

Amusez-vous bien et **téléphonez-moi**.
Ne **nous** attardons pas et ne **lui** disons rien.

II. 1 Place des pronoms à l'impératif affirmatif

À l'impératif affirmatif, tous les pronoms compléments sont placés après le verbe. Le trait d'union est obligatoire. Le pronom est à la forme tonique. Devant les pronoms y et en, moi et toi se changent en m' et t'.

(Pour l'ordre des pronoms, ➜ chapitre 10, V. 2, p. 81.)

*Lavez-vous **les mains**.*
*Dites-moi **la vérité** ; dites-la-moi.*
Regardez-les.
Envoyez-les-moi.
Vas-y.
Donne-m'en.

C. **Transformez les phrases suivantes à l'impératif affirmatif.**

1. Tu me donneras ton numéro de téléphone.
2. Nous irons demain au musée.
3. Vous lui écrirez souvent.
4. Vous viendrez nous voir.
5. Tu te lèveras tôt.

II. 2 Place des pronoms à l'impératif négatif

À l'impératif négatif, tous les pronoms objets sont placés avant le verbe. Il n'y a pas de trait d'union. Les pronoms sont à la forme non accentuée.

(Pour l'ordre des pronoms ➜ chapitre 10, V. 1, p. 81.)

Ne me dites plus rien.
Ne lui envoyez pas cette lettre.
Ne la lui envoyez pas.

D. **Mettez les phrases suivantes à l'impératif négatif.**

1. Sers-moi un café.
2. Lave-toi à l'eau froide.
3. Apportez-nous des disques.
4. Levons-nous à 7 heures.
5. Téléphonez-moi.

III. L'impératif des verbes pronominaux

Amusez-vous ; ne vous pressez pas.

III. 1 Le pronom objet

• À l'impératif, le pronom objet des verbes pronominaux est toujours exprimé. Prenons, par exemple, les verbes s'amuser, s'habiller, se fâcher. À l'impératif, il n'y aura, bien sûr, pas de sujet exprimé mais le pronom complément sera, lui, exprimé.

• À la forme affirmative, on aura :
– amuse-toi   amusons-nous   amusez-vous
– habille-toi   habillons-nous   habillez-vous
– fâche-toi   fâchons-nous   fâchez-vous

• À la forme négative, on aura :
– ne t'amuse pas   ne nous amusons pas   ne vous amusez pas
– ne t'habille pas   ne nous habillons pas   ne vous habillez pas
– ne te fâche pas   ne nous fâchons pas   ne vous fâchez pas

• Comparez le présent de l'indicatif et le présent de l'impératif :
– indicatif : nous nous lavons (sujet + objet);
– impératif : lavons-nous (objet seulement).

E. Traduisez.

1. Look at yourself, darling!
2. Let's sit down.
3. Shake hands.
4. Prisoners, rise!
5. Help yourselves to coffee.

F. Traduisez.

1. Come and see me tomorrow. Bring Jeanne with you if you want.
2. Let's choose some good novels for our library.
3. Let's hurry, otherwise we'll miss our plane.
4. Let's not worry about the future.
5. Finish washing the car, and then cut the grass.
6. Turn down the television and don't interrupt me.
7. We've worked hard all afternoon. Let's relax in front of the TV.
8. Get up. Wash. Get dressed. Comb your hair.
9. Run to the store and get me some coffee.
10. Cinderella, go to the ball but be back before midnight!

24 L'IMPÉRATIF •

193

G. Mettez à la forme négative les phrases suivantes.

1. Attends-moi.
2. Regardez l'appareil et souriez.
3. Faites-le-lui savoir.
4. Partons tout de suite.
5. Vas-y.
6. Prends-en.
7. Dépêche-toi.
8. Apporte-lui des fleurs.
9. Téléphonez-moi.
10. Regarde-toi dans la glace.

H. Exprimez les idées contenues dans les phrases suivantes à l'aide d'un impératif.

Il faut que tu lui pardonnes. → Pardonne-lui.

1. Vous devez faire vos devoirs tout de suite.
2. Il faut aller jusqu'au feu rouge et tourner à droite.
3. Nous devons partir immédiatement.
4. Vous devez réfléchir avant de dire non.
5. Il faut que vous vous inscriviez avant la semaine prochaine.

I. Mettez à la forme affirmative.

1. Ne vous occupez pas de cette affaire.
2. Ne vous en occupez pas.
3. Ne te rends pas à ce rendez-vous.
4. Ne vous méfiez pas.
5. Ne nous chargeons pas de ce message.

25 LE PASSÉ COMPOSÉ ET LE PASSÉ SIMPLE

I. Formes du passé composé : choix de l'auxiliaire
Caroline **a acheté** des chaussures.
Paul **est allé** au cinéma hier soir.
Jacques **s'est lavé** les mains.
Anne **est sortie** ; son frère **a sorti** la voiture.

II. Emplois du passé composé
Je l'**ai rencontré** ce matin.
La guerre **a éclaté** en 1914.

III. Passé simple
La guerre **éclata** en 1914.
Un enfant **arriva** vers elles.

I. Formes du passé composé : choix de l'auxiliaire

Caroline **a acheté** des chaussures.
Paul **est allé** au cinéma hier soir.
Jacques **s'est lavé** les mains.
Anne **est sortie** ; son frère **a sorti** la voiture.

I. 1 Emploi de l'auxiliaire avoir

On construit le passé composé de la majorite des verbes français avec le participe passé et l'auxiliaire avoir. On construit notamment avec avoir tous les verbes transltits et tous les verbes impersonnels.

> *J'ai mangé ; il a lu ; nous avons étudié ; il a plu ; il a fallu partir.*

I. 2 Emploi de l'auxiliaire être

• Tous les verbes pronominaux sont construits avec l'auxiliaire être.

> *Marc s'est lavé les mains.*
> *Elle s'est coupé les cheveux.*
> *Je me suis ennuyé.*

• On construit avec l'auxiliaire être un petit nombre de verbes intransitifs (ces verbes n'ont pas de complément d'objet) :

aller - arriver - descendre - devenir - entrer - monter - mourir - naître - partir - passer - rentrer - rester - retourner - sortir - tomber - venir et ses composés (survenir, etc.).

> *Danièle est partie à Québec.*
> *Jacques est arrivé en retard.*

I. 3 Emploi de l'auxiliaire avoir ou être

Un petit nombre de verbes (descendre, monter, rentrer, retourner, sortir) sont construits avec avoir ou être. Ils sont construits avec avoir s'ils ont un complément d'objet.

> *Il est descendu tout de suite.* He came down at once.
> *Il a descendu la valise.* He brought down the suitcase.

A. **Complétez le texte suivant par l'auxiliaire voulu mis à la forme correcte.**

Alexis .... né à Paris en 1972. Il .... vécu en France quelques années puis il .... venu en Amérique du Nord. Au début cela .... été dur pour lui mais il .... rapidement appris l'anglais et il s'............... fait beaucoup d'amis. Il .... retourné en France à plusieurs reprises.

II. Emploi du passé composé

> **J'ai compris.** I understood.
> **Je l'ai rencontré** ce matin. I met him this morning.
> **La guerre a éclaté** en 1914. War broke out in 1914.

II. 1 Valeur du passé composé

On utilise le passé composé pour indiquer qu'une action passée est achevée, accomplie et qu'elle est encore plus ou moins reliée au moment présent de l'énonciation :

a. soit parce que le passé composé exprime le résultat présent d'une action passée.

> *J'ai changé d'avis.* I changed my mind./I have changed my mind.
> *J'ai compris.* I understood./I have understood.
> *Il a cessé de fumer.* He stopped smoking./He has stopped smoking.

b. soit parce que le passé composé indique un fait passé qui a eu lieu dans une période de temps non encore révolue au moment où l'on parle. On emploie alors des expressions comme ce matin, aujourd'hui, ce mois-ci, cette année, etc.

> *Je lui ai téléphoné ce matin.* I phoned him this morning.

II. 2 Passé composé et passé simple

En français moderne, le passé composé remplace très souvent le passé simple, surtout à l'oral (→ III.1, page 198). Il perd alors les valeurs spécifiques énoncées en II. 1 et il exprime simplement un événement passé, complètement révolu, récent ou éloigné.

C'est le temps du passé le plus souvent utilisé dans un récit à la 1re ou à la 2e personne.

> *Je suis allé faire des courses et j'ai pris le bus pour rentrer.*

II. 3 Imparfait et passé composé

Alors qu'une série d'imparfaits marque la simultanéité, une série de verbes au passé composé marque la succession.

Comparez :

> *Il faisait beau, la mer était calme, les oiseaux chantaient et le soleil brillait.*
> The weather was fine, the sea was calm, the birds were singing and the sun was shining.

et :

> *Il s'est levé, il est allé à la cuisine, il s'est préparé son petit déjeuner et il a fait couler son bain.*
> He got up, went to the kitchen, prepared his breakfast and ran a bath.

B. À l'aide des éléments donnés, composez de courtes phrases au passé composé.

1. Il y a un mois – visiter – la province de Québec.
2. Aujourd'hui – pique-niquer – à la campagne.
3. Ce matin – rencontrer – à l'arrêt de bus.
4. Cette année – payer – plus d'impôts.
5. Annie – dîner – aller au cinéma – rentrer – 11 heures – se coucher

> La guerre **éclata** en 1914. War broke out in 1914.
> Un enfant **arriva** vers elles. A child came towards them.

III. 1 Valeur du passé simple

Le passé simple marque une action achevée et qui n'a plus de rapport direct avec le moment de l'énonciation.

Ce temps est surtout employé à l'écrit, dans les récits à la 3e personne (du singulier ou du pluriel). Il est peu employé aux autres personnes (il est alors remplacé par le passé composé, → II. 2, page 197). Mais, à la 3e personne, il est très souvent utilisé dans les narrations et il reste un temps vivant, qui a sa valeur propre.

III. 2 Formation du passé simple

- Le passé simple des verbes réguliers en -er se forme à l'aide des terminaisons : -ai ; -as ; -a ; -âmes ; -âtes ; -èrent.

- La lettre g devant a devient ge.

    *Il man*ge*a, elle déména*ge*a.*

- La lettre c devant a devient ç.

    *Il avan*ç*a, elle commen*ç*a.*

- On trouvera les formes des verbes principaux dans tous les tableaux de conjugaisons.

| ATTENTION !

Dans un récit au passé, il est rare de mélanger le passé simple et le passé composé. La perspective temporelle n'est pas la même : le passé composé relie le passé au présent alors que le passé simple détache le passé du présent.

C. **Donnez le passé simple des verbes suivants à la 3e personne du singulier et du pluriel :**

   entrer - s'écrier - partir - être - avoir - voir - tenir - courir - venir - pouvoir - mettre - vivre - vouloir - prendre - placer.

D. **Sur le modèle suivant, composez cinq couples de phrases qui montrent que certains verbes peuvent utiliser l'auxiliaire « être » et l'auxiliaire « avoir »** (→ I. 3, p. 196).

   Je suis sorti du cinéma à 7 heures.
   J'ai sorti le matériel de camping.

E. Mettez au passé composé les phrases suivantes.

1. Que penses-tu de lui ?
2. Elle le rencontre.
3. Il se promène.
4. Nous épluchons les légumes.
5. J'envoie un colis.
6. Elles arrivent de bonne heure.
7. Nous commençons nos devoirs.
8. Il pleut à verse.
9. Elle se dépêche.
10. Tu me mens.

F. Composez cinq phrases qui montrent bien qu'une action achevée a eu lieu dans une période de temps non encore révolue (→ II. 1 b, p. 197).

Cette année nous sommes allés en Europe.

G. Traduisez.

1. They went back to their native land.
2. Thelma and Louise died together.
3. We met at the theatre.
4. They went to bed early.
5. I took this book out of the library.
6. We turned the coin over to see the date.
7. We came back in when it began to rain.
8. Harry met Sally last night.
9. I brought in the plants for the winter.
10. Have you already put the baby to bed?

H. Traduisez.

1. Louis XV was born in 1710. He became king at the age of 5. He reigned from 1715 to 1774. When he died, his grandson Louis XVI succeeded him.
2. Yesterday, she left school early. She went straight to the restaurant where she met her friends. They ate quickly and arrived at the cinema for the start of the film.

26 L'IMPARFAIT

I. Formation
Nous **voulions** partir de bonne heure et nos bagages **étaient**
prêts.

II. Emplois
Il **faisait** beau ; le soleil **brillait** ; elle **était** contente.

III. Imparfait de répétition
Il **venait** toujours le 1er janvier.

IV. Autres emplois
J'**attendais** depuis cinq heures quand il est arrivé.
Il a dit qu'il **était** fatigué.
Si j'**étais** riche, je prendrais ma retraite.

I. Formation

Nous **voulions** partir de bonne heure et nos bagages **étaient** prêts.

I. 1 Les terminaisons

Les terminaisons de l'imparfait sont identiques pour tous les verbes :

je -ais	nous -ions
tu -ais	vous -iez
il/elle -ait	ils/elles -aient

I. 2 Le radical

• On forme l'imparfait d'un verbe à partir du radical de la 1re personne du pluriel du présent.

>   *nous voul-ons → nous voulions*
>   *nous all-ons → nous allions*

• Une exception importante :
Le radical utilisé pour le verbe être est ét- : j'étais, tu étais, il/elle était, etc.

> **ATTENTION !**
> Les verbes en -ier (étudier, se réfugier, etc.) gardent le -i du radical à l'imparfait.
> *Nous étudi-ions ; vous vous réfugi-iez.*

A. Donnez l'imparfait (3ᵉ personne du singulier) des verbes suivants.

1. avoir
2. choisir
3. partir
4. peindre
5. savoir

II. Emplois

Il faisait beau ; le soleil brillait ; elle était contente.
Je suis venu hier ; j'ai attendu longtemps.

II. 1 Valeur de l'imparfait

Contrairement au passé composé ou au passé simple, l'imparfait exprime une action ou un état passés inachevés, dont la durée n'est pas précisée. L'imparfait nous replonge dans le passé ; le début et/ou la fin de l'action reste(nt) imprécis.

II. 2 On emploie ce temps pour indiquer au passé :

a. **une action passée en cours** (il correspond souvent, dans ce cas, à la périphrase anglaise **was/were + -ing**) :

Elle parlait. She was talking.

b. **un état psychologique, un caractère** :

Il était content. He was happy.

c. **un décor, une situation** :

La rue était fort animée. Les décorations de Noël donnaient un air de fête à toute la ville.
The street was very busy. The Christmas decorations lent the town a festive air.

d. **une action cadre** où peut intervenir une action nouvelle, ponctuelle (qui, elle, est présentée au passé composé ou au passé simple) :

Il traversait la rue quand, soudain, il entendit crier.
He was crossing the street when suddenly he heard shouting.

II. 3 Cas où l'on n'emploie pas l'imparfait

On n'emploie pas l'imparfait si, pour exprimer une action qui n'a eu lieu qu'une fois, on précise les limites de cette action :

a. soit en marquant le **début** ou la **fin** de cette action ;

b. soit en précisant l'action par une **date** ou par une durée mesurée (un jour, un mois, deux heures, etc.).

De plus, pour indiquer une action non répétée, on n'utilise pas l'imparfait avec l'adverbe longtemps.

Dans ces trois cas, on utilise le passé composé ou le passé simple.

> *Je suis venu hier.* I came yesterday.
> *J'ai travaillé pendant 20 ans **dans ce bureau**.* I worked for 20 years in this office.
> *À partir de ce jour-là, j'ai cessé **de fumer**.* From that day on, I stopped smoking.
> *J'ai attendu longtemps.* I waited a long time.

ATTENTION !

On n'utilise pas l'imparfait quand, pour une action non répétée, on signale nettement le début de l'action ; par exemple, quand la phrase commence par soudain, à ce moment-là, alors ou par une proposition temporelle qui précise nettement le début de l'action.

> <u>*Lorsqu'il est entré*</u>, ***tout le monde** s'est levé.* When he entered, everyone rose.
> <u>*Alors,*</u> ***tout le monde** s'est levé.* Then [at that moment] everyone rose.

B. **Mettez au temps du passé qui convient.**

1. À mon arrivée, il (venir) .... à ma rencontre.

2. Pendant trois heures, je (attendre) .... sans me décourager.

3. Il (être) .... cinq heures ; les gens (boire) .... aux terrasses des cafés ; les flâneurs (se promener) .... dans les rues.

III. Imparfait de répétition

> Il **venait** le 1er janvier. He used to come on January 1.
> Il **est venu** le 1er janvier. He came on January 1.

III. 1 L'idée de répétition

- On peut utiliser l'imparfait tout en précisant la date, la durée de l'action ou le début ou la fin de l'action mais, dans ce cas, l'imparfait marque l'idée de répétition.

- Comparez :

> *Il venait le 1er janvier.* (Il avait l'habitude de venir tous les 1er janvier.)
> *Il est venu un 1er janvier.* (Un 1er janvier précis.)

• De même :

> *Il a dormi longtemps.* (un fait considéré comme occasionnel)
> He slept for a long time.

> *Il dormait longtemps.* (un fait considéré comme habituel)
> He used to sleep for a long time.

III. 2 **L'idée de répétition dans une période limitée**

• Si un fait répété est lui-même englobé dans une période de temps limitée avec précision, on n'utilise pas l'imparfait (on utilise alors le passé composé ou le passé simple).

> *Il manquait les cours quatre fois par mois.*
> He used to miss class four times a month.

(On signale la répétition sans préciser la période globale de toutes les absences. Pendant combien de mois a-t-il été absent ? On n'en sait rien.)

• Mais on dira :

> *Il a manqué les cours quatre fois le mois dernier.*
> He missed class four times last month.

(On signale bien la répétition : « quatre fois » mais on précise aussi la période globale dans laquelle s'inscrit la répétition et cette période est envisagée comme unique.)

• Autres exemples :

> *Il jouait du piano de 6 h à 8 h.* (imparfait de répétition)
> He used to play the piano from 6 to 8 o'clock.

> *Il a joué du piano de 6 h à 8 h pendant toute une année.* (répétition mais située dans les limites d'une période globale).
> He played the piano from 6 to 8 o'clock for a year.

C. Ajoutez un complément circonstanciel de temps ou un adverbe qui accentue la nuance apportée par les temps employés.

> *Il a pris l'autobus (ce matin). → Il prenait l'autobus tous les matins.*

1. Je l'ai rencontré.
   Je le rencontrais.

2. Nous sommes allés en vacances.
   Nous allions en vacances.

3. Elles sont allées au cinéma.
   Elles allaient au cinéma.

4. Elle est venue nous voir.
   Elle venait nous voir.

5. Papa nous a apporté un cadeau.
   Papa nous apportait un cadeau.

26 L'IMPARFAIT

IV. Autres emplois

J'attendais depuis cinq heures quand il est arrivé.
I had been waiting for 5 hours when he arrived.
Il a dit qu'il était fatigué. He said he was tired.
Si j'**étais** riche, je prendrais ma retraite. If I were rich, I would retire.

IV. 1 Imparfait et past-perfect

Lorsqu'une action (A) commencée dans le passé n'est pas terminée lorsqu'une autre action au passé (B) commence, le français utilise l'imparfait (avec la préposition depuis si l'on veut préciser la durée ou la date). L'anglais utilise le past-perfect à la forme progressive (schéma : had been + (work)-ing avec la préposition since ou for).

Passé 1	Passé 2	Présent
A	B	

J'attendais **depuis cinq heures**   *quand il* est arrivé.
I had been waiting for five hours   when he arrived.
(since five o'clock)

IV. 2 L'imparfait dans le discours indirect

• On utilise parfois l'imparfait dans le discours indirect quand le verbe de déclaration est à un temps du passé (➜ chapitre 36, III. 2, p. 276).

Il a dit : « Je suis fatigué. » He said : "I am tired."
Il a dit qu'il était *fatigué.* He said he was tired.

IV. 3 L'imparfait et l'hypothèse

• On utilise parfois l'imparfait dans une subordonnée d'hypothèse (➜ chapitre 32, I. 3, p. 244).

Si j'étais **riche, je prendrais ma retraite.** If I were rich, I would retire.

• On utilise parfois aussi l'imparfait après même si et comme si (➜ chapitre 32, II. 2, p. 246 et III. 2, p. 247).

Même si j'étais **riche, je ne prendrais pas ma retraite.**
Even if I were rich, I would not retire.

Elle fait comme si *elle n'avait* pas d'argent. She acts as if she had no money.

D. **Mettez les verbes au temps du passé qui convient.**
1. [jouer] Ils .... depuis une heure quand on les a appelés.
2. [donner] Même si tu me le ...., je ne le prendrais pas.
3. [vouloir] Le chien s'avance vers nous, comme s'il .... nous mordre.
4. [savoir] Il a déclaré qu'il ne .... rien.
5. [sonner] Le gardien dormait profondément quand le téléphone ....

E. Traduisez.

1. We stayed at that hotel three times last year.
2. He hesitated a few minutes before making a phone call.
3. When I lived in Paris, I took courses at the Sorbonne.
4. The last time I saw her, she was wearing a red scarf.
5. She was in the middle of getting dressed when the phone rang.
6. My mother always used to tell me that I studied too little.
7. Even if I had the money, I wouldn't buy that house.
8. She continued on her way, as if she didn't know us.
9. I was sleeping when you knocked at the door.
10. When I was young I played tennis 3 times a week.

F. Transposez le texte suivant au passé en utilisant le temps qui convient (imparfait ou passé composé).

À 7 h 10, l'avion commence à atterrir. L'hôtesse de l'air nous dit qu'il faut attacher nos ceintures de sécurité. Les passagers retournent à leur place. À travers le hublot, je peux voir les villages éparpillés au milieu des champs. Les voitures ressemblent à des jouets miniatures. L'avion perd encore de l'altitude et je commence à apercevoir la tour de contrôle. Je suis heureux d'arriver à destination.

G. Traduisez.

I would always try to leave the office before 6 p.m. There was always a lot of traffic. One evening, as I had a lot of work, I didn't leave until 7.30. That night, I was driving my car, when suddenly, on my left, a white light blinded me. At first I thought it was an explosion. Then I realized that it was the flash of a camera. I looked at the speed I was doing and saw that the needle indicated 150 km an hour. As there were fewer cars I was going too fast. I slowed down. Two days later, I received the photo in the mail. I paid the fine and after that I was more careful.

27 L'ACCORD DU PARTICIPE PASSÉ

I.   Accord du participe passé avec « être »
     Marie est sortie.
     Nos équipes ont été battues.

II. Accord du participe passé avec « avoir »
     Marie a **écrit** une lettre.
     La lettre que Paul a **écrite** vient d'arriver.

III. Cas particuliers
     Quelle belle journée il a **fait** !
     Les livres qu'il a **fait** venir.

IV. Accord du participe passé des verbes pronominaux
     Annie **s'est blessée**.
     Paul et Marie **se sont écrit**.
     Les lettres qu'ils **se sont écrites** sont touchantes.
     Annie **s'est évanouie**.

I. Accord du participe passé avec « être »

Marie est sortie.
Nos équipes ont été battues.

I. 1 Le participe passé conjugué avec être s'accorde avec le sujet.

*Ils **sont** sortis pendant deux heures.*
*Elles **sont** parties en vacances.*

I. 2 Modes et temps

Cette règle est valable pour tous les temps (elle sera sortie, elle était sortie, etc.) et pour tous les modes (après être sortie, elle... ; je suis contente qu'elle soit sortie...).

I. 3 Passif

Ne pas oublier cette règle quand le verbe est au passif.

Nos équipes ont été battues.

I. 4 Sujets multiples

Lorsque le sujet est un nom masculin et un nom féminin, l'accord se fait au masculin pluriel.

> *Paul et Marie sont arrivés en retard.*

I. 5 Avec on, personne et quelque chose

L'accord se fait au masculin singulier.

> *On est rentré à 3 heures du matin.*
> *Personne n'était blessé.*
> *Quelque chose de grave est arrivé.*

ATTENTION !

Il est important de connaître la liste des verbes conjugués avec être (→ chapitre 25, I. 2 et I. 3 p. 195-196).

A. **Mettez à la forme correcte du participe passé le verbe entre parenthèses.**

1. Si Claudine avait couru, elle ne serait pas (arriver) .... en retard.
2. Pierre et Françoise sont (marier) .... depuis 3 ans.
3. Il faudrait que ces paquets soient (expédier) .... avant le 24.
4. Mes filles ont été (inviter) .... à faire du ski.
5. On est (rentrer) .... à 2 heures.

II. Accord du participe passé avec « avoir »

> Marie a **écrit** une lettre.
> La lettre que Paul a **écrite** vient d'arriver.

II. 1 Accord avec le c. o. d.

Le participe passé des verbes conjugués avec avoir s'accorde avec le complément d'objet direct (c. o. d.) si celui-ci est placé avant le verbe.

> *Les livres que j'ai empruntés sont intéressants.*

Dans cette phrase, que (pronom relatif remplaçant livres, nom masculin pluriel), c. o. d., est placé avant le verbe ; on fait donc l'accord.

> *Lesquelles avez-vous achetées ?*

Dans cette phrase interrogative, lesquelles (pronom interrogatif, c. o. d., féminin pluriel) est placé avant le verbe ; on fait donc l'accord.

II. 2 Absence d'accord

Quand le complément d'objet direct est placé après le verbe ou quand il n'y a pas de complément d'objet direct, on ne fait pas l'accord.

> *Ils ont lavé la voiture.* (c. o. d. placé après ; pas d'accord)
> *Ils ont écrit.* (pas de c. o. d. ; pas d'accord)

ATTENTION !

- Il est important de connaître les participes passés des verbes irréguliers. En particulier, on se rappellera les participes passés des verbes suivants :

– devoir → dû (due)	– mourir → mort
– écrire → écrit	– plaire → plu
– émouvoir → ému	– pleuvoir → plu
– fuir → fui	– savoir → su

- On ne fait pas l'accord avec les pronoms en et dont, même s'ils sont placés avant l'auxiliaire avoir.

> *J'aime les pommes ; j'en ai mangé trois.*
> *J'ai aimé les films dont Hélène m'a parlé.*

B. **Mettez le verbe entre parenthèses à la forme correcte du participe passé.**

1. Les films qu'ils ont (voir) avaient une bonne intrigue.
2. Elles ont (aimer) les pièces de théâtre.
3. À laquelle ont-elles (donner) la préférence ?
4. Laquelle avez-vous (préférer) ?
5. Je te prête la cassette que je t'ai (enregistrer).

III. Cas particuliers

> Quelle belle journée il a **fait** !
> Les livres qu'il a **fait venir**.
> La sonate que j'ai **entendu** jouer.
> La pianiste que j'ai **entendue** jouer.

III. 1 Verbes impersonnels

Le participe passé d'un verbe impersonnel est invariable.

> *Quelle belle journée il a fait !*
> *Les dégâts qu'il y a eu.*

III. 2 Faire + infinitif

Le participe passé du verbe faire suivi d'un infinitif est invariable.

    Les fleurs qu'il a fait *livrer à sa femme.*

III. 3 Avoir + participe passé + infinitif

- Lorsque le participe passé conjugué avec avoir est suivi d'un infinitif (avec ou sans préposition) :

    a. le participe passé est invariable s'il a pour complément d'objet l'infinitif. Dans ce cas, le pronom objet placé avant le participe passé ne fait pas l'action exprimée par l'infinitif :

    La sonate que j'ai entendu jouer.
    (La phrase correspond à : « J'ai entendu jouer la sonate » ; le pronom relatif que, mis pour sonate n'est pas le sujet de l'action exprimée par l'infinitif ; ce n'est pas la sonate qui joue.)

    b. le participe passé s'accorde s'il a pour complément d'objet direct le pronom objet qui précède. Dans ce cas, le pronom objet placé avant le participe fait l'action exprimée par l'infinitif :

    La pianiste que j'ai entendue jouer.
    (La phrase correspond à : « J'ai entendu jouer la pianiste. » Pianiste est sujet de l'infinitif jouer et le pronom relatif que, qui représente pianiste, exprime le sujet de l'infinitif ; c'est la pianiste qui joue.)

- Autres exemples :

    Cette pièce, je l'ai vu *jouer.* (III. 3 a)
    Cette catastrophe, je l'ai vue *arriver.* (III. 3 b)
    Ces objets, tu les avais laissés *tomber.* (III. 3 b)
    Ces objets, tu les avais laissé *emprunter.* (III. 3 a)

IV. Accord du participe passé des verbes pronominaux

Annie **s'est blessée.**
Les lettres que Paul et Marie **se sont écrites** sont touchantes.
Paul et Marie **se sont écrit** de nombreuses lettres.
Annie **s'est évanouie.**

IV. 1 Règle générale

- Les verbes pronominaux réfléchis et réciproques (→ chapitre 21, III, p. 168) sont conjugués avec l'auxiliaire être mais suivent les règles d'accord des participes avec avoir.

a. Le participe passé des verbes pronominaux s'accorde avec le complément d'objet direct (c. o. d.) si celui-ci est placé avant le verbe.

Elle s'est regardée dans le miroir.
(*s'* : pronom réfléchi, complément d'objet direct, féminin singulier)

Les photos qu'ils se sont envoyées étaient floues.
(Le c. o. d. est le pronom relatif *qu'* mis pour photos, féminin pluriel.)

b. Si le complément d'objet direct est placé après le verbe ou s'il n'y a pas de complément d'objet direct, le participe passé reste invariable.

Elles se sont envoyé des photos. (c. o. d. placé après)
Ils se sont raconté des histoires. (c. o. d. placé après)
Elles se sont parlé au téléphone. (pas de c. o. d.)

• Dans ces trois cas, le pronom réfléchi se est objet indirect : envoyer des photos à quelqu'un ; raconter des histoires à quelqu'un ; parler à quelqu'un.

> **ATTENTION !**
> Il faut toujours se demander si le pronom réfléchi est complément d'objet direct (c. o. d.) ou indirect (c. o. i.).
>
> *Elles se sont lavées.* (se = c. o. d.)
> *Elles se sont lavé les mains.* (se = c. o. i.)

(→ chapitre 21, III. 4, p. 168)

C. Faites ou non l'accord du participe passé placé entre parenthèses.

Marie s'est (levé) ……….. de bonne heure. Elle s'est (douché) …………, s'est (lavé) …………… les cheveux, s'est (habillé) …………… en un clin d'œil. Elle a mis les chaussures qu'elle s'était (acheté) …………… la veille. Elle devait retrouver Émilie au musée. Elles ne s'étaient pas (vu) …………… depuis plus d'un mois. Elles se sont (rejoint) …………… sur les marches du musée et se sont (raconté) …………… ce qu'elles avaient fait depuis leur dernière rencontre. Après leur visite du musée, elles se sont (quitté) …………… et se sont (promis) …………… de se revoir bientôt.

IV. 2 Les verbes essentiellement pronominaux et pronominaux à sens passif

Les verbes essentiellement pronominaux (du type s'évanouir, s'abstenir, se souvenir, etc. → p. 168) et les verbes pronominaux à sens passif (→ chapitre 31, IV. 4, p. 240) font l'accord du participe passé avec le sujet.

Elles se sont souvenues de leur rendez-vous. (essentiellement pronominal)
Ils se sont évanouis. (essentiellement pronominal)
Les billets de concert se sont vendus en une heure. (sens passif)

IV. 3 Temps et modes

Les règles d'accord du participe passé énoncées en IV. 1 et IV. 2 sont valables pour tous les temps et pour tous les modes.

> *Elle sortira après* s'être lavée.
> *Elle sortira après* s'être lavé *les cheveux.*
> *Il ne pense pas que Jacques et Hervé* se soient vus *récemment.*

D.Dans les phrases suivantes, dites si le pronom souligné est objet direct ou objet indirect. Puis mettez les phrases au passé composé.

1. Ils se disent des injures.
2. Elle se coiffe.
3. Nous nous pressons.
4. Elles se lèvent.
5. Ils se téléphonent.

E. Mettez les phrases suivantes au passé composé.

1. Il a soif et il boit du lait.
2. Elle n'aime pas les gâteaux que tu fais.
3. Jacqueline rentre à 3 heures.
4. Mon frère et ma sœur partent à Montréal.
5. Je suis deux cours de français.
6. Personne ne vient.
7. Il pleut à verse.
8. Elles s'écrivent.
9. Ils se souviennent.
10. Ils se taisent.

F. Mettez les verbes entre parenthèses au passé composé.

Le gangster (assassiner) .... M. Dupont. Ce dernier (mourir) .... vers 6 heures du soir. La police (arriver) .... peu de temps après. Les empreintes qu'elle (trouver) .... n'étaient pas nombreuses. Le bandit (voler) .... une voiture qu'il (abandonner) .... un peu plus loin. Un complice (acheter) .... des billets de chemin de fer et (monter) .... avec lui. Ils (descendre) .... à la gare suivante et on (perdre) .... leurs traces.

G. **Complétez le texte suivant de façon logique à l'aide de participes passés.**

Émilie est .... en 1970. Elle a .... dans une école d'immer-sion. Les sujets qu'elle a .... étaient le français et l'histoire mais elle n'a pas beaucoup .... les mathématiques. De 1980 à 1982, elle a .... à Montréal. Quand elle est .... à Toronto, elle a régu-lièrement .... aux amies qu'elle avait .... à Montréal. Certaines sont .... lui rendre visite.

H. **Traduisez.**
1. I wrote the letter yesterday and posted it this morning.
2. How did she know that?
3. At what time did we arrive? Did she call us beforehand?
4. She was born during the war.
5. Where are your textbooks? I have lost them.
6. How many cassettes did we buy?
7. The five weeks I spent in France were wonderful!
8. I was so thirsty that I drank three glasses of water.
9. They wept when they heard the news.
10. Why didn't he recognize them?

I. **Mettez le texte suivant au passé composé.**

Ces enfants s'intéressent à la science. Ils construisent des maquettes qu'ils s'échangent. Ils se dépêchent de finir leur exposé. Ils se demandent s'ils doivent le présenter en classe et ils s'informent auprès de leur professeur.

J. **Traduisez en utilisant des verbes pronominaux.**
1. When did they get married?
2. What make of video-recorder did he buy for himself?
3. She went to bed early and got up at 6:00 in the morning.
4. She bought herself a new car.
5. Did Mary get used to studying so hard?
6. She wondered whether I remembered the answer.
7. We complained about the excessive price.
8. Has she apologized for having done that?

28 LE FUTUR ET LE FUTUR ANTÉRIEUR

I. Formation
Je **travaillerai** jusqu'à 5 heures.

II. Futur proche
Je **vais partir** d'un moment à l'autre.

III. Le futur dans la subordonnée de temps
Quand je **verrai** Paul, je lui **rendrai** son livre.

IV. Futur antérieur
J'**aurai fini** ce travail à 5 heures.
Quand Sophie **aura lu** ce roman, elle le rendra à la bibliothèque.

V. Pas de futur après « si » d'hypothèse
J'irai en Europe si j'**ai** de l'argent.

I. Formation

Je **travaillerai** jusqu'à 5 heures.
Nous **rendrons** ce livre demain.
Tu **jetteras** ce vieux journal.
Elle **appellera** sa mère cet après-midi.
Vous **enlèverez** vos bottes.

I. 1 Règle générale

On forme le futur à partir de l'infinitif, en ajoutant les terminaisons suivantes :
ai - as - a - ons - ez - ont.

infinitif : manger → futur : je manger-ai
infinitif : finir → futur : nous finir-ons

I. 2 Particularités

• Les verbes qui se terminent par un -e à l'infinitif perdent ce -e au futur.

infinitif : écrire → futur : tu écrir-as
infinitif : prendre → futur : ils prendr-ont

• Les verbes en -er qui ont un -e à l'avant-dernière syllabe :

a. **doublent la consonne** au futur s'il s'agit de verbes en -eter ou en -eler.

infinitif : appeler → futur : nous appellerons.
infinitif : jeter → futur : nous jetterons.

Quelques exceptions :
– acheter : il achètera ;
– déceler : il décèlera ;
– geler et ses composés : il gèlera ;
– peler : il pèlera.

b. **changent -e en -è** dans les autres cas.

mener (et ses composés) : il mènera.
crever : il crèvera.

ATTENTION !

Quelques verbes ont un futur irrégulier. On notera en particulier :

– aller → il ira
– avoir → il aura
– courir → il courra
– devoir → il devra
– être → il sera

– falloir → il faudra
– mourir → il mourra
– savoir → il saura
– voir → il verra

A. Donnez le futur des verbes suivants.

1. (boire) je ....
2. (manger) il ....
3. (savoir) nous ....
4. (étudier) vous ....
5. (arriver) ils ....

6. (courir) nous ....
7. (envoyer) tu ....
8. (venir) nous ....
9. (descendre) tu ....
10. (voir) elles ....

II. Futur proche

Je vais partir d'un moment à l'autre.

II. 1 Construction

On exprime le futur proche à l'aide du présent du verbe aller et de l'infinitif.

Elle va téléphoner dans deux minutes. She is going to phone in 2 minutes.
Nous allons tout vous raconter. We are going to tell you everything.

II. 2 Emploi

On traduit un futur anglais par un futur proche chaque fois qu'on veut marquer l'imminence d'un événement, en particulier lorsqu'on utilise des adverbes comme tout de suite, immédiatement, etc.

> *Je vais t'expliquer **tout de suite.*** I'll explain to you right away.

B. Traduisez par un futur simple ou par un futur proche.

1. We'll be travelling to Switzerland next year.
2. I'm going to come and say good night to you in 5 minutes.
3. After the elections he'll go to Washington.
4. I'm going to write to him instead of telephoning.
5. Look out! You're going to fall!

III. Le futur dans la subordonnée de temps

> Quand je **verrai** Paul, je lui **rendrai** son livre.
> When I see Paul, I will give him back his book.

III. 1 Concordance des temps

En français, quand la proposition principale est au futur ou implique une action future, on n'utilise pas le présent dans la proposition subordonnée de temps, on utilise le futur.

a. On se rappellera la règle chaque fois que la subordonnée sera introduite par : quand, lorsque, aussitôt que, tant que, aussi longtemps que, dès que, etc.

> *J'irai au musée quand je serai en vacances.* (futur dans la subordonnée de temps car la principale est au futur)
> I will go to the museum when I am on holiday.

> *Lorsque **tu** viendras, **nous** visiterons l'exposition.* (futur dans la subordonnée car la principale est au futur) When you come, we will visit the exhibition.

> *Je t'aiderai aussi longtemps que **tu** voudras.*
> I will help you for as long as you like.

> *Nous rentrerons à la maison aussitôt qu'il fera nuit.*
> We will go home as soon as it is dark.

b. Lorsque la principale implique une idée de futur (par exemple quand elle est à l'impératif et qu'elle sous-entend un ordre à exécuter dans l'avenir), la subordonnée de temps se met au futur.

> *Envoyez-moi **une carte** quand **vous** arriverez.* Send me a card when you arrive.

c. Quand le verbe de la principale implique une idée de futur (par exemple avec le verbe espérer dans certains contextes), la subordonnée est au futur et non pas au présent.

> *J'espère que vous pourrez partir à temps.* I hope that you can leave on time.

C. Traduisez.

1. When she is in Florida, she'll go swimming every day.
2. Telephone me as soon as he arrives.
3. We'll help you whenever you want.
4. While you're in France, I will be crossing Austria.
5. Stop the water when the bath is full.

IV. Futur antérieur

> **J'aurai fini** ce travail à cinq heures. I will have finished my work by 5.
> **Quand Sophie aura lu** ce roman, elle le rendra à la bibliothèque.
> When Sophie has read this book, she will return it to the library.

IV. 1 Construction

Le futur antérieur est formé avec le futur de l'auxiliaire être ou avoir et le participe passé du verbe.

> *Nous serons rentrés à 5 h.* We will be back by 5.

> ATTENTION !
> – Bien choisir l'auxiliaire (➜ chapitre 25, I., p. 195).
> – Revoir la liste des verbes conjugués avec être (➜ p. 196).
> – Tenir compte des règles d'accord du participe passé (➜ chapitre 27, p. 206-211).

IV. 2 Emplois

• Le futur antérieur est utilisé pour indiquer qu'une action :
– sera complètement terminée à un moment précis du futur ;
– sera complètement terminée avant qu'une autre action au futur ne commence.

> *J'aurai terminé cette traduction demain après-midi.*
> I will have finished this translation tomorrow afternoon.

> *Vous pourrez faire les exercices lorsque vous aurez étudié la leçon.*
> You will be able to do the exercises once you have studied the lesson.

• Notez que l'anglais utilise couramment le passé composé pour indiquer une action qui ne sera complétée qu'au futur.

D. Donnez le futur antérieur des verbes suivants.

1. (aller) nous ....   6. (devoir) il ....
2. (vivre) vous ....   7. (rentrer) je ....
3. (voir) tu ....   8. (déjeuner) ils ....
4. (rester) elles ....   9. (répondre) tu ....
5. (écrire) elle ....   10. (arriver) je ....

V. Pas de futur après « si » d'hypothèse

*J'irai en Europe si j'**ai** assez d'argent.* I will go to Europe if I have enough money.

V. 1 Règle générale

Il n'y a jamais de futur dans la subordonnée hypothétique introduite par si, même quand la principale est au futur ou implique une action future (➔ chapitre 32, I. 2, p. 243).

> *J'irai au cinéma s'il pleut.* I will go to the cinema if it rains.

V. 2 Nature de « si »

Ne confondez pas le si d'hypothèse et le si de l'interrogation indirecte (introduit par les verbes tels que demander). Après le si de l'interrogation indirecte, si le verbe de déclaration est au présent ou au futur, le futur est obligatoire dans la subordonnée pour indiquer une action future. Distinguez bien :

> *Je me demande s'il fera beau demain.* I wonder if it will be fine tomorrow. (interrogation indirecte : l'interrogation directe correspondante serait au futur : Fera-t-il beau demain ?)

> *J'irai me baigner s'il fait beau demain.* I will go swimming if it is fine tomorrow. (hypothèse, donc pas de futur après si).

E. Dans les phrases suivantes, mettez le verbe au présent ou au futur.

1. Je ne sais pas s'il (manger) .... avec nous demain.
2. Tu m'écriras si tu le (pouvoir) ....
3. Vous me donnerez votre nouvelle adresse si vous (déménager) ....
4. Je me demande si Hélène me (téléphoner) .... ce soir.
5. Si Hélène me (téléphoner) ...., je lui donnerai rendez-vous demain matin.

28 • LE FUTUR ET LE FUTUR ANTÉRIEUR •

F. Complétez les phrases suivantes de façon correcte et logique.

1. Dès que tu auras fini tes examens, tu ....
2. Demain soir après le dîner, nous ....
3. Vous aurez des nouvelles de Catherine quand ....
4. Je me demande si l'année prochaine je ....
5. J'irai en Californie aux prochaines vacances si ....

G. Traduisez.

1. Before the end of this school year, you'll know many irregular verbs.
2. I hope it won't rain during our cruise.
3. As soon as I have read your letter, I'll answer it.
4. She will be studying physics when she goes to university.
5. I'm going to be seeing him tomorrow.
6. Once I've finished this assignment, I'll go to bed.
7. It'll be necessary to check the timetable to know the departure time.
8. They will be drinking to the winner's success.
9. We shall all die one day.
10. As soon as she leaves, we'll finish our work.

H. Complétez le texte suivant en utilisant le futur ou le futur antérieur.

Mon frère et moi (aller) .... en vacances au Québec quand nous (terminer) .... nos examens. Nous (passer) .... par Ottawa où nous (visiter) .... le Parlement. Dès que nous (arriver) .... à Québec, je vous (écrire) .... pour vous donner mes premières impressions. Je me demande si je (pouvoir) .... me débrouiller en français. Les deux premiers jours, nous (rester) .... dans la ville où deux amis nous (rejoindre) .... puis nous (remonter) .... le Saint-Laurent et nous (rentrer) .... le 6 août.

L'ANTÉRIORITÉ (D'UN FAIT PASSÉ PAR RAPPORT À UN AUTRE FAIT PASSÉ)

I. Emplois du plus-que-parfait
Je ne savais pas ; on ne me l'**avait pas dit**.
On ne savait pas qu'il **avait menti**.

II. Antériorité et subordonnées de temps
Il avait mangé quand je **suis arrivé**.
Quand il **a eu mangé**, je suis arrivé.
Quand il **avait mangé**, j'arrivais.

III. Autres façons de marquer l'antériorité
Ayant mangé, je suis parti.
Après avoir mangé, je suis parti.
Il avait mangé avant que nous n'arrivions.

I. Emplois du plus-que-parfait

Je ne savais pas ; on ne me l'**avait pas dit**.
On ne savait pas qu'il **avait menti**.

I. 1 La notion d'antériorité

Pour exprimer l'antériorité d'un fait passé (A) (plus éloigné dans le temps) par rapport à un autre fait passé (B) (moins éloigné dans le temps), on utilise le plus-que-parfait dans les cas énoncés plus loin.

```
__x_____ x _____ x _____
  A                  B                  C
(action passée 1)   (action passée 2)  (présent)
```

a. Lorsque l'on a deux <u>propositions</u> indépendantes juxtaposées.

Je ne le savais pas ; on ne me l'avait pas dit.
       (B)   (A)

b. Lorsque l'on a une <u>proposition subordonnée</u> relative.

Il m'a réclamé la vidéo qu'il m'avait prêtée.
       (B)   (A)

c. Lorsque l'on a une <u>proposition</u> <u>complétive</u>.

On ne savait pas qu'il avait menti.
   (B)   (A)

I. 2 Le subjonctif

Lorsque le verbe de la subordonnée est au subjonctif, la règle est différente. Le subjonctif plus-que-parfait étant inusité, on emploie couramment le passé composé du subjonctif pour exprimer l'antériorité (A) par rapport à un fait passé (B).

J'ai regretté qu'il ne m'ait pas prévenu. I was sorry that he had not told me.
   (B)   (A)

A. **Mettez au temps du passé qui convient pour marquer l'antériorité.**

1. Dominique s'est aperçue que Sylvie (déménager) .... le mois précédent.

2. C'était un ami que je (rencontrer) .... le mois précédent.

3. Il voulait retrouver la jeune fille qu'il (voir) .... la veille.

4. Elle nous a dit qu'elle (passer) .... de belles vacances.

5. Elles étaient contentes que nous (apporter) .... des fleurs.

II. Antériorité et subordonnées de temps

Il **avait mangé**, quand je suis arrivé.
Quand il **eut mangé**, j'arrivai.
Quand il **a eu mangé**, je suis arrivé.
Quand il **avait mangé**, j'arrivais.

II. 1 Concordance des temps

Quand, pour marquer l'antériorité d'un fait passé par rapport à un autre fait passé, on utilise une phrase qui contient une <u>subordonnée circonstancielle</u> de temps, introduite par quand ou ses substituts (lorsque, dès que, aussitôt que, etc.), le jeu des temps est assez complexe.
Nous donnons plus loin les principales combinaisons de temps possibles.
Pour des raisons de clarté, on considérera toujours, dans les exemples donnés, que l'action A (manger) est antérieure à l'action B (arriver).

Il a mangé puis je suis arrivé.

II. 2 Cas numéro 1

– L'action A (l'action antérieure) est exprimée dans la proposition principale : le verbe de la principale se met alors au plus-que-parfait.
– L'action B (l'action postérieure) est exprimée dans la subordonnée introduite par quand ou lorsque ; le verbe de la subordonnée se met au passé composé ou au passé simple (selon les nuances apportées par ces deux temps → II et III, chapitre 25, p. 196-198).

$$\textit{Il avait mangé}\quad \textit{quand}\begin{cases} \textit{je suis arrivé.} \\ \textit{j'arrivai.} \end{cases}$$

Cette combinaison de temps suggère qu'une durée indéterminée sépare les deux actions.

Schéma :

```
          A                              B
_____ / ............................ / _____
```

II. 3 Cas numéro 2

– L'action A est exprimée dans la proposition subordonnée (introduite par quand ou un substitut).
– L'action B est exprimée dans la proposition principale.

Deux possibilités sont à envisager :

a. le verbe de l'action A se met au passé antérieur et le verbe de l'action B se met alors au passé simple :

Quand il eut mangé, j'arrivai.

b. le verbe de l'action A se met au passé surcomposé et le verbe de l'action B se met au passé composé :

Quand il a eu mangé, je suis arrivé.

Ces combinaisons de temps suggèrent une succession plus ou moins immédiate entre les deux actions. De ce fait, quand peut être remplacé par dès que, aussitôt que et après que.

Schéma :

```
          A                    B
_____ / _____
```

N. B. : le passé simple étant assez peu usité aux 1re et 2e personnes, on utilise (surtout dans la langue parlée) la combinaison II. 3 b (passé surcomposé/passé composé).

II. 4 Cas numéro 3

– L'action A est exprimée dans la subordonnée introduite par quand (ou un substitut) et le verbe de cette subordonnée est au plus-que-parfait.
– Le verbe de la principale (action B) se met alors à l'imparfait.

Quand il avait mangé, j'arrivais.

Cette combinaison de temps suggère obligatoirement l'idée de répétition. C'est pourquoi quand peut être, dans ce cas-là, remplacé par toutes les fois que.

II. 5 Remarques

a. Pour se repérer dans le jeu complexe des marques de l'antériorité, il faut donc :
– bien avoir à l'esprit quelle est l'action antérieure à l'autre.
– savoir si cette action antérieure (A) se trouve dans la principale (II. 2) ou dans la subordonnée (II. 3 et II. 4);
– savoir si quand peut être remplacé par une autre conjonction. Dans tous les cas quand peut être remplacé par son synonyme lorsque. Mais quand ne peut pas être remplacé par dès que, après que, aussitôt que, lorsque l'événement B est dans la subordonnée (II. 2, cas numéro 1). Pourquoi ? Parce qu'il y aurait contradiction : les conjonctions dès que, après que, aussitôt que, qui impliquent l'antériorité, ne peuvent pas introduire l'événement B qui, lui, est postérieur à l'événement A.

b. On emploie rarement le passé surcomposé avec l'auxiliaire être. Le verbe avoir ne se met pas lui-même au passé surcomposé (*il a eu eu).
Quand on ne peut pas utiliser le passé surcomposé dans le cas II. 3 b, on utilise le passé composé dans la subordonnée. Mais, pour marquer plus nettement l'antériorité, on remplace souvent quand par après que ou dès que.

Dès qu'il est arrivé, je l'ai appelé.

c. Pour des raisons de clarté, nous avons toujours placé l'événement A en début de phrase et l'événement B en deuxième partie mais on peut inverser l'ordre de présentation des événements sans changer le sens de la phrase.
On peut dire : *Quand il avait mangé, j'arrivais.*
ou : *J'arrivais quand il avait mangé.*

B. Mettez le verbe au temps qui convient.

1. Quand il (toucher) .... sa paye, il allait déposer de l'argent à la banque.

2. Dès qu'il eut découvert le vol, il (aller) .... au commissariat de police.

3. Dès qu'il (découvrir) .... le vol, il est allé au commissariat de police.

4. Elle avait déjà examiné cinq candidats quand je (arriver) ....

5. Aussitôt qu'il (téléphoner) ...., nous sommes partis.

> **Ayant mangé**, je suis parti.
> **Après avoir mangé**, je suis parti.
> **Il a mangé** avant que je ne parte.

III. 1 Participes et infinitif

- On peut marquer l'antériorité à l'aide du participe présent de l'auxiliaire avoir ou être suivi du participe passé du verbe ; on peut aussi utiliser un infinitif passé.

> **ATTENTION !**
>
> - Cette construction n'est possible que si le sujet du participe ou de l'infinitif passé est le même que celui de la proposition principale.
>
> *Ayant mangé, je **suis allé au lit**.* (C'est moi qui ai mangé et qui suis allé au lit = même sujet.) Having eaten, I went to bed.
>
> *Après avoir mangé, je **suis allé au lit**.* After having eaten, I went to bed.
>
> - Quand après est suivi d'un infinitif, il est toujours suivi d'un infinitif passé.

- On peut utiliser une fois suivi du participe passé pour exprimer l'antériorité et insister sur l'aspect achevé de l'action.

> *Une fois sorti, j'**ai poussé un « ouf » de soulagement**.*
> Once I got outside, I heaved a sigh of relief.

III. 2 Avant que/après que

Si l'on considère deux actions successives A et B, après que introduit l'événement antérieur A et avant que introduit l'événement postérieur B.
Soit deux événements successifs : Il a mangé d'abord ; je suis arrivé ensuite.
On peut exprimer la même réalité de deux façons, en changeant de point de vue :

> *Je suis arrivé après qu'il a eu mangé.* (→ II. 3 b, page 221)

ou :

> *Il avait mangé avant que je n'arrive.*
> *Il a mangé avant que je n'arrive.*

N. B. : avant que est suivi du subjonctif.

RÉCAPITULATION

Événement A (antérieur)	Événement B (postérieur)
1) Plus-que parfait	quand → passé simple → passé composé
Il avait dîné	*quand* → *il sortit.* → *il est sorti.*

N. B. : ici, quand ne peut être remplacé que par lorsque.

2) a. Quand + passé antérieur/passé simple

Quand il eut dîné,	*il sortit.*

   b. Quand + passé surcomposé/passé composé

Quand il a eu dîné,	*il est sorti.*

N. B. 1 : dans les cas 2) a. et 2) b., quand peut être remplacé par dès que, aussitôt que , après que.

N. B. 2 : quand le passé surcomposé est impossible (avec l'auxiliaire être), on emploie le passé composé et quand est remplacé par un substitut qui marque nettement l'antériorité.

   Aussitôt que nous sommes arrivés, il est sorti.

3) Quand + plus-que-parfait/imparfait

Quand il avait dîné,	*il sortait.*

4) Après avoir/être + participe passé	→ passé simple → passé composé → imparfait
Après être montée dans sa chambre,	*elle s'allongea.* *elle s'est allongée.* *elle s'allongeait.*

N. B. : le sujet des deux parties de la phrase est le même.

5) Participe passé	→ passé simple → passé composé → imparfait
Fatigué par son voyage, *Ayant reçu le message,* *Étant parti trop tôt,*	*il se coucha de bonne heure.* *il est parti aussitôt.* *il ne pouvait les revoir.*

N. B. : le sujet des deux parties de la phrase est le même.

6) Passé simple Passé composé Imparfait	avant de + infinitif (même sujet) avant que + subjonctif (sujets différents)
Il mangea *Il a mangé* *Il mangeait*	*avant de partir.* *avant que je n'arrive.*

C. **Combinez les paires de phrases en marquant l'antériorité ou la posté-riorité selon le contexte. (Certains mots seront redondants ; omettez-les.)**

1. Ils prirent un apéritif./Ils se mirent à manger.
2. Le portier a monté sa valise./ Elle a signé le registre de l'hôtel.
3. Je me suis levé à 7 h 30./Je me suis rasé à 8 h.
4. Je lui ai envoyé un télégramme avant-hier./Elle est venue chez moi hier.
5. La caissière m'a dit le prix./J'ai tendu le billet de $10.

D. **Traduisez.**

1. When he came to see me, he had already finished the books.
2. As soon as she had finished her housework, she always switched on the TV set.
3. I did the housework after they had left.
4. When the police arrived, the robber had fled.
5. She got up because she had heard someone come in.

E. **Traduisez.**

1. I had crossed the borders of Switzerland and Austria before arriving in Budapest.
2. After spending a few days in San Francisco, she went to Sacramento.
3. He always took out the garbage after his wife had finished washing the dishes.
4. He showed me his letter before he sent it.
5. We didn't know the parcel had arrived.

F. **Traduisez.**

1. Before leaving we checked the exchange rate of the euro.
2. After losing his suitcase he had his passport stolen.
3. I went out when I saw it had stopped raining.
4. I invited my friends to the house after my parents had left.
5. The students who had failed the exam had to take it again in September.
6. When we arrived at the theatre the play had already started.
7. When they had finished their work, they watched television.
8. The firecracker exploded as soon as he lit it.
9. After leaving the airport we got lost.
10. Once I had seen the TV news, I had a better idea of the situation.

30 LE SUBJONCTIF

I. Formes
Je souhaite que vous **arriviez** de bonne heure.
Nous regrettons qu'il **soit parti** si tôt.

II. Emploi du subjonctif dans la subordonnée conjonctive
J'exige qu'elle **parte**.
Nous acceptons ce travail, bien qu'il **soit** difficile.

III. Emploi du subjonctif dans la subordonnée relative
C'est la seule personne qui **puisse** nous aider.
Je cherche un livre qui **soit** écrit en français.

IV. Les temps du subjonctif et leur emploi
Il faudrait qu'il **fasse** beau demain.
Elle était contente que son amie lui **ait écrit**.

I. Formes

Je souhaite que vous **arriviez** de bonne heure. I would like you to arrive early.
Nous regrettons qu'il **soit parti** si tôt. We are sorry that he left so early.

I. 1 Les temps du subjonctif

Le subjonctif s'emploie essentiellement au présent et au passé composé ; l'imparfait du subjonctif (que j'allasse, qu'il allât, etc.) paraît de plus en plus archaïque.

I. 2 Le subjonctif présent

- À quelques exceptions près (avoir/être), le subjonctif présent se forme à l'aide des terminaisons : -e, -es, -e, -ions, -iez, -ent.

- Les verbes du 1er groupe forment le subjonctif présent en ajoutant ces terminaisons au radical.

  terminer → *que je termin-e, que nous termin-ions*

- Exception : le verbe aller, qui change de radical aux trois personnes du singulier et à la 3e personne du pluriel : que j'aille, que nous allions.

I. 3 Le radical

De nombreux verbes ont, au subjonctif, un radical assez éloigné du radical de l'infinitif. On notera en particulier :

a. la conjugaison des verbes être et avoir.

que je sois	que nous soyons	que j'aie	que nous ayons
que tu sois	que vous soyez	que tu aies	que vous ayez
qu'il/elle soit	qu'ils/elles soient	qu'il/elle ait	qu'ils/elles aient

b. le subjonctif des verbes suivants :
- boire → que je boive, que nous buvions
- devoir → que je doive, que nous devions
- faire → que je fasse, que nous fassions
- fuir → que je fuie, que nous fuyions
- pouvoir → que je puisse, que nous puissions
- prendre → que je prenne, que nous prenions
- savoir → que je sache, que nous sachions
- venir → que je vienne, que nous venions

I. 4 Le subjonctif passé

Le subjonctif passé se forme à l'aide de l'auxiliaire être ou avoir au subjonctif et du participe passé du verbe.

> *Il a regretté que je sois parti.* He was sorry that I had left.
> *Je souhaite qu'il ait eu assez d'argent.* I hope that he had enough money.

ATTENTION !
- Bien choisir l'auxiliaire (→ chapitre 25, I., p. 195-196).
- Tenir compte des règles d'accord du participe passé (→ chapitre 27, p. 206-211).

I. 5 Constructions avec le subjonctif

Sauf dans quelques formules de souhait (par exemple : « Vive la France ! » ou : « Sauve qui peut ! »), le subjonctif est toujours précédé de que ou d'une autre conjonction.

> *Qu'il vienne !* Let him come!
> *Pourvu qu'elle ait son train !* I do hope she'll catch her train!
> *Je regrette qu'il ne soit pas là.* I am sorry he is not here.

A. Donnez le subjonctif présent de la personne indiquée.

1. savoir : que vous ....
2. attendre : que nous ....
3. craindre : que vous ....
4. partir : qu'elle ....
5. pouvoir : qu'ils ....
6. finir : qu'elle ....
7. avoir : qu'il ....
8. croire : que je ....
9. aller : que vous ....
10. devoir : que tu...............

II. Emploi du subjonctif dans la subordonnée conjonctive

J'exige qu'elle parte. I demand that she leave.
Nous acceptons ce travail, bien qu'il soit difficile.
We accept this work, even though it is difficult.

II. 1 Verbes suivis du subjonctif

On emploie le subjonctif dans la proposition subordonnée lorsque celle-ci dépend de certains verbes : les verbes qui ont une valeur affective (les verbes de sentiment et d'émotion, par exemple craindre), les verbes qui marquent une obligation (par exemple exiger) et les verbes qui mettent en cause la réalité (par exemple douter).
La conjonction qui unit la principale et la subordonnée est que.

a. Ainsi, on met le subjonctif après les verbes :
– de crainte :

Nous craignons (nous avons peur) qu'il parte. We are afraid he will leave.

– de souhait :

Je souhaite qu'il pleuve. I wish it would rain./I hope it will rain.

– de volonté et de désir :

Il veut (exige, demande, ordonne, désire, veut bien, tient à ce, consent à ce) que tu le reconduises. He wants (demands of, asks, orders, wishes, is willing for, is anxious for, allows) you to take him home.

– de nécessité :

Il faut (il est nécessaire, il est indispensable) que tu sois au rendez-vous. You must (it is necessary, indispensable that you) be at the meeting.

– de doute :

Je doute qu'il vienne. I doubt he will come.

– de dénégation et de refus :

Nous nions qu'il l'ait vu. We deny that he saw him.
Il refuse (il s'oppose à ce) que nous allions au cinéma.
He refuses to let us go to the cinema./He opposes our going to the cinema.

– de sentiment et d'émotion : aimer, aimer mieux, regretter, préférer, être triste, content, heureux que… :

Je suis heureux que vous soyez venu. I am pleased that you came.

b. On emploie aussi le subjonctif après la formule impersonnelle il est + adjectif + que qui marque une appréciation ou un jugement.

Il est regrettable qu'il ait perdu son emploi. It is regrettable that he lost his job.

*Il est rare que **nous** allions au cinéma en semaine.*
It is rare that we go to the movies during the week.

– Lorsque l'adjectif marque la certitude, on utilise l'indicatif.

Il est certain que nous partirons demain.
It is certain that we will leave tomorrow.

ATTENTION !

• On ne peut pas dire : *«Il est mieux que nous partions».
On dit : Il vaut mieux (il est préférable) que nous partions. It is better that we leave.

• Les verbes croire, espérer et penser à l'affirmatif veulent l'indicatif.
À la forme interrogative et négative, ces verbes sont suivis du subjonctif (nuances de subjectivité ou de doute).

Je crois qu'il faut partir. I think we should leave.
Crois-tu qu'il faille partir ? Do you think we should leave?

• L'anglais utilise parfois l'infinitif là où le français doit utiliser la conjonction que et le subjonctif. C'est le cas en particulier :

a. avec le verbe to want :

I want him to answer my question. *Je veux qu'il réponde à ma question.*

b. avec certains adjectifs marquant un sentiment ou une volonté :

We would be happy for you to join us.
Nous serions heureux que tu te joignes à nous.

B. Complétez.

1. Nous sommes heureux que vous (pouvoir) .... venir.

2. Il faut que tu (faire) .... tes devoirs.

3. Je doute qu'ils (arriver) .... à l'heure.

4. J'aime mieux que tu (savoir) .... tout de suite la vérité.

5. Nous espérons qu'elles (venir) .... avec nous au théâtre.

II. 2 Conjonctions suivies du subjonctif

On emploie le subjonctif dans la subordonnée lorsque celle-ci est introduite par certaines conjonctions. On utilise nécessairement le subjonctif après les conjonctions suivantes :

– de but : pour que, afin que, de sorte que…

Il a acheté cette tondeuse pour que tu t'en serves.
He bought this mower for you to use (so that you could use it).

30 LE SUBJONCTIF •

229

– de restriction : à moins que, sans que…

Nous irons en pique-nique à moins qu'il ne pleuve.
We will go for a picnic, unless it rains.

– de condition : pourvu que, à condition que…

Nous irons le voir, à condition qu'il le veuille bien.
We will go to see him, so long as he wants us to.

– de concession : quoique, bien que…

Nous sortons, bien qu'il pleuve. We are going out although it is raining.

– de temps : en attendant que, jusqu'à ce que, avant que…

Dites-le-lui, avant qu'il ne parte. Tell him before he leaves.

– après la conjonction que dans si… et que… (présentation d'une deuxième hypothèse).

Si je suis absent et que la porte soit fermée, sonnez chez le voisin.
If I am out and the door is locked, ring next door.

N. B. : certaines conjonctions (avant que, à moins que, de crainte que, de peur que) entraînent dans la subordonnée un « ne » dit explétif qui est un reste de l'ancien français mais qui n'est pas une négation.

Avant qu'ils ne partent, dites-leur de bien fermer la porte à clef.
Before they leave, tell them to lock the door.

Ne lui demandez rien, à moins qu'il ne vous propose de vous aider.
Don't ask him for anything, unless he offers to help you.

C. Utilisez la conjonction mise entre parenthèses tout en gardant le sens général de la phrase.

1. Nous irons au cinéma mais nous n'irons pas si tu es en retard. (à moins que)
2. Asseyons-nous ; il va arriver. (jusqu'à ce que)
3. Je lui ai fait une remarque ; il en tiendra compte. (pour que)
4. Nous acceptons de le prendre avec nous mais il doit participer aux frais du voyage. (à condition que)
5. Il est allé travailler ; il a la grippe. (bien que)

II. 3 Quelques constructions à noter

a. Jusqu'à ce que **veut le** subjonctif **mais** jusqu'au moment où **veut l'indicatif.**

Nous resterons avec lui jusqu'à ce qu'il parte.
Nous resterons jusqu'au moment où il partira.

b. Il semble que **veut le** subjonctif **mais** il me (te, lui, nous, vous, leur) semble que **entraîne l'indicatif.**

Il semble que la situation soit désespérée.
Il me semble que la situation est désespérée.

c. La construction I wish + conditionnel n'est pas directement transposable en français.

To wish se traduit par le verbe souhaiter suivi du subjonctif ou par le conditionnel de aimer bien, vouloir bien, suivi du subjonctif.

> I wish it would rain. *Je souhaite qu'il pleuve.*
>
> I wish it would be warm. *J'aimerais bien qu'il fasse chaud.*
>
> I wish you could do it for me. *Je voudrais bien que vous le fassiez pour moi.*

ATTENTION !

Si le sujet de la subordonnée est le même que celui de la principale :

a. on n'utilise pas le subjonctif après les verbes de la série II. 1, a. On utilise obligatoirement un infinitif.

On ne peut pas dire : *«Je souhaite que je parte».

On dira : Je souhaite partir. I want to leave.

On ne peut pas dire : *«Nous ne voulons pas que nous disions ce secret».

On dira : Nous ne voulons pas dire ce secret. We do not want to tell this secret.

b. certaines conjonctions de la série II. 2 suivies du subjonctif sont obligatoirement remplacées par une préposition suivie de l'infinitif.

• Ainsi on remplace :

– pour que + subjonctif par pour + infinitif

– afin que + subjonctif par afin de + infinitif

– avant que + subjonctif par avant de + infinitif

– à moins que + subjonctif par à moins de + infinitif

– à condition que + subjonctif par à condition de + infinitif

On ne peut pas dire : *«Elle est venue afin qu'elle obtienne une réponse».

On dira : Elle est venue afin d'obtenir une réponse. She came to get an answer.

On ne peut pas dire : *«Fermez la porte avant que vous (ne) partiez».

On dira : Fermez la porte avant de partir. Close the door before you leave.

N. B. : les conjonctions quoique, bien que et jusqu'à ce que sont toujours suivies du subjonctif même si le sujet du verbe de la subordonnée est le même que celui de la principale.

D. Commencez la phrase par les mots soulignés et utilisez un infinitif selon l'exemple suivant.

Je passe cette journée avec vous. (Je suis heureux) → *Je suis heureux de passer cette journée avec vous.*

1. Tu vas en vacances. (Tu es content)

2. Nous sommes en retard. (Nous craignons)

3. Vous devez partir. (Vous regrettez)

4. Il trahit ses amis. (Il refuse)

5. Elle ira en Italie à Noël. (Elle est ravie)

30 LE SUBJONCTIF •

231

E. **Faites une phrase à l'aide d'une subordonnée au subjonctif.**

    1. Elle va en vacances. (Tu es contente que…)
    2. Ils sont en retard. (Nous craignons que…)
    3. Il doit partir. (Vous regrettez que…)
    4. Nous trahissons ses amis. (Il ne veut pas que…)
    5. Elle ira en Italie à Noël. (Nous sommes ravis que…)

III. Emploi du subjonctif dans la subordonnée relative

C'est la seule personne qui **puisse** vous aider.
Je cherche un livre qui **soit écrit** en français.

III. 1 Notion de superlatif ou d'exclusivité

On utilise le subjonctif dans une proposition relative lorsque l'antécédent est marqué par un degré de supériorité (le superlatif) ou par l'idée d'exclusivité (le seul, la seule, etc.).

> *C'est le meilleur **exemple** que j'aie trouvé.* It's the best example I could find.
>
> *Le Président est la seule personne qui puisse vous aider.*
> The President is the only person who could help you.

III. 2 Notion de doute

On utilise parfois le subjonctif dans une proposition relative pour signaler que l'existence d'un objet n'est pas entièrement assurée.

Si l'on dit : « J'achète une voiture qui a des sièges en cuir », la réalité de cette voiture n'est pas mise en cause.

Si l'on dit : « Je cherche une voiture qui ait des sièges en cuir », l'existence de cette voiture n'est pas assurée. (La voiture existe peut-être mais je ne suis pas sûr de la trouver.)

On notera de même la nuance qui existe entre :

> *Je voudrais un livre qui me fasse faire des progrès.*
> I would like a book that would help me improve.
>
> *Je lis un livre qui me fait faire des progrès.*
> I am reading a book that is helping me improve.

232

Il faudrait qu'il **fasse** beau demain.
Elle était contente que son amie lui **ait écrit**.

IV. 1 Présent et passé composé

Dans la langue courante, on n'utilise que deux temps du subjonctif : le présent
et le passé composé.

IV. 2 Si le verbe de la principale est au présent :

a. **on utilise le subjonctif présent** dans la subordonnée pour exprimer la
notion de présent ou de futur simple.

ATTENTION !
Il n'y a pas de futur du subjonctif en français ; on utilise le subjonctif pré-
sent pour exprimer un fait à venir.
Je dis qu'il pleuvra demain. (indicatif futur)
→ *Je souhaite qu'il pleuve demain.* (subjonctif présent)
Mais : *J'espère qu'il pleuvra demain.*

b. **on utilise le subjonctif passé composé** dans les autres cas (en particulier
pour exprimer le passé et le futur antérieur).

Comparez le jeu des temps entraînés par deux verbes au présent quand l'un
est suivi d'un indicatif alors que l'autre est suivi du subjonctif.

Il dit
{
qu'il a plu.
qu'il pleut.
qu'il pleuvra demain.
qu'il aura plu avant 5 h.
}

Il souhaite
{
qu'il ait plu.
qu'il pleuve.
qu'il pleuve demain.
qu'il ait plu avant 5 h.
}

IV. 3 Si le verbe de la principale est au passé ou au conditionnel

On utilise alors le subjonctif présent pour marquer la simultanéité des deux
actions (l'action de la principale et l'action de la subordonnée sont contempo-
raines l'une de l'autre) ou pour marquer la postériorité (l'action de la subordonnée est à venir par rapport à celle de la principale).

Il voulait qu'on lui dise toute la vérité.
(idée de simultanéité, donc subjonctif présent)

Il voulait que son amie vienne bientôt.
(idée de postériorité, donc subjonctif présent)

Il aurait voulu que son amie soit avec lui.
(idée de simultanéité, donc subjonctif présent)

30 LE SUBJONCTIF •

Conformément à la règle énoncée à la page précédente, une principale au passé n'est pas obligatoirement suivie d'une subordonnée au subjonctif passé.

On utilise le subjonctif passé pour indiquer l'antériorité.

Il était content que son amie lui ait écrit.

(idée d'antériorité : l'amie lui a écrit avant, donc subjonctif passé.)

N. B. : lorsque le verbe de la principale est au passé ou au conditionnel, le verbe de la subordonnée peut être à l'imparfait du subjonctif (« Il était content que son amie lui écrivît. » « J'aurais voulu qu'elle fût présente. ») mais ce temps est ressenti comme artificiel.

F. Complétez en mettant le verbe entre parenthèses au présent ou au passé du subjonctif.

1. Il est regrettable que tu (oublier) .... ton portefeuille au bureau.

2. Il faudrait qu'il (se presser) .... s'il ne veut pas rater son train.

3. Christophe était heureux qu'elle lui (annoncer) .... dès la veille au soir sa prochaine visite.

4. Penses-tu qu'elle (pouvoir) .... venir pour mon prochain anniversaire ?

5. Pensez-vous qu'elle (arriver) .... dès hier soir ?

G. Complétez les phrases en utilisant le subjonctif.

1. J'accepte à condition que vous me (donner) .... toutes les informations.

2. Elle assurera la présidence du comité jusqu'à ce que les élections (avoir lieu) ....

3. Bien qu'elle (formuler) .... de sérieuses objections, elle s'est ralliée à la majorité.

4. Je lui annoncerai moi-même les résultats à moins que vous ne vous y (opposer) ....

5. Écrivez-lui une lettre avant qu'elle ne (prendre) .... sa décision.

H. **Complétez les phrases suivantes en utilisant le subjonctif d'un verbe de votre choix.**

1. Les parents ont refusé que leur enfant ....
2. Il est fort regrettable que tu ne ....
3. Je doute que ses notes ....
4. Nous serions heureux que vous ....
5. Il faut que les règlements ....

I. **Traduisez en utilisant un subjonctif ou un infinitif selon le cas.**

1. Let's eat this mango before it is too ripe.
2. We will go to the ball, so long as you teach us to dance.
3. I'll tell you a secret, unless you know it already.
4. You will not leave the table until you've finished your dinner.
5. I will not leave the table until you've finished your dinner.

J. **Traduisez.**

1. I am anxious for her to arrive.
2. I was sorry for him to lose his job.
3. It would be better for us to leave.
4. We were sad for her child to be sick.
5. Would you like me to drive?

K. **Traduisez.**

1. I want you to return all these books to the library.
2. He expects us to do his work.
3. I hope my team will win.
4. The dog will stay by the door until his master comes home.
5. You are the only person who can answer my question.

31 LE PASSIF

I. Formation
Le voleur **est arrêté**.

II. Le complément d'agent
La médaille d'or **a été remportée par** le Canada.
Elle **est aimée de** ses enfants.

III. Temps et modes
Des élections **ont été tenues** hier.
Il faut que les résultats **soient publiés** demain.

IV. Difficultés de traduction
On a répondu à ma question. My question has been answered.
On m'a donné un livre. I was given a book.

I. Formation

Le voleur **est arrêté**.

I. 1 Comment former le passif ?

Pour former le passif, on utilise l'auxiliaire être et le participe passé **du verbe**.
Le participe passé s'accorde avec le sujet.

> *Les voleurs sont arrêtés.*
> *Les lettres sont distribuées à 10 h.*

I. 2 Avec quels verbes former le passif ?

- Seuls peuvent être mis au passif les verbes transitifs directs (qui peuvent avoir un complément d'objet direct).

> *Ce film est interprété par de bons acteurs.*

Le verbe interpréter est un verbe transitif direct (On interprète un film). Il peut donc être mis au passif.

- Les verbes intransitifs (aller...), les verbes transitifs indirects (avoir besoin de...) et les verbes pronominaux (se laver...) ne peuvent pas être mis au passif.

I. 3 Forme active et forme passive

Ne confondez pas la forme active (le sujet fait l'action) et la forme passive (le sujet subit l'action).

> *L'homme envoie la lettre* : forme active. The man sends the letter.
> *La lettre est envoyée* : forme passive. The letter is sent.

ATTENTION !

Malgré les ressemblances, les formes composées des verbes intransitifs (conjugués avec être) ne sont pas des passifs.

> *Elle est allée en Europe* : forme active ; passé composé de aller.
> *Il était rentré en retard* : forme active ; plus-que-parfait de rentrer.

A. Mettez au passif présent les verbes entre parenthèses.

1. Ce livre (éditer) .... chez CLE International.

2. Le premier chapitre (consacrer) .... au présent.

3. Cette grammaire (destiner) .... à des étudiants avancés.

4. Certaines phrases (traduire) .... en anglais.

5. Les étudiants (intéresser) .... par la variété des exercices.

II. Le complément d'agent

La médaille d'or a été remportée par le Canada. The gold medal was won by Canada.
Elle est aimée de ses enfants. She is loved by her children.

II. 1 Qu'est-ce que le complément d'agent ?

On appelle complément d'agent le complément qui marque la personne ou la chose par laquelle l'action est faite.

II. 2 Comment introduire le complément d'agent ?

- Le complément d'agent d'un verbe au passif est le plus souvent introduit par la préposition par.

  > *Il a été attaqué par ses ennemis.* He was attacked by his enemies.

- Certains verbes de sentiment et les verbes accompagner, suivre, sont généralement suivis de la préposition de.

  > *Elle était accompagnée de ses parents.* She was accompanied by her parents.

II. 3 Comment trouver le complément d'agent ?

C'est le sujet du verbe à l'actif qui devient le complément d'agent.

> *Ma sœur enverra ce cadeau.* My sister will send this gift.
> → *Ce cadeau sera envoyé par ma sœur.* This gift will be sent by my sister.
>
> *Ses supérieurs l'apprécient.* His bosses appreciate him.
> → *Il est apprécié de ses supérieurs.* He is appreciated by his bosses.

B. Mettez les phrases suivantes au passif.

1. Plusieurs journalistes interviewent le président.
2. Ses collègues la détestent.
3. Une foule nombreuse accompagne le pape.
4. Sherlock Holmes trouve toujours le coupable.
5. La concierge monte le courrier.

III. Temps et modes

Des élections **ont été tenues** hier.
Il faut que les résultats **soient publiés** demain.

III. 1 Mode et temps de l'auxiliaire

C'est le mode (indicatif/conditionnel/subjonctif) et le temps de l'auxiliaire être qui indiquent le mode et le temps du passif. Par exemple :

– Imparfait   *Cet étudiant était intéressé par la conférence.*
– Futur   *Cet étudiant sera intéressé par la conférence.*
– Conditionnel présent *Cet étudiant serait intéressé par la conférence.*
– Plus-que-parfait   *Cet étudiant avait été intéressé par la conférence.*
– Subjonctif   *Il faut que cet étudiant soit/ait été intéressé par la conférence.*

III. 2 Transformation au passif

Lorsqu'on transforme une phrase active en phrase passive (et inversement), il faut respecter le mode et le temps du verbe.

Actif : *L'ouragan a dévasté l'île.* [indicatif-passé composé]
→ Passif : *L'île a été dévastée par l'ouragan.* [indicatif-passé composé]

| ATTENTION !

Lorsque l'on a un temps composé au passif, il ne faut pas oublier d'utiliser la forme composée du verbe être. Il faut aussi faire attention à l'accord du participe passé.

C. Mettez les phrases suivantes au passif.

1. La Grèce a organisé les premiers Jeux olympiques.
2. L'inspecteur Holmes mènera l'enquête.
3. On ouvre les musées le dimanche.
4. Une compagnie étrangère a acheté l'usine System.
5. On avait terminé l'examen à cinq heures.

IV. Difficultés de traduction

My question has been answered. **On a répondu** à ma question.
I was given a book. **On m'a donné** un livre.

IV. 1 Différences de construction des verbes

• Il faut faire attention aux verbes qui sont construits de façon différente en français et en anglais.

Certains verbes anglais sont transitifs directs mais sont traduits en français par des transitifs indirects (avec la préposition à ou de). Ces verbes ne peuvent donc pas être mis au passif.

> *répondre à une question* : to answer a question
> *téléphoner à quelqu'un* : to telephone somebody

• On traduit alors par on et la forme active du verbe.

> I was phoned to make a donation. *On m'a téléphoné pour que je fasse un don.*

IV. 2 Difficultés de traduction

En anglais, le complément indirect peut devenir le sujet d'un passif. Cette possibilité est exclue en français.

Somebody gave me a book ou somebody gave a book to me peut se transformer en : I was given a book, qui devra se traduire en français par : On m'a donné un livre.

*« J'ai été donné un livre » est incorrect car, en français, on donne quelque chose à une personne. La personne ne peut donc pas devenir le sujet de la forme passive.

ATTENTION !

De nombreux verbes en français se construisent avec un complément d'objet direct de chose et un complément d'objet indirect de personne (dire qqch. à qqun, téléphoner qqch. à qqun, donner qqch. à qqun, signaler qqch. à qqun, écrire qqch. à qqun, interdire qqch. à qqun...)

Le complément indirect de personne ne peut pas devenir sujet d'un verbe au passif. On ne peut pas dire : « *J'ai été signalé une erreur ». On dira : « On m'a signalé une erreur » ou : « Une erreur m'a été signalée ».

Has someone taken care of you? *Est-ce que quelqu'un s'est occupé de vous ?*
Have you been taken care of? *Est-ce qu'on s'est occupé de vous ?*

D. Traduisez.

1. The employees were given a raise.
2. We were asked to leave.
3. The winners were told to come back tomorrow.
4. I was lent a pen to fill in the form.
5. The children were bought an ice-cream.

IV. 3 Faire + infinitif

En français, la construction faire + infinitif ne peut pas être mise au passif.
I was made to wash the floor se traduira par : « On m'a fait laver le plancher » et non par *« J'ai été fait laver le plancher ».

> They will be made to work in the kitchen. *On les fera travailler à la cuisine.*

IV. 4 Emploi du passif en français

• D'une façon générale, le français utilise beaucoup moins le passif que l'anglais. Pour éviter le passif :

a. si le verbe anglais n'a pas de complément d'agent, on traduit par on et la forme active du verbe.

> My question has been answered. *On a répondu à ma question.*

b. si le verbe anglais a un complément d'agent, ce complément peut devenir le sujet en français.

> He was advised by his doctor to take a long trip.
> *Son médecin lui a conseillé de faire un long voyage.*

• Au lieu d'utiliser un passif, le français utilise certains verbes à la forme réfléchie (se vendre, se parler).

> *Les pommes de terre se vendent au kilo.* (Pour : les pommes de terre sont vendues au kilo.) Potatoes are sold by the kilo.

E. Traduisez.

1. She hasn't been told the news.
2. He was shown a room on the third floor.
3. He was offered a job at IBM.
4. We were asked for a contribution.
5. The child was made to tidy his room.

F. Mettez le texte suivant au passif.

Hier matin, on a attaqué Madame Muguet dans son appartement puis on l'a enlevée. On a retrouvé des traces de lutte. On a vraisemblablement enroulé Madame Muguet dans un tapis et on l'a descendue par l'escalier. On l'a mise dans une camionnette. On a téléphoné à son mari pour lui demander une rançon de 20 000 euros. Le mari déposera la somme dans une gare de banlieue. La police ne devra pas le suivre. Ensuite, on libérera Madame Muguet. On arrêtera peut-être ceux qui l'ont enlevée.

G. Traduisez.

1. How many of these books have been translated into French?
2. Has her purse been stolen?
3. We have been given some bad news: he has been shot.
4. These pines were planted by my grandfather 50 years ago.
5. The hostages have been liberated.
6. The house has been sold to a Frenchman.
7. Have the dishes been washed already?
8. I have been given the answer.
9. They have been supplied with food.
10. She was shown the way.

H. Indiquez si les verbes suivants peuvent être mis au passif.

1. se dépêcher
2. manger
3. dormir
4. attendre
5. lire
6. être
7. se suicider
8. arrêter
9. s'arrêter
10. entrer

I. Traduisez.

1. The children were told a story.
2. The writer was awarded a prize.
3. My wife was allowed six weeks maternity leave.
4. The patient was given two months to live.
5. The winner will be given a trip to the moon.
6. They were made to pay a fine.
7. The child was given an injection.
8. He was asked to make a speech.
9. We were permitted to enter.
10. The Queen was presented with a bouquet.

32 HYPOTHÈSE ET CONDITION

I. Hypothèse introduite par « si »
S'il pleut, je mettrai mon imperméable.
S'il pleuvait, je mettrais mon imperméable.
S'il avait plu, j'aurais mis mon imperméable.

II. « Au cas où » et « même si »
Au cas où il pleuvrait, je prends mon imperméable.
Même si tu me le donnais, je ne le prendrais pas.

III. Pièges à éviter
Si, je viendrai.
Je lui ai demandé **si** elle viendrait.
Il a fait **comme si** nous n'étions pas là.

I. Hypothèse introduite par « si »

S'il pleut, je mettrai mon imperméable.
S'il pleuvait, je mettrais mon imperméable.
S'il avait plu, j'aurais mis mon imperméable.

I. 1 Emploi

Pour exprimer une hypothèse ou une condition, on utilise le plus souvent une subordonnée introduite par si.

> *S'il fait beau demain, je partirai avec toi.*
> If it is fine tomorrow, I'll leave with you.

ATTENTION !
Après si d'hypothèse ou de condition, on ne trouve jamais le conditionnel ni le futur.

I. 2 Choix du temps

Après si d'hypothèse ou de condition, le verbe de la subordonnée peut être à l'un des temps suivants :
– le présent   *S'il pleut...*
– l'imparfait   *S'il pleuvait...*
– le plus-que-parfait   *S'il avait plu...*

I. 3 Concordance des temps

a. Quand on a le présent dans la subordonnée après si d'hypothèse, on peut avoir, dans la principale, le présent, le futur ou l'impératif.

S'il pleut, $\begin{cases} \text{je mets mon imperméable.} \\ \text{je mettrai mon imperméable.} \\ \text{mets ton imperméable !} \end{cases}$

L'hypothèse est envisagée comme réalisable. (Il peut pleuvoir demain.)

b. Quand on a l'imparfait dans la subordonnée après si d'hypothèse, on a nécessairement le conditionnel présent dans la principale.

S'il pleuvait, je mettrais mon imperméable.

• Selon le contexte, l'hypothèse peut être envisagée comme encore réalisable ou contraire à la réalité.

1. *S'il pleuvait demain, je mettrais mon imperméable.* (sous-entendu = il peut pleuvoir demain.)
If it were to rain tomorrow, I would put on my raincoat.

2. *S'il pleuvait actuellement, je mettrais mon imperméable.* (sous-entendu = mais il ne pleut pas.) If it were raining now, I would put on my raincoat.

Seul le contexte permet de dire s'il s'agit d'une hypothèse réalisable (exemple 1) ou d'un irréel du présent (exemple 2).

• Le système des temps (imparfait/conditionnel présent) reste, lui, le même dans les deux cas.

c. Quand on a le plus-que-parfait dans la subordonnée après si d'hypothèse, on a généralement le conditionnel passé dans la principale.

S'il avait plu, j'aurais mis mon imperméable. If it had rained, I would have put on my raincoat.

L'hypothèse n'est plus réalisable. (On dit parfois qu'il s'agit d'un irréel du passé.)

N. B. : on peut trouver le passé composé dans la subordonné d'hypothèse et avoir dans la proposition principale le présent, le futur ou l'impératif. Dans ce cas, on insiste sur l'antériorité de la subordonnée par rapport à la principale.

Si tu as fini ton travail à 6 heures, nous irons au restaurant.
If you have finished your work at 6, we'll go to a restaurant.

A. Traduisez.

1. If I pass the exam, I'll take another course.
2. If it were snowing, I'd go skiing.
3. If it had been warm, there would have been many people at the beach.
4. If I had money, I would pay the bill.
5. If you were here, I could help you.

```
                    RÉCAPITULATION
                                    Subordonnée        Principale

• Si + présent        hypothèse       Si + présent   →   présent indicatif
                      réalisable      de l'indicatif →   futur
                                                     →   impératif

    S'il pleut, je prends mon imperméable.
    S'il pleut, je prendrai mon imperméable.
    S'il pleut, prends ton imperméable.

• Si + imparfait      a. hypothèse    Si + imparfait →   conditionnel
                      réalisable                         présent

    S'il pleuvait demain, je prendrais mon imperméable.
    (sous-entendu : il peut pleuvoir demain...)

                      b. irréel du présent

    S'il pleuvait maintenant, je prendrais mon imperméable.
    (sous-entendu : mais il ne pleut pas)

N. B. : seul le contexte permet de dire s'il s'agit d'une hypothèse réalisable ou d'un
irréel du présent. Le système des temps, lui, reste le même dans les deux cas.

• Si + plus-que-parfait  hypothèse    Si + plus-que- →  conditionnel
                         irréalisable parfait           passé
                         (irréel du passé)

    S'il avait plu, j'aurais pris mon imperméable.
```

II. « Au cas où » et « même si »

Au cas où il pleuvrait, je prends mon imperméable.
In case it rains (should rain), I'll take (I am taking) my raincoat.
Même si tu me le donnais, je ne le prendrais pas.
Even if you gave it to me, I wouldn't take it

II. 1 « Au cas où »

Cette expression marque aussi l'hypothèse mais son emploi signifie que l'on
envisage la réalisation de l'hypothèse comme peu probable. « Au cas où » est
suivi du conditionnel.

• On utilise le conditionnel présent, si l'hypothèse a encore une chance de se
réaliser.

   Au cas où il pleuvrait, je prends mon imperméable. (= la météo est
   optimiste mais on ne sait jamais...)

- On utilise le conditionnel passé si l'hypothèse (autrefois envisagée comme réalisable) ne s'est pas réalisée.

  Au cas où il aurait plu, j'avais pris mon imperméable. (= je pensais alors qu'il pourrait pleuvoir mais il n'a pas plu.)

- Le temps de la principale ne dépend pas de celui de la subordonnée ; il est fixé par le sens de la phrase. Ainsi on peut dire :

Au cas où il viendrait,
In case he comes,

- *j'ai déjà pris* (hier) *mes dispositions.*
  I have taken precautions.
- *je prends* (maintenant) *mes dispositions.*
  I am taking precautions.
- *je prendrai* (demain) *mes dispositions.*
  I will take precautions.

II. 2 Même si

a. Une subordonnée introduite par même si (even if) exprime une condition rejetée, une condition qui n'influence pas la réalisation de l'action de la principale.

Le jeu des temps est alors le même que celui entraîné par le si d'hypothèse.

Subordonnée	Principale
présent	→ présent, futur ou impératif
imparfait	→ conditionnel présent
plus-que-parfait	→ conditionnel passé

Même s'il se fâche,
Even if he gets angry,

→ *je me tais.* I am saying nothing.
→ *je me tairai.* I will say nothing.
→ *tais-toi.* say nothing.

Même s'il se fâchait,
Even if he got angry,

→ *je me tairais.*
I would say nothing.

Même s'il s'était fâché,
Even if he had got angry,

→ *je me serais tu.*
I would have said nothing.

b. On peut exprimer la même idée par une subordonnée introduite par quand bien même, mais quand bien même est suivi du conditionnel.

- Quand on a le conditionnel présent dans la subordonnée, on a le conditionnel présent dans la principale.

  Quand bien même il se fâcherait, je refuserais.

- Quand on a le conditionnel passé dans la subordonnée, on a le conditionnel passé dans la principale.

  Quand bien même il se serait fâché, j'aurais refusé.

III. Pièges à éviter

Si, je viendrai.
Je lui ai demandé **si** elle viendrait.
Il a fait **comme si** nous n'étions pas là.

III. 1 Confusions concernant si

On ne confondra pas le si d'hypothèse et de condition avec :

a. l'adverbe d'affirmation.

Ne viendras-tu pas ? Si, je viendrai. Won't you come? Yes, I will (come).

b. l'adverbe d'intensité.

Elle est si gentille ! She is so kind!

c. le si d'interrogation indirecte.

Je lui ai demandé s'il viendrait. I asked him if he would come.

N. B. : dans l'interrogation indirecte, on peut trouver le conditionnel après si.

→ chapitre 37, IV. 1, p. 284

III. 2 Construction avec comme si

Comme si introduit une proposition comparative (qui exprime une idée d'illusion ou d'erreur) ; il se construit avec l'imparfait ou le plus-que-parfait, jamais avec le présent de l'indicatif.

Tu m'interromps, comme si tu savais de quoi on parle.
You interrupt me, as if you knew what we were talking about.

Il a fait comme si nous n'avions rien entendu.
He acted as if we hadn't heard anything.

C. Dans les phrases suivantes, indiquez la nature du « si » (affirmation, hypothèse, interrogation indirecte, intensité).

1. Elle était si fatiguée qu'elle est allée se coucher sans manger.
2. N'a-t-elle pas fini sa licence ? Si, l'année dernière.
3. Je me demande si elle a fini sa licence.
4. Si elle a fini sa licence, elle pourra chercher du travail.
5. C'est un si bon étudiant qu'on lui a proposé une bourse.

D. Mettez le verbe à la forme qui convient.

1. Si je (savoir), je ne serais pas venu.
2. Si elle me l'avait demandé, je le lui (dire).
3. Si tu (venir), on gagnerait du temps.
4. Si vous (arriver) avant moi, ne m'attendez pas.
5. Si vous fumez, (choisir) un compartiment fumeurs.
6. Si tu me le (dire) plus tôt, j'aurais pu t'aider.
7. Si tu (prendre) la voiture, n'oublie pas ton permis.
8. Si la météo (être) mauvaise, nous ne pourrons pas pique-niquer.
9. S'il avait plu, on (annuler) la réception.
10. Si on (voter) maintenant, nous aurions la majorité.

E. Mettez les phrases à l'irréel du passé.

Si je pouvais, je viendrais. → Si j'avais pu, je serais venu.

1. Si un agent vous surprenait, il vous mettrait une contravention.
2. Si un étudiant parlait arabe, il nous traduirait facilement ce document.
3. Si j'avais le temps, je vous accompagnerais.
4. S'il se présentait comme candidat, il serait élu.
5. Si nous louions une cassette vidéo, nous pourrions vous la prêter.

F. Traduisez.

1. Even if he were to tell me the truth, I would not believe him.
2. If the weather had been nice, I would have gone out.
3. If they come in, I will leave.
4. If American cars didn't consume so much gas, fewer Japanese cars would be imported.
5. If it had rained, we would have eaten inside.

33 LE FACTITIF

I. « Faire » + infinitif
   Je **fais apprendre** la grammaire aux enfants.

II. « Laisser » + infinitif
   Il **laisse chanter** les enfants.

III. Factitif anglais et factitif français
   On leur **a fait nettoyer** la cuisine. They have been made to clean the kitchen.

IV. « Faire » et la traduction de « to make »
   Ses paroles me **rendent** triste/m'attristent. His words make me sad.
   Je me **fais comprendre**. I make myself understood.

I. « Faire » + infinitif

Je **fais apprendre** la grammaire aux enfants. I make the children learn grammar.
Je la leur **fais apprendre**. I make them learn it.
Je **fais planter** deux arbres ; j'en **fais planter** deux.
I am having two trees planted ; I have two planted.

I. 1 Emploi

Pour indiquer qu'une personne (ou un sujet en général) n'accomplit pas l'action elle-même mais qu'elle la fait accomplir par l'intermédiaire d'un autre sujet, on utilise le verbe faire suivi d'un infinitif.

Le propriétaire fait couper son gazon. (Le propriétaire ne coupe pas son gazon lui-même.) The owner has the grass cut.

I. 2 Cas numéro 1

• Le sujet ou l'objet de l'infinitif est un nom.

a. Si l'on mentionne seulement le sujet de l'infinitif, celui-ci est placé immédiatement après l'infinitif.

Je fais lire les enfants. (Qui lit ? les enfants ; enfants = sujet de lire)
I have (make) the children read.

b. Si l'on mentionne seulement l'objet de l'infinitif, celui-ci est placé immédiatement après l'infinitif.

Il fait apprendre la grammaire. (Qu'est ce qu'on apprend ?
la grammaire ; grammaire = complément d'objet direct de « apprendre ».)

c. Si l'on mentionne à la fois le sujet et l'objet de l'infinitif, le complément d'objet suit l'infinitif et le sujet vient ensuite précédé de la préposition à ou par.

Il fait apprendre la grammaire aux étudiants.

Je fais lire un livre aux enfants.

• On utilise de préférence la préposition à quand l'action bénéficie à celui qui l'exécute. On utilise la préposition par dans les autres cas ou pour éviter des confusions avec certains verbes qui veulent la préposition à.

Je fais lire un livre aux enfants.
Je fais lire un livre par le stagiaire.
Je fais envoyer une lettre par la secrétaire.

(Si on écrit : « Je fais envoyer une lettre à la secrétaire », il y a une ambiguïté : la secrétaire est-elle la personne qui reçoit la lettre ou la personne qui envoie la lettre ?)

I. 3 Cas numéro 2

Le sujet ou l'objet de l'infinitif est un pronom personnel.

a. Si l'objet et/ou le sujet de l'infinitif sont des pronoms personnels, les pronoms se placent devant le verbe faire (sauf s'il est à l'impératif affirmatif. Dans ce cas les pronoms se placent entre faire et l'infinitif).

→ la règle générale de la place des pronoms personnels, chapitre 10, V, p. 81

Je fais travailler les enfants. → Je les fais travailler.
Je fais travailler la grammaire aux enfants. → Je la leur fais travailler.
Faites travailler la grammaire aux enfants. → Faites-la-leur travailler.
Ne faites pas travailler la grammaire aux enfants. → Ne la leur faites pas travailler.

b. Quand un nom, sujet de l'infinitif, introduit par à ou par par (→ I. 2 c, ci-dessus), est représenté par un pronom personnel, ce pronom prend la forme du pronom objet indirect (me, te, lui, nous, vous, leur).

Je fais réparer mon auto par le garagiste. → Je lui fais réparer mon auto.

c. Rappel : le nom objet introduit par l'article partitif (du, de la, des), par l'article indéfini pluriel (des), ou par un adjectif numéral est représenté par le pronom en.

Je fais réparer deux autos. → J'en fais réparer deux.
Il fait photocopier des documents. → Il en fait photocopier.

→ chapitre 10, III. 2, p. 78

d. Quand on veut insister sur le fait que l'action de l'infinitif bénéficie directement au sujet du verbe faire, on utilise le pronom réfléchi se (se faire faire » + infinitif).

> *Il se fait construire une maison.* (La maison est pour lui.)
> He is having a house built (for himself).

> *Il a fait construire une maison.* (La maison est peut-être pour une autre personne.) He is having a house built (maybe for someone else).

> *Je me fais expliquer la leçon.* I have the lesson explained to me.

I. 4 Accord du participe passé

Le participe passé du verbe faire employé dans la construction faire + infinitif reste invariable et ne prend donc pas l'accord.
On écrira : Je les ai faits.
Mais : Je les ai fait faire.

A. Remplacez les substantifs soulignés par des pronoms.

1. Marie fait faire la cuisine à son mari.
2. Je me fais couper les cheveux.
3. Il a fait faire ses devoirs par un camarade.
4. Il a fait vidanger sa voiture.
5. Nous faisons abattre un arbre.

II. « Laisser » + infinitif

> Il **laisse chanter** une chanson. He allows a song to be sung.
> Il **laisse** les enfants **chanter** une chanson. He allows the children to sing a song.

II. 1 Emploi

« Laisser » suivi d'un infinitif marque aussi le factitif (l'action de l'infinitif n'est pas accomplie par le sujet du verbe laisser mais par l'intermédiaire d'un autre sujet). L'emploi de laisser faire au lieu de faire faire indique que le sujet du verbe laisser a moins d'initiative ou moins d'autorité.

> *Il fait discuter ses élèves.* (idée de décision, de volonté.)
> He has the students discuss.

> *Il laisse discuter ses élèves.* (idée d'acceptation, de passivité.)
> He lets (allows) the students (to) discuss.

II. 2 Construction

- La construction laisser + infinitif suit les règles générales déjà mentionnées en ce qui concerne la place du sujet et de l'objet de l'infinitif (→ I. 2, p. 249), en particulier quand sujet et objet sont des pronoms (→ I. 3, p. 250).

    Il laisse écrire les enfants.
    Il laisse écouter la musique.
    Il laisse écouter la musique aux enfants.
    Il les laisse écrire. → *Laisse-les écrire.*
    Il la laisse écouter. → *Laisse-la écouter.*
    Il la leur laisse écouter. → *Laisse-la-leur écouter.*

- Mais lorsque l'on a à la fois le sujet et l'objet de l'infinitif et que ceux-ci sont des noms, on place souvent le sujet entre laisser et l'infinitif ; le sujet, alors, n'est pas précédé d'une préposition.

    Il laisse les enfants chanter une chanson.

> **ATTENTION !**
>
> On ne confondra pas l'impératif (composé lui aussi de let + infinitif) et le factitif.
>
> Let's go! *Partons !*
> Mais : Let them go. *Laisse-les partir.*

B. Traduisez.

1. Let's start the celebration right now.
2. Please, let us leave.
3. Let's get out of here.
4. Let us prove to you that we can do it.
5. Don't let them eat too much chocolate.

III. Factitif anglais et factitif français

Il **a fait payer** trop cher. He **charged** too much.
On **leur a fait nettoyer** la cuisine. They **have been made to clean** the kitchen.

III. 1 Difficultés de traduction

a. Parfois un verbe simple en anglais correspond à la tournure factive en français. Notez en particulier les verbes suivants :
– to boil (water) = faire bouillir (de l'eau)
– to charge = faire payer

- to cook = faire **cuire**
- to be fattening = faire **grossir**
- to revive = faire **revivre**
- to show = faire **voir**
- to silence = faire **taire**

How much did he charge you? *Combien vous a-t-il fait payer ?*

I need to cook this stew for two hours.
Je dois faire cuire ce ragoût pendant deux heures.

b. Parfois, un même verbe anglais peut correspondre, selon le contexte, à un verbe simple ou à la tournure factitive en français. Ainsi, to boil peut correspondre à bouillir et à faire bouillir.

Water boils at 100 degrees. *L'eau bout à 100 degrés.*

I boil water to make tea. *Je fais bouillir de l'eau pour faire du thé.*

III. 2 Tournures anglaises

L'anglais a plusieurs tournures correspondant au factitif français.

Faire + infinitif =
$$\begin{cases} \text{to make someone do something} \\ \text{to have someone do something} \\ \text{to have something done} \\ \text{to keep someone + -ing.} \end{cases}$$

Elle l'a fait attendre. She kept him waiting (she made him wait).

ATTENTION !

Contrairement à l'anglais, le français ne peut pas mettre la tournure factitive au passif.

On ne peut pas traduire mot à mot : She was made to clean the kitchen. Il faut traduire par une formule à l'actif : « On lui a fait nettoyer la cuisine. »

C. Traduisez.

1. The driver was made to get out of the car.
2. The choir was made to rehearse for one hour.
3. Why were we made to leave so early?
4. The boys were made to work all morning.
5. We were made to wait 45 minutes.

Ses paroles me rendent triste. His words **make me sad.**
Je me fais comprendre. I **make** myself **understood.**

IV. 1 Notion de transformation

• Pour marquer la transformation d'une substance (nom ou pronom) en une autre substance, on utilise le verbe faire et la structure faire de quelque chose quelque chose.

> *Il transforme sa maison en musée.* He is making his house into a museum.

On pourra alors dire : *Il fait de sa maison un musée.*

ATTENTION !

Si l'idée de transformation porte sur une qualité (adjectif), on n'utilise pas le verbe faire ; on utilise le verbe rendre.

La neige rend les rues glissantes. Snow makes the streets slippery.
Les règles rendent le jeu trop difficile. The rules make the game too difficult.
Les voyages en avion me rendent malade. Plane travel makes me sick.

N. B. : rendre + adjectif est souvent remplacé en français par un verbe simple.
– rendre triste → attrister
– rendre mou → (r)amollir
– rendre riche → enrichir
– rendre grave → aggraver
– rendre grand → agrandir
– rendre sale → salir

• La construction anglaise to make ou to get + pronom réfléchi + participe passé se traduit en français par la tournure factitive. On utilise donc le verbe faire, accompagné du pronom réfléchi et de l'infinitif, pour traduire la tournure anglaise.

> He makes himself understood. *Il se fait comprendre.*

D. Traduisez.

1. I couldn't manage to make myself heard.
2. He got himself thrown out of school.
3. The soldiers made themselves feared by the population.
4. I got myself told off (reprimanded).
5. They got themselves stuck in the elevator.

E. **Composez des phrases au factitif en vous aidant des verbes suivants :**
venir – abattre – taper – se percer – remplir.

1. Le propriétaire .... un plombier pour qu'il vérifie l'état des tuyaux.

2. Nous avons .... la cloison pour agrandir le salon.

3. La directrice .... ses lettres par sa secrétaire.

4. La mode encourage les jeunes filles à .... les oreilles.

5. L'employé de la mairie .... le formulaire en deux exemplaires.

F. **Remplacez les mots soulignés par des pronoms personnels.**

1. Les desserts font grossir les gourmands.
2. Le chef d'orchestre avait fait répéter le dernier mouvement aux musiciens.
3. L'automobiliste prudent fait changer ses pneus tous les deux ans.
4. Elle s'est fait construire une villa.
5. Combien de ces revues avez-vous fait venir ?
6. Le visiteur maladroit a fait tomber le vase.
7. L'amour de la patrie fait faire des sacrifices aux citoyens.
8. J'ai fait laver ma voiture hier.
9. Il a fait livrer des fleurs à sa fiancée.
10. L'écrivain a fait écrire son dernier roman par un assistant.

G. **Traduisez à l'aide du factitif (« faire » + infinitif).**

1. She got her car repaired yesterday.
2. Did you get your raincoat cleaned?
3. I need to get my piano tuned.
4. Are you boiling some water for my tea?
5. His stories made us laugh.
6. I will have your breakfast brought up to your room.
7. We couldn't make ourselves understood.
8. Are you getting your living-room repainted?
9. I would like to have a pool installed.
10. If you are rude to him, he will have you fired.

H. **Traduisez avec le verbe « faire » ou « rendre ».**

1. The ice has made the road slippery.
2. Too many desserts make you put on weight.
3. His questions made me curious.
4. He is so clumsy that he knocks over everything everywhere.
5. That song made her very famous.
6. The renovations turned his house into a veritable little palace.
7. Flying makes me sick.
8. I've cooked the rice.
9. I'm going to have this skirt shortened.
10. He will have a key made for the housekeeper.

34 L'INTERROGATION DIRECTE

I. L'interrogation totale
Vas-tu au cinéma ?
Est-ce que tu vas au cinéma ?
Va-t-il au cinéma ?

II. L'interrogation partielle
Qui t'aidera ?
Que regardent-ils ?
À quoi penses-tu ?
Comment va-t-elle ?

III. Inversion simple ou inversion complexe dans l'interrogation partielle ?
Que demande **ton voisin** ?
Pourquoi les invités partent-**ils** ?

IV. « Quel », « lequel »
Quel est ton avis ?
Quelle est votre réponse ?
Quelle réponse faut-il attendre ?
Laquelle donnerez-vous ?

V. Traduction de « what » **interrogatif**
Sur **quoi** comptez-vous ? What are you counting on?

I. L'interrogation totale

Vas-tu au cinéma ?
Est-ce que tu vas au cinéma ?
Va-t-il au cinéma ?

I. 1 Qu'est-ce que l'interrogation totale ?

L'interrogation est dite totale quand elle porte sur l'ensemble de la phrase et quand la réponse peut être : oui, (si), non, peut-être.

I. 2 Comment l'exprimer ?

Une interrogation totale peut se faire en français de trois façons :

– par l'inversion du sujet.

> *Vas-tu au cinéma ?*

– par l'utilisation de est-ce que au début de la phrase.

> *Est-ce que tu vas au cinéma ?*

– par l'intonation (à l'oral et dans un registre plus familier).

> *Tu vas au cinéma ?*

I. 3 Interrogation par inversion du sujet

a. L'inversion simple du sujet est possible en français quand le sujet est un pronom personnel.

> *Arrivent-ils ce soir ?*

b. Quand le sujet est un nom, l'inversion simple de l'anglais est impossible en français. On place le nom avant le verbe et ce nom est repris après le verbe conjugué par un pronom personnel (du même genre et du même nombre).

> *Jacques a-t-il gagné ?* Did Jacques win?
> *Tes amis arrivent-ils ce soir ?* Are your friends arriving this evening?

c. Il ne faut pas oublier d'intercaler un « -t- » devant le pronom personnel lorsque le verbe se termine par une voyelle. Ce « -t- » est entouré de tirets.

> *Ta mère viendra-t-elle te voir ?*
> *Jacques a-t-il faim ?*

N. B. 1 : souvent, dans le langage parlé, on évite l'inversion en préférant poser la question avec est-ce que.

N. B. 2 : l'inversion du pronom je au présent de l'indicatif est utilisée avec être et avoir (suis-je ? ai-je ?) et avec quelques auxiliaires (dois-je ? sais-je ?).
Elle est rare (ou impossible !) avec les autres verbes (*dors-je ? *veux-je ? sont des formes incorrectes).
Notez que l'on dit puis-je ? et non pas *peux-je ?

A. **Mettez à la forme interrogative selon le modèle suivant :**

Le docteur est en vacances. → *Le docteur est-il en vacances ?*

1. Sa sœur est étudiante.
2. Ses frères sont partis en Autriche.
3. Ce livre est épuisé.
4. Ma collègue ira au concert.
5. Cette leçon est facile.

II. L'interrogation partielle

Qui t'aidera ?
Qui est-ce qui te l'a dit ?
Que regardent-ils ?/**Qu'est-ce qu'ils** regardent ?
À quoi penses-tu ?
Comment va-t-elle ?

II. 1 Qu'est-ce qu'une interrogation partielle ?

Quand l'interrogation porte sur un élément de la phrase, on a une interrogation partielle.

II. 2 L'interrogation partielle peut porter sur divers éléments

a. L'interrogation porte sur le <u>sujet</u> :
– si le sujet est une personne, on emploie <u>qui</u> ou qui est-ce qui.

Qui te l'a dit ? Qui est-ce qui décide ?

– si le sujet est une chose, on emploie qu'est-ce qui.

Qu'est-ce qui te dérange ?

b. L'interrogation porte sur le <u>complément d'objet direct</u> :
– si le C.O.D. est une personne, on emploie qui ou qui est-ce que.

Qui rencontreras-tu ? Qui est-ce que tu rencontreras ?

– si le C.O.D. est une chose, on emploie que ou qu'est-ce que.

Que veulent-ils ? Qu'est-ce qu'ils veulent ?

c. L'interrogation porte sur un complément précédé d'une préposition :
– pour une personne on emploie la préposition + qui.

À qui as-tu remis la lettre ?

– pour une chose on emploie la préposition + quoi.

À quoi penses-tu ?

> **ATTENTION !**
> Le français, contrairement à l'anglais, ne place jamais la préposition à la fin de la phrase.
>
> What are you thinking about? *À quoi penses-tu ?*

d. L'interrogation porte sur un <u>complément circonstanciel</u> (de lieu, de temps, de manière, de cause, etc.). On utilise en début de phrase les mots interrogatifs où, quand, comment, pourquoi, etc. ou une formule interrogative formée à l'aide de quel(le) + nom ou lequel.

Où vas-tu ? Pourquoi pars-tu si tard ? À quelle heure avez-vous rendez-vous ? Lequel choisis-tu ? Laquelle préfères-tu ?

34 L'INTERROGATION DIRECTE

259

III. Inversion simple ou inversion complexe dans l'interrogation partielle ?

Que demande ton voisin ?
Pourquoi les invités partent-ils ?
Qui ton ami a-t-il rencontré ?

III. 1 Inversion simple

Si le sujet du verbe est un pronom personnel ou les pronoms on et ce, on a obligatoirement l'inversion simple (→ I. 3 a, p. 258).

III. 2 Inversion simple ou inversion complexe

Si le sujet du verbe est un nom :

a. on a souvent le choix entre l'inversion simple et l'inversion complexe (le nom est placé avant le verbe et il est repris par le pronom personnel correspondant) :

À quoi les jeunes filles pensent-elles ? → À quoi pensent les jeunes filles ?
À quelle heure part le train ? → À quelle heure le train part-il ?

b. mais il y a obligatoirement inversion simple du nom sujet si l'interrogation commence par que objet direct :

Que veut ton père ?
Que demandent les délégués ?

c. on a obligatoirement l'inversion complexe du nom sujet :
– si l'interrogation commence par pourquoi :

Pourquoi les invités partent-ils ?

– si le verbe est suivi d'un complément d'objet :

Comment les poètes écrivent-ils leurs poèmes ?

– si qui est complément d'objet direct, pour éviter l'ambiguïté :

Qui rencontre le professeur ? peut avoir deux sens selon que qui est sujet ou objet direct.

– si qui est sujet, la phrase signifie :

Qui est-ce qui rencontre le professeur ? Who is meeting the professor?

– si qui est objet, la phrase signifie :

Qui le professeur rencontre-t-il ? Who is the professor meeting?

C. **Posez la question qui correspond aux phrases suivantes en utilisant le terme entre parenthèses. (Donnez deux formules quand elles sont possibles.)**

Nous allons faire cet exercice (comment). → *Comment allons-nous faire cet exercice ?*

1. On ouvre la bouteille (avec quoi).
2. Le garagiste inspecte la voiture (avec quoi).
3. Ils ne sont pas venus (pourquoi).
4. Les employés veulent une augmentation (que).
5. La réunion a lieu dans le bureau de la directrice (où).

IV. « Quel », « lequel »

Quelle heure est-il ?
Quelle est son adresse ?
Laquelle préférez-vous ?

IV. 1 Quel

Quel est un adjectif interrogatif.
– Il peut être suivi directement du nom (avec lequel il s'accorde en genre et en nombre).

*Quel livre **lis-tu ?***   *Quelle couleur **préfères-tu ?***

– Il peut être suivi du verbe être et du nom (avec lequel il s'accorde en genre et en nombre).

*Quelles **sont tes** heures **libres ?***   *Quelle **a été sa** réaction ?*

IV. 2 Lequel

Lequel est un pronom. Il n'est donc jamais directement suivi d'un nom. Il implique un choix entre des personnes ou des choses avec lesquelles il s'accorde en genre. (Le nombre du pronom dépend du sens de la phrase.)

*Lequel **de tes** disques **écoutes-tu le plus souvent ?***
*Laquelle **de ces** robes **préférez-vous ?***
*Lesquelles **de ces** robes **préférez-vous ?***

ATTENTION !

- Lequel peut être précédé d'une préposition.

À laquelle de tes cousines as-tu écrit ?

- Il ne faut pas oublier que : à + lequel = auquel

à + lesquels = auxquels

à + lesquelles = auxquelles

de + lequel = duquel

des + lesquels = desquels

des + lesquelles = desquelles

J'ai beaucoup aimé ces chanteurs. → *Desquels parles-tu ?*

J'ai envoyé une carte à mon amie. → *À laquelle ?*

D. **Complétez par un pronom interrogatif ou par un adjectif interrogatif.**

1. .... livres as-tu lus pendant les vacances ?

2. .... sont tes projets pour Noël ?

3. Je voudrais un disque de Bach. .... ?

4. .... robe mets-tu ce soir ?

5. .... de tes amis as-tu écrit ?

V. Traduction de « what » interrogatif

What are you counting on? **Sur quoi comptez-vous ?**

Quand vous avez *what* en anglais dans une interrogation *directe*, demandez-vous bien quelle est *la fonction* du mot pour pouvoir le traduire :

– sujet   = qu'est-ce qui

– objet direct   = que ou qu'est-ce que

– objet indirect   = quoi

– adjectif   = quel (qu'il faut mettre au genre et au nombre corrects)

– what (which) one(s) = lequel (qu'il faut mettre au genre et au nombre corrects)

E. **Traduisez.**

1. What are his tastes in music?

2. What is ringing?

3. What city is the capital of France?

4. What are you thinking about?

5. What did she give him?

F. Dans le dialogue téléphonique suivant, vous n'avez que les réponses. Imaginez quelles ont pu être les questions.

1. ....

   – Ça va à peu près. Je suis allé chez le docteur hier.

2. ....

   – Il m'a ordonné de rester à la maison une dizaine de jours.

3. ....

   – Oh ! Oui, il m'a prescrit des antibiotiques et du sirop contre la toux.

4. ....

   – Ah bon ! Tu organises une fête ! C'est gentil de m'inviter. J'espère que j'irai mieux.

5. ....

   – Oui, je crois que c'est à la station Eglinton, rue Berwick.

G. Traduisez.

1. What is included in the price?
2. What did she fill these bottles with?
3. Which restaurant is the best?
4. What is the largest city in Canada?
5. Whom did she choose?
6. From what Latin root does this word come?
7. What annoys you the most?
8. Which of these books is yours?
9. What do you need?
10. What direction was he heading in?

H. Composez des questions à l'aide des éléments donnés.

1. quel	faire	temps	bord de la mer
2. Élisabeth	quand	examen	passer
3. quel	Charlotte	vouloir	pièce de théâtre
4. quoi	vouloir	les enfants	à jouer
5. lequel	préférer	voir	deux films

35 LA CONSTRUCTION DE LA PHRASE

I. Place du sujet
Peut-être viendra-t-il ?
« Je suis contente », **dit ma mère.**
Le garçon **dont je connais** le frère.
Je vous demande **où il** travaille.

II. Coordination et juxtaposition
J'ai téléphoné **à mes parents et à ma sœur.**
Il faut **que** tu fasses ton devoir **et que** tu le remettes demain.

III. Difficultés de traduction
Cela dépend **de la somme** que vous dépensez.
It depends **on how** much you spend.

IV. Ruptures de construction
Quand je lavais ma voiture, mon ami est arrivé.

V. Constructions à l'infinitif (en anglais)
Je veux **le faire.**
Faites-**les** entrer.
Je veux qu'il le fasse. I want him to do it.
Le film est trop long **pour que je reste.** The film is too long **for me to stay.**

I. Place du sujet

Peut-être viendra-t-il ? Maybe he will come.
« Je suis contente », **dit ma mère.** "I am pleased", my mother said.
Le garçon **dont je connais** le frère. The boy whose brother I know.
Je vous demande **où il** travaille. I am asking you where he works.

I. 1 Le sujet se place après le verbe

a. Le sujet **pronom personnel** et les sujets **pronoms** ce et on se mettent après le verbe quand la phrase commence par :
– peut-être (perhaps),
– aussi (au sens de therefore),
– sans doute (no doubt, without a doubt),
– du moins (at least).
– à peine (scarcely, hardly),

> *Peut-être* **pourrais-***tu venir avec moi ?* Maybe you could come with me?

> *À peine* **avait-***il parlé qu'elle se leva.* Hardly had he spoken when she got up.

b. Quand le sujet est un nom, un pronom démonstratif ou un pronom indéfini (quelqu'un, tout, etc.), le sujet est placé avant le verbe conjugué mais il est repris par un pronom qui, lui, est placé après le verbe.

*Peut-être la candidate **pourrait-elle** répondre ?*
Maybe the candidate could reply?

*À peine les élèves **étaient-ils** arrivés que la cloche sonna.*
Hardly had the students arrived when the bell rang.

c. Dans le langage familier on évite souvent l'inversion après peut-être :
– soit en utilisant peut-être que en début de phrase.
– soit en évitant de placer peut-être en début de phrase.

Peut-être que la candidate pourra répondre ?
La candidate pourra peut-être répondre ?

d. Dans une incise (c'est-à-dire quand un verbe de déclaration suit les paroles rapportées au style direct), le sujet est placé après le verbe de déclaration.

« Chérie, où es-tu ? » a crié mon père.
"Darling, where are you?" my father shouted.

« Mademoiselle », dit-il, « vous pouvez venir ».
"Mademoiselle", he said, "you may come in".

« Oui », répondit-elle. "Yes" she replied.

ATTENTION !

• Contrairement à l'anglais, on ne fait pas l'inversion du sujet en français quand la phrase commence par :
– non seulement (not only),
– pas une fois (not once).

Non seulement il est venu mais il est resté. Not only did he come but he stayed.

Pas une fois son père ne lui a fait un reproche.
Not once did his father reproach him.

• On ne fait pas l'inversion non plus après la coordination négative (et ne... pas... non plus).

Je ne l'ai pas salué et il ne m'a pas salué non plus.
I didn't greet him, nor did he greet me.

• Pour marquer une augmentation ou une diminution en rapport avec une autre augmentation ou une autre diminution, on utilise la structure plus... plus, moins... moins, plus... moins, moins... plus.
Le sujet se met immédiatement après plus ou moins.

Plus elle est riche, moins elle est satisfaite.
The richer she is, the less she is satisfied.

A. Traduisez.

1. "Are you ready?" he asked.
2. "We will never capitulate", they replied.
3. "Show in the prisoners", he said severely.
4. "Not on your life", he answered.
5. "Get out!" he screamed.

I. 2 L'ordre des mots dans la proposition relative

Dans une proposition relative :

a. le sujet pronom personnel est toujours placé avant le verbe :

Le jour où il est arrivé. The day he arrived.
Le disque qu'elles ont acheté. The record they bought.

b. le sujet nom peut être placé avant ou après le verbe, si le verbe n'est pas suivi d'un complément :

Le livre qu'a lu l'étudiant. The book (that) the student read.
Le livre que l'étudiant a lu. The book (that) the student read.

c. le sujet nom est placé avant le verbe si le verbe est suivi d'un complément :

Le livre que l'étudiant a lu à la bibliothèque.
The book (that) the student read in the library.

d. le sujet suit immédiatement le pronom relatif dont et, contrairement à l'anglais, l'objet direct est placé après le verbe :

Le garçon dont je connais le frère. The boy whose brother I know.

ATTENTION !

L'ordre des mots dans la subordonnée d'**interrogation indirecte** n'est pas le même que dans l'interrogation directe.

a. Le sujet pronom personnel et les sujets pronoms ce et on sont toujours placés avant le verbe. Il n'y a donc pas d'inversion et il ne faut pas confondre avec l'interrogation directe.
On dira : *Où travaille-t-il ?* (interrogation directe)
Mais : *Je vous demande où il travaille.* (interrogation indirecte)
b. Le sujet nom est placé avant le verbe si le verbe a un complément.

Elle veut savoir où iront ses amies.
Elle veut savoir où ses amies iront ce soir.

Pour les autres règles concernant la place du sujet nom dans l'interrogation indirecte, → chapitre 37, III. 2, page 283.

B. Traduisez.

1. Maybe he will know the answer.
2. "How do you plead?" the judge asked the prisoner.
3. This is the man whose car I am buying.
4. Not only did we like the play, we recommended it to our friends.
5. I had hardly hung up the phone when it rang again.

II. Coordination et juxtaposition

> J'irai **chez** le coiffeur **et chez** le dentiste.
> J'ai téléphoné **à** mes parents **et à** ma sœur.
> Il faut **que** tu finisses ton devoir **et que** tu le remettes demain.

II. 1 Coordination

On ne peut pas coordonner par des <u>conjonctions de coordination</u> (mais, ou, et, donc, or, ni, car) des éléments qui ne sont pas de même nature grammaticale (par exemple : nom + subordonnée). On peut dire :

> *Je veux un livre et un cahier.* (nom + nom) I want a book and a notebook.
> *Je veux ton livre et le sien.* (nom + pronom) I want your book and his.

N. B. : le pronom étant un substitut du nom, on peut coordonner un nom et un pronom. Mais on ne peut pas dire :
« Je veux un livre et que tu me le lises. » I want a book and you to read it to me.
« Il annonce son refus et qu'il ne partira pas. » He declares his refusal and that he won't leave.

II. 2 Répétition dans la coordination

• On répète l'outil grammatical après les conjonctions de coordination. Ainsi on repète :
– la préposition :

> *J'irai à Montréal et à Paris.* I will go to Montreal and (to) Paris.

– l'article :

> *Je veux le pain et le sel.* I want bread and salt.

– la conjonction :

> *Je veux que tu fasses ton lit et que tu ranges ta chambre.*
> I want you to make your bed and tidy your room.

• Quelquefois, quand deux éléments forment une seule catégorie, un tout, il est possible de ne pas répéter l'outil grammatical.

> *J'ai invité les parents et amis.*

II. 3 **Juxtaposition**

Les règles II. 1 et II. 2 sont valables pour les juxtapositions.

a. Dans une série d'éléments juxtaposés, les compléments d'un même verbe doivent être de même nature grammaticale.

On ne peut pas dire : *« Ils leur demandent comment ils s'appellent, leur âge, s'ils ont été sages. »

On dira : *Ils leur demandent comment ils s'appellent, quel est leur âge et s'ils ont été sages.*

b. Dans une série d'éléments de même nature, on doit répéter l'outil grammatical.

Ils vont chez toi, chez elle, chez tes parents.

ATTENTION !

En français, deux verbes coordonnés ne peuvent pas avoir le même complément s'ils n'ont pas le même régime (par exemple, si l'un est <u>transitif</u> direct et si l'autre est <u>intransitif</u> ou si les deux verbes ne sont pas suivis de la même préposition).

Ainsi, on ne peut pas traduire "Watch for and obey these signs" en gardant la structure anglaise, si on utilise observer (quelque chose) et obéir (à quelque chose).

On ne peut pas dire : *« Observez et obéissez à ces signes », et considérer signes comme complément des deux verbes à la fois.

Pour éviter la faute, on fait suivre le premier verbe du nom complément et le deuxième verbe est suivi d'un pronom de rappel. Dans les deux cas, on respecte la construction qui est propre à chacun des verbes.

On dira : *Observez ces signes et obéissez-y.*

C. Traduisez.

1. It refers to and depends on your decision.
2. Your success derives from and is related to your efforts.
3. I remember and admire your courage.
4. They need and demand an answer.
5. We have registered for and prepared this course.

It depends on how much you spend. **Cela dépend de la somme que vous dépensez.**

ATTENTION !

En français, une <u>préposition</u> peut être suivie d'un nom, d'un pronom ou d'un infinitif mais la préposition ne peut pas être suivie d'une <u>conjonction</u>, ni des adverbes « où, quand, comment, pourquoi ». Une préposition ne peut pas introduire une <u>proposition subordonnée conjonctive</u>. On ne peut pas traduire mot à mot des expressions comme :

– It depends on how much…   – I think of when…

– It depends on whether…   – It's about where…

Pour traduire la structure anglaise il faut trouver le substantif (de sens assez général) qui se rapporte à l'idée exprimée par la conjonction (par exemple, where : l'endroit, le lieu ; when : le moment, le temps, etc.) et faire précéder le substantif de la préposition.

I am thinking of where we should meet.
Je suis en train de penser à l'endroit où nous devrions nous rencontrer.

D. Traduisez.

1. I often think of when we first met.
2. It depends on how fast you drive.
3. The service you get depends on whether you tip the maitre d'.
4. The commercial is about where to go on vacation.
5. I am thinking of how best to reply.

IV. Ruptures de construction

Alors que je m'approchais du parc, un cri déchira le silence.
Quand je lavais ma voiture, mon ami est arrivé.

IV. 1 Construction avec un participe

• Le participe, s'il n'a pas de sujet exprimé, doit se rapporter au sujet du verbe de la principale.

On ne peut pas dire :

*En lavant ma voiture, mon ami est arrivé.

*En attendant son arrivée, la chaleur m'opprimait.

En effet, le participe présent ne se rapporte pas alors au sujet de la proposition principale (mon ami/la chaleur).

- Pour éviter cette faute :
– soit on utilise une subordonnée qui contient un verbe conjugué et son sujet :

> *Alors que je lavais ma voiture, mon ami est arrivé.*
> *Alors que je m'approchais du parc, un cri déchira le silence.*

– soit on donne au verbe de la principale un sujet qui correspond au participe :

> *En approchant du parc, j'ai entendu un cri qui déchirait le silence.*
> *En lavant ma voiture, j'ai vu mon ami arriver.*

IV. 2 Construction avec un infinitif

- Dans une <u>proposition subordonnée circonstancielle</u> à l'infinitif, l'infinitif introduit par une préposition (avant, après, sans, pour) doit se rapporter au sujet du verbe de la principale.

On ne peut pas dire :
*« Après avoir posé mes valises sur le quai, le train arriva. »
*« Avant de poser mes valises sur le quai, le train arriva. »
En effet, l'infinitif ne se rapporte pas au sujet de la principale (le train).

- Pour éviter cette faute :
– on utilise une subordonnée (introduite par la conjonction correspondante : après que, avant que, sans que, pour que, etc.) avec un verbe conjugué et un sujet explicite :

> *Après que j'eus posé mes valises, le train arriva.*
> After I had put down my bags, the train arrived.

– ou bien on change le sujet de la principale :

> *Après avoir posé mes valises, j'ai vu le train arriver.*
> After having put down my bags, I saw the train arrive.

E. Corrigez les phrases suivantes pour qu'elles deviennent cohérentes.

1. *Partie pendant quinze jours, le concierge n'a pas fait suivre mon courrier.
2. *En espérant une réponse rapide, recevez, Monsieur, l'expression de mes sentiments distingués.
3. *Parlant trop fort, on lui a dit de se taire.
4. *N'ayant pas d'argent, j'ai payé à sa place.
5. *Après avoir parlé, tout le monde l'applaudit.

C'est trop lourd **pour qu'il le porte**. It's too heavy for him to carry.
Je veux **qu'il parte**. I want him to go.

V. 1 Notion de conséquence

- En anglais, après un adjectif précédé de too, enough, not enough, la consé-quence peut être exprimée par un infinitif précédé de for et d'un nom (ou d'un pronom).

    The film is too long for me to stay.

- Cette construction est impossible en français ; on utilise obligatoirement dans ce cas pour que + un verbe au subjonctif.

    Ce film est trop long pour que je reste.

N. B. : on peut utiliser pour + infinitif si le sujet de l'infinitif est le même que le sujet de la principale.

On dira : *Elle est trop fatiguée pour que les invités restent après 11 heures.*
(deux sujets différents) She is too tired for the guests to stay later than 11 pm.

Mais on dira : *Elle est trop fatiguée pour rester après 11 heures.* (même sujet)

    She is too tired to stay later than 11 pm.

F. **Traduisez.**
1. It's too dangerous for me to risk.
2. This job doesn't pay enough for me to accept it.
3. This experience was too harrowing for me to do it again.
4. It is too cold for the children to swim.
5. The bread is too hard for me to cut.

V. 2 Rappel

En anglais, les verbes de volonté (I want to, I would like to, I am anxious to, etc.) peu-vent se construire avec l'infinitif même si le sujet de l'infinitif n'est pas le même que celui de la principale.

    I want him to go. (2 sujets : I/him)

Le français, dans ce cas, utilise une subordonnée au subjonctif.

    Je veux qu'il parte.

→ chapitre 30, II. 1, p. 228

G. Corrigez les phrases suivantes.

1. *On a proposé de ficher toutes les personnes atteintes du sida et qu'elles soient mises en quarantaine.

2. *Certains médecins disent que nos mœurs doivent changer en s'abstenant de relations sexuelles.

3. *Sans le savoir, il y avait un caillou dans ma chaussure.

4. *Étant à votre disposition pour une rencontre éventuelle, veuillez agréer, Monsieur, mes sentiments les meilleurs.

5. *La maison est trop vieille pour la réparer.

H. À l'aide des éléments donnés et d'une conjonction de coordination (→ II. 2, p. 267), **composez une seule phrase.**

Il faut que tu recouses ton bouton. Il faut que tu donnes ta robe à nettoyer.
→ *Il faut que tu recouses ton bouton et que tu donnes ta robe à nettoyer.*

1. Il s'est opposé à son père. Il s'est opposé à sa mère.

2. S'il ne pleut pas, j'irai à la campagne. Si tu m'accompagnes, j'irai à la campagne.

3. Ce film est le plus beau. Ce film est le plus intéressant.

4. Elle suit des cours de français pour améliorer sa grammaire. Elle suit des cours de français pour obtenir son diplôme.

5. Elle a acheté ses cadeaux de Noël avant que ses parents n'arrivent. Elle a acheté ses cadeaux de Noël avant que son frère n'arrive.

I. Traduisez.

1. He reads too fast for me to understand.

2. That book is too difficult for us to read.

3. It's warm enough for the children to play outside.

4. It's too expensive for me to travel to Australia.

5. I remember when we met.

6. We must agree on where to meet.

7. This is the book I bought and then returned.

8. He will pay for and drive away with the car.

9. I want you to learn this poem and recite it tomorrow.

10. They took flight and shelter in the church.

J. Complétez les phrases en utilisant un verbe au subjonctif et un sujet autre que celui de la principale (→ V. 1, p. 271).

Elle est trop fatiguée pour rester. → *Elle est trop fatiguée pour que les invités puissent rester.*

1. Ils parlent trop mal pour être compris. → Ils parlent trop mal pour que…

   ....

2. L'enfant est trop jeune pour voyager seul. → L'enfant est trop jeune pour

   que..

3. Vous êtes trop fiers pour accepter nos critiques. → Vous êtes trop fiers

   pour que..

4. Les étudiants ne sont pas assez attentifs pour comprendre la leçon.

   → Les étudiants ne sont pas assez attentifs pour que ....

   ....

5. Les touristes n'ont pas assez d'indications pour se rendre au musée.

   → Les touristes n'ont pas assez d'indications pour que.......................

   ....

36 L'ÉNONCÉ RAPPORTÉ ET LE DISCOURS INDIRECT

I. **Le discours indirect**
Je dis **que j'irai au cinéma**.
Je vous dis **de partir tout de suite**.

II. **Transposition des pronoms et des adjectifs**
Elle dit : « J'irai au cinéma. » → Elle dit qu'**elle** ira au cinéma.
Ils nous disent : « **Nous vous** prêterons **nos** documents. »
→ Ils nous disent qu'**ils nous** prêteront **leurs** documents.

III. **Transposition des temps du verbe**
Elle **dit** : « J'**irai** au cinéma. »
→ Elle **a dit** qu'elle **irait** au cinéma.

IV. **Transposition des adverbes de temps**
Il a dit : « Je viendrai **demain**. » → Il a dit qu'il viendrait **le lendemain**.

I. Le discours indirect

Je dis **que j'irai au cinéma**. I am telling you that I will go to the movies.
Je vous dis **de partir tout de suite**. I am telling you to leave right away.

I. 1 Construction

Lorsque les paroles sont rapportées (par autrui ou par soi-même) au discours indirect, on utilise un verbe de déclaration (dire, déclarer, répondre, etc.) et une proposition subordonnée complétive.

L'énoncé d'origine (discours direct) : « *J'irai au cinéma.* »
devient l'énoncé rapporté (discours indirect) : *Je dis que j'irai au cinéma.*

L'énoncé d'origine (discours direct) : « *Je ne suis pas d'accord.* »
devient l'énoncé rapporté (discours indirect) : *Je réponds que je ne suis pas d'accord.*

I. 2 Construction avec l'impératif

Si l'énoncé d'origine est un ordre exprimé à l'impératif, la subordonnée du discours indirect est à l'infinitif et elle est reliée au verbe de déclaration par la préposition de.

Je vous dis : « Partez tout de suite. » → *Je vous dis de partir tout de suite.*

A. **Mettez les énoncés suivants au discours indirect en commençant les phrases par : « Je vous dis… »**

1. Je suis fatigué.
2. Venez tout de suite.
3. Je le ferai demain.
4. Il le fera sans tarder.
5. Réfléchissez.

II. Transposition des pronoms et des adjectifs

Elle dit : « J'irai au cinéma. » → Elle dit qu'**elle** ira au cinéma.
Ils nous disent : « **Nous vous** prêterons **nos** documents. » → Ils nous disent qu'**ils nous** prêteront **leurs** documents.

II. 1 Précautions à prendre

Dans le discours indirect – en français, comme en anglais – on doit tenir compte de l'identité des locuteurs et on doit parfois changer les pronoms personnels, les pronoms et les adjectifs possessifs.

Je dis : « J'irai au cinéma. » devient : *Je dis que j'irai au cinéma.*
(même pronom)

Elle dit : « J'irai au cinéma. » devient : *Elle dit qu'elle ira au cinéma.*

Elle te dit : « Rends-moi mon livre. » devient : *Elle te dit de lui rendre son livre.*

B. **Transposez au discours indirect.**

1. Ils leur disent : « Nous reviendrons. »
2. Il nous dit : « Je prendrai le train. »
3. Je me dis : « Ils peuvent attendre. »
4. Tu me dis : « Nous pourrons le faire. »
5. Pascal me dit : « Elle m'a répondu. »

Il a dit : « Je **travaille** et je **travaillerai** encore. »

He said : "I am working and I will go on working."

Il a dit qu'il **travaillait** et qu'il **travaillerait** encore.

He said he was working and he would go on working.

III. 1 Verbe de déclaration au présent ou au futur

Si le verbe de déclaration est au présent ou au futur, le temps du verbe de la subordonnée (discours indirect) est le même que le temps du discours direct.

Il te dira : « Je reste. » (présent) → *Il te dira qu'il reste.* (présent)
Elle déclare : « Je ne t'ai pas oublié. » (passé composé) → *Elle déclare qu'elle ne m'a pas oublié.* (passé composé)

III. 2 Verbe de déclaration au passé

Si le verbe de déclaration est au passé (passé composé, passé simple ou imparfait), le temps du verbe de la subordonnée (discours indirect) suit la règle de concordance des temps.

a. Si le verbe au discours direct est au présent, il se met à l'imparfait au discours indirect.

Il a dit : « Je travaille. » → *Il a dit qu'il travaillait.*

b. Le futur du discours direct devient un conditionnel présent.

Il a dit : « Je travaillerai. » → *Il a dit qu'il travaillerait.*

c. Le passé composé devient un plus-que-parfait.

Il a dit : « J'ai travaillé. » → *Il a dit qu'il avait travaillé.*

d. Le futur antérieur devient un conditionnel passé.

Il a dit : « J'aurai travaillé. » → *Il a dit qu'il aurait travaillé.*

e. L'imparfait, le plus-que-parfait et le conditionnel passé ne changent pas.

Il a dit : « Je travaillais. » → *Il a dit qu'il travaillait.*
Il a dit : « J'avais déjà travaillé. » → *Il a dit qu'il avait déjà travaillé.*
Il a dit : « J'aurais travaillé. » → *Il a dit qu'il aurait travaillé. »*

f. Le conditionnel présent reste un conditionnel présent si l'énoncé du discours direct reste valable au moment où on le rapporte.

Il a dit : « J'aimerais venir. » → *Il a dit qu'il aimerait venir.*
(Il aimerait venir encore maintenant.)

g. Sinon, le conditionnel présent se change en conditionnel passé.

Il a dit : « J'aimerais venir. » → *Il a dit qu'il aurait aimé venir.* (Il n'a plus envie de venir ; c'est trop tard.)

ATTENTION !

Dans une phrase au futur, le français utilise le futur dans la principale et dans la subordonnée circonstancielle de temps là où l'anglais utilise le futur et le présent.

Il faut donc en tenir compte pour transposer au discours indirect.

Je te téléphonerai quand j'arriverai. I will call you when I arrive.

Au discours indirect on aura deux conditionnels en français.

→ *Il a dit qu'il me téléphonerait quand il arriverait.* He said he would call me when he arrived.

C. Mettez les énoncés « je finis », « j'ai fini », « j'avais fini », « je finirai » et « je finirais » au discours indirect en commençant les phrases par : « Elle a dit que ».

1. Elle a dit qu'.........................
2. Elle a dit qu' ....
3. Elle a dit qu' ....
4. Elle a dit qu' ....
5. Elle a dit qu' ....

IV. transposition des adverbes de temps

Paul a dit : « Je viendrai demain. » Paul said : "I will come tomorrow."
Paul a dit qu'il viendrait le lendemain. Paul said he would come the next day.

IV. 1 Changement de perspective temporelle

• Le passage du discours direct au discours indirect peut entraîner un changement de perspective temporelle et, de ce fait, d'adverbes et de locutions adverbiales.

Imaginons la situation suivante :

Paul a dit (le 15 juin) : « Je viendrai demain. »

Si l'énoncé de Paul est rapporté au style indirect un mois plus tard, on dira :

→ *Paul a dit qu'il viendrait le lendemain.*

• On se rappellera que, par rapport au présent, on utilise la série :
Il y a 15 jours/avant-hier/hier/aujourd'hui/demain/après-demain/la semaine prochaine/dans 15 jours, etc.

Mais, par rapport à un moment du passé ou du futur, on utilise la série :
15 jours avant, l'avant-veille, la veille, ce jour-là, le lendemain, le surlendemain, la semaine suivante, 15 jours après, etc.

→ chapitre 42, I. 1, p. 310

D. Mettez au discours indirect.

1. Elle a dit : « Je veux me perfectionner en français. »
2. Vous avez dit : « Il y a trop de monde dans cette salle. »
3. Tu as déclaré : « J'irai en vacances en Corse. »
4. Vous m'avez annoncé : « Il ne viendra pas. »
5. Le docteur vous a dit : « Prenez ce médicament avant les repas. »
6. Il a avoué : « J'ai oublié mon livre. »
7. Elle a dit : « J'avais pourtant bien appris mes leçons ! »
8. Il m'a dit : « Elles vont manger au restaurant. »
9. Elle nous disait : « J'aime aller au restaurant. »
10. Ils nous ont dit : « Nous n'avons pas eu de billet. »

E. À quels énoncés du discours direct correspondent les phrases suivantes ?

1. Elle lui a dit de partir immédiatement.
2. Ils affirmèrent que nous avions triché.
3. Nous lui avons dit qu'il devait partir.
4. Elles lui ont dit qu'elles allaient danser.
5. Vous avez soutenu qu'il aurait dû partir.
6. Il a juré qu'on ne l'y reprendrait plus.
7. Elle a répondu qu'elle en était capable.
8. Il vous a ordonné de vous taire.
9. Elle nous a confié qu'elle viendrait.
10. Je lui ai dit qu'il ne fallait pas pleurer.

F. Voici les paroles que Paul a prononcées, il y a un mois, en s'adressant à Pierre :

« Je viendrai te voir demain ou après-demain parce qu'hier j'ai été débordé de travail et qu'aujourd'hui j'ai un rendez-vous. »

Pierre rapporte aujourd'hui les paroles de Paul ; il utilise le discours indirect et commence par : « Paul m'a dit que… ». Donnez la suite de son énoncé.

G. Traduisez.

1. She said she would write to me.
2. He said he would have greeted them if he had seen them.
3. The doctor ordered him to rest.
4. I told them I wouldn't be there.
5. We think the contract will be signed tomorrow.

H. Traduisez.

1. They said they would leave as soon as they had finished.
2. Our hosts were begging us to stay.
3. The organizers will tell you what you have to do.
4. The accused insisted that he had already left before the shots were fired.
5. I told you that I would have breakfast once I had dressed.
6. The children asked her to read them a story.
7. Don't tell me you don't know the subjunctive!
8. Did he tell you that he doesn't want to play tomorrow?
9. He said he would call me when he arrived.
10. He claims he doesn't remember the incident.

37 L'INTERROGATION INDIRECTE

I. Caractéristiques d'une interrogation indirecte
Où as-tu mis le journal. → Je lui demande **où il a mis le journal.**

II. Mots introducteurs d'une subordonnée interrogative
Je me demande **si** tu pars.
Je me demande **ce que** tu feras.

III. Ordre des mots
Je me demande **quand le professeur rendra les copies.**

IV. Interrogation indirecte et discours indirect
Je me suis demandé **ce qui arriverait.**
Je me suis demandé **comment elle agirait.**

I. Caractéristiques d'une interrogation indirecte

Peux-tu m'aider ? → Je te demande **si tu peux m'aider.**
Quand rentreras-tu ? → Je voudrais savoir **quand tu rentreras.**

• Une interrogation est indirecte quand elle est introduite par le verbe demander (ou par un verbe qui implique une question comme s'informer, savoir, ignorer, etc.) et qu'elle dépend de ce verbe auquel elle est rattachée.

Interrogation directe	Interrogation indirecte
Va-t-elle au cinéma ?	*Je lui demande si elle va au cinéma.*
À quelle heure part ton train ?	*Il voudrait savoir à quelle heure part ton train.*

• Dans ce type de phrase, il y a donc une proposition principale (dont le verbe est demander ou son équivalent) et une proposition subordonnée.

Je te demande **si** tu pars.
Je te demande **où** tu pars.
Je te demande **ce que** tu fais.

II. 1 En cas d'interrogation totale

Quand, à l'interrogation directe, l'interrogation est totale (c'est-à-dire que l'on peut répondre par oui, non, peut-être ou si, parce que l'interrogation porte sur l'existence même du fait), la subordonnée de l'interrogation indirecte correspondante est introduite par si.

> *Est-ce que tu viendras ?* (= oui, non, peut-être) → *Je te demande si tu viendras.*
>
> *Est-ce que tu ne viendras pas ?* (= si) → *Je te demande si tu viendras.*
>
> *Iront-elles avec moi ?* → *Je me demande si elles iront avec moi.*
>
> *Est-ce que les enfants ont faim ?* → *La mère demande si les enfants ont faim.*

N. B. : si devant il est élidé = s'il ; si devant elle n'est pas élidé = si elle.

II. 2 En cas d'interrogation partielle

Quand, à l'interrogation directe, l'interrogation est partielle (c'est-à-dire que la question porte sur une circonstance, une précision de lieu, de temps, etc. ou sur une partie de l'énoncé seulement, sur un renseignement supplémentaire), la subordonnée de l'interrogation indirecte est généralement introduite par les mêmes mots interrogatifs que ceux de l'interrogation directe.

Interrogation directe	Interrogation indirecte
Pourquoi est-il venu ?	*Je me demande pourquoi il est venu.*
Jusqu'à quand restera-t-elle ?	*Les parents se demandent jusqu'à quand elle restera.*
Comment va-t-elle ?	*On lui demande comment elle va.*

• Notez quelques changements :

a. interrogation portant sur la personne :
– qui est-ce qui/qui (sujet) → qui
– qui est-ce que (objet) → qui

> *Qui est-ce qui/Qui a sonné ?* → *Je me demande qui a sonné.*
> *Qui est-ce que tu crains ?* → *Je me demande qui tu crains.*

b. interrogation portant sur une chose :
– qu'est-ce qui (sujet) → ce qui
– qu'est-ce que (objet) → ce que
– que (objet) → ce que

Qu'est-ce qui se passe ? → *Je me demande ce qui se passe.*
Qu'est-ce que tu regardes ? → *Je me demande ce que tu regardes.*
Que fais-tu ? → *Je me demande ce que tu fais.*

ATTENTION !
• Dans l'interrogation indirecte on ne peut pas garder qu'est-ce qui/qu'est-ce que.
On ne peut pas dire : *« Je me demande qu'est-ce que tu fais. »
On doit dire : *Je me demande ce que tu fais.*

• En anglais how peut exprimer :
– une exclamation :
How kind you are !

– ou une interrogation :
How did you find me ?

• En français on utilise comme pour une exclamation et comment pour une interrogation.
Comme vous êtes gentil ! How kind you are!
Comment m'avez-vous trouvé ? How did you find me?
• Dans une interrogation indirecte, on utilise donc comment et non pas comme pour introduire la subordonnée.
Pour traduire : I wonder how he got there.
on ne dira pas :*« Je me demande comme il est venu. »
on dira : *Je me demande comment il est venu.*

A. Transformez les interrogations directes en interrogations indirectes en commençant les phrases par : « Je me demande… ».

1. Qui est-ce qui te l'a dit ?
2. Qu'est-ce qui te gêne ?
3. Qui est-ce que tu vois ?
4. Est-ce qu'elle vient ?
5. Qui est-ce que tu recommandes ?

> Je me demande **quand tu viendras**. I wonder when you will come.
> Je voudrais savoir **où sont les documents**.
> I would like to know where the documents are.

III. 1 Le sujet est un pronom personnel ou le pronom ce ou on

Le sujet de la subordonnée interrogative précède alors toujours le verbe.

> *Quand viendras-tu ?* → *Je me demande quand tu viendras.*

III. 2 Le sujet est un nom ou un pronom autre que ceux de III. 1

a. Le sujet précède le verbe quand le verbe a des compléments.

> *Je voudrais savoir quand nos voisins viendront avec nous.*

b. Le sujet précède le verbe quand la proposition est introduite par si.

> *Je voudrais savoir si nos voisins viendront.*

c. Le sujet est placé après le verbe si le mot interrogatif qui ou quel est suivi du verbe être.

> *Je me demande qui sera le prochain candidat.*
> I wonder who the next candidate will be (who will be the next candidate).
> *Il se demande quelle sera sa récompense.* He wonders what his reward will be.

d. On peut mettre le sujet avant ou après le verbe dans les autres cas.
Pour éviter de terminer une phrase par un verbe monosyllabique, on place de préférence le sujet après le verbe.

> *Il se demande quand les enfants ont mangé.*
> *Il se demande quand ont mangé les enfants.*
> *Je voudrais savoir où sont les documents.*

> **ATTENTION !**
> Si le sujet est un nom dans la subordonnée d'interrogation indirecte, le nom n'est pas repris par un pronom.
> On ne peut pas dire :
> *« Je me demande quand le professeur rendra-t-il les copies. »
> On dira : *Je me demande quand le professeur rendra les copies.*

> **B. Transformez les interrogations directes en interrogations indirectes en commençant les phrases par : « Il voudrait savoir… ».**
> 1. À quelle heure nos invités viendront-ils ?
> 2. Faut-il téléphoner ?
> 3. Est-ce que tu t'en vas ?
> 4. Quand le facteur est-il passé ?
> 5. Où est le bureau de poste ?

37 L'INTERROGATION INDIRECTE •

Je me suis demandé **si elle partirait le lendemain**.

IV. 1 Transformations éventuelles

Si le verbe introducteur est à un temps du passé, il faut, en plus des règles mentionnées précédemment, respecter les règles du discours indirect (→ chapitre 36, III. 2, p. 276).

On se rappellera donc les changements éventuels
– des temps verbaux (concordance des temps),
– des locutions temporelles,
– des pronoms personnels,
– des possessifs.

Elle se demandait : « Est-ce que j'irai à la campagne demain ? »
She wondered : "Shall I go to the country tomorrow?"

→ *Elle se demandait si elle irait à la campagne le lendemain.*
She wondered if she would go to the country the next day.

C. **Mettez à l'interrogation indirecte les phrases suivantes en commençant la nouvelle phrase par : « Elle demande… ».**

1. Est-ce que Dorothée a réussi à trouver un emploi ?
2. As-tu envie de jouer au tennis ?
3. Ont-ils arrêté de fumer ?
4. La pluie a-t-elle cessé de tomber ?
5. Sont-ils arrivés à l'heure au rendez-vous ?
6. À quelle heure part le train ?
7. Quelles langues étrangères parlent-ils ?
8. Où sont les résultats du test ?
9. Quel sera le prochain voyage ?
10. Où nous rencontrerons-nous ?

D. **Faites le même exercice en commençant la phrase par : « Elle demandait… ».**

E. À partir des phrases suivantes, retrouvez la question qui a été posée à l'interrogation directe.

Elle voudrait savoir si ses parents pourraient l'aider. → Mes parents pourront-ils m'aider ?

1. Il se demande où il a mis sa montre.
2. Elle se demande pourquoi elle n'a pas appris le français plus tôt.
3. Paul demande à ses parents s'ils lui prêtent la voiture.
4. J'ai demandé à ma collègue ce qu'elle avait acheté à ses enfants pour Noël.
5. Ils ont demandé à leur fille à quelle heure elle rentrerait de la fête.

F. Traduisez.

1. I want to know if you did your work.
2. Mary wanted to know if we went to the store.
3. I wonder if John went there.
4. My mother asked me what I did last night.
5. I wonder if I will succeed after my studies.
6. I don't know how to make soup.
7. I wonder what he means.
8. I wonder what made that noise.
9. I am asking you where you put the keys.
10. What time do you want to eat?

38 LA NÉGATION

I. Formation
Je **ne** connais **pas** ce professeur.
Je **ne** l'ai **jamais** vu.

II. Place de la négation
Je **ne** sais **pas**.
Je **n'**ai vu **personne**.
Je crois **ne pas** pouvoir venir.

III. Modifications entraînées par la négation
Nous n'avons pas **de** travail.
Je n'ai pas fini **non plus** ma dissertation.

I. Formation

Je **ne** connais **pas** ce professeur.
Je **ne** l'ai **jamais** vu.

I. 1 Les deux éléments de la négation

En règle générale, la négation du verbe est composée de deux éléments dont l'un est obligatoirement ne.

> *Elle ne part pas en vacances cet été.*
>   *1*   *2*

> *Paul ne va jamais au cinéma le samedi.*
>   *1*   *2*

> *Annie n'a plus de travail.*
>   *1*   *2*

• À l'oral et dans un style très familier on utilise souvent le deuxième élément sans ne.

ATTENTION !
  • Il ne faut pas oublier le ne, même si l'anglais n'utilise qu'un élément de négation.

> *Personne n'est parfait.*   Nobody is perfect.
>   *1*   *2*   *1*

• Lorsque la négation se compose de ne et d'un deuxième élément négatif, tel que jamais, rien, aucun (adjectif ou pronom), nul (adjectif ou pronom), ni… ni…, il est impossible d'utiliser pas en même temps.

Je ne vois personne.
*« Je ne vois pas personne » est incorrect.

I. 2 Négations multiples

Contrairement à l'anglais, le français peut utiliser à la suite plusieurs éléments négatifs dans la même phrase.

Personne n'a jamais rien vu de pareil nulle part.
No one ever saw anything like it anywhere.

I. 3 Adverbes de négation les plus fréquents

Retenez bien ces adverbes :
– ne… jamais   # toujours   – pas… encore   # déjà
– ne… guère   # beaucoup   – personne… ne # quelqu'un, tout le monde
– ne… plus   # encore   – rien… ne   # tout, quelque chose
– nulle part   # quelque part

II. Place de la négation

Je ne sais pas. I don't know.
Je n'ai rien entendu. I didn't hear anything./I heard nothing.

II. 1 Place du ne

Le ne se place directement devant le verbe conjugué ou l'auxiliaire sauf si ceux-ci sont précédés de pronoms compléments.

Je ne suis pas d'accord.
Je n'ai pas entendu.
Ne crie pas !

mais : *Je ne le leur donnerai pas.*
Je n'en suis pas sûr.

II. 2 Place du deuxième terme de négation

Le deuxième terme de la négation : jamais, pas, plus, point, rien, etc. se place directement après le verbe conjugué ou l'auxiliaire.

Jacques n'aime pas le chocolat.
Jacques n'a jamais aimé le chocolat.

ATTENTION !

Personne (complément) et nulle part sont placés après le participe passé.

Cette année je ne suis allé nulle part.

Je n'ai rencontré personne.

II. 3 Négation de l'infinitif

Généralement, les deux éléments de la négation précèdent l'infinitif qu'ils modifient.

Ne pas fumer. No smoking.

Je crois ne pas pouvoir venir. I don't think I'll be able to come.

Elle est contente de ne pas avoir attrapé la grippe.
She is pleased not to have caught the flu.

A. **Mettez les phrases suivantes à la forme négative en utilisant la négation entre parenthèses.**

1. Catherine est allée au cinéma. (ne... pas)

2. Élodie aime les bonbons. (ne... plus)

3. J'en ai acheté. (ne... pas)

4. Elle a visité le Louvre. (ne... jamais)

5. Denis a écrit. (ne... rien)

III. Modifications entraînées par la négation

Aujourd'hui j'ai du français mais pas **de** géographie.
Today I have French but not geography.
J'ai une télé mais je n'ai pas **de** magnétoscope.
I have a TV but I don't have a video player (VCR).

III. 1 Modifications des articles

Lorsque l'on met une phrase à la forme négative, il ne faut pas oublier de transformer l'article indéfini (un, une, des) et l'article partitif (du, de la, des) en de
(➜ chapitre 2, I. 3, p. 22 et II. 2, chapitre 3, p. 28).

J'ai acheté des cerises. I bought (some) cherries.

→ *Je n'ai pas acheté de cerises.* I didn't buy (any) cherries.

Il lit un roman. He is reading a novel.

→ *Il ne lit pas de roman.* He does not read novels.

N. B. : on peut garder l'article indéfini et l'article partitif avec la négation seulement si on implique ou sous-entend une opposition.

> *Il ne lit pas un roman.* (Sous-entendu : il lit le journal ou autre chose.)

ATTENTION !

Cette transformation n'a pas lieu avec être à la forme négative.

C'est un roman. It is a novel. → *Ce n'est pas un roman.* It is not a novel.
C'est de la crème. It is cream. → *Ce n'est pas de la crème.* It is not cream.
Tu es un espion. You are a spy. → *Tu n'es pas un espion.* You are not a spy.

III. 2 Modifications des adverbes

La négation entraîne la modification de certains adverbes de temps.
– déjà → ne... pas encore/ne... toujours pas

> *J'ai déjà déjeuné.* → *Je n'ai pas encore déjeuné.*
> → *Je n'ai toujours pas déjeuné.*

– encore/toujours → ne... plus

> *Est-elle encore/toujours à l'université ?* → *Elle n'est plus à l'université.*

– souvent/quelquefois
de temps en temps, une fois ⎫ → ne... jamais
des fois, parfois

> *Ils vont quelquefois au théâtre.* → *Ils ne vont jamais au théâtre.*

B. **Mettez les phrases suivantes à la forme négative en faisant les transformations nécessaires.**

1. Nous sommes des étudiants.
2. J'ai de la chance.
3. Sébastien a acheté une voiture bleue.
4. Antoine recevra un cadeau.
5. C'est une surprise !

C. **Mettez les phrases suivantes au passé composé.**

1. Personne ne répond à cette question.
2. Je ne rencontrerai personne.
3. Barbara ne va nulle part pendant ses vacances.
4. Je ne mangerai pas toutes les cerises.
5. On ne peut jamais lui faire confiance.

D. Répondez négativement aux questions en utilisant une phrase complète.

As-tu acheté quelque chose ? → Non, je n'ai rien acheté.

1. As-tu déjà payé tes impôts ?
2. Aimes-tu toujours l'opéra ?
3. As-tu rencontré quelqu'un ?
4. Êtes-vous allés quelque part hier soir ?
5. Quelqu'un est-il venu ?
6. Avez-vous encore faim ?
7. Avez-vous une voiture ?
8. Est-ce que c'est un Américain ?
9. Est-ce que tu as fait quelque chose hier soir ?
10. Est-ce que tu as encore de la farine et du sucre pour faire ton gâteau ?

E. Vous louez votre maison pendant l'été ; vous laissez à vos futurs locataires une liste comprenant dix recommandations (d'une dizaine de mots) avec des infinitifs à la forme négative.

Ne pas oublier de sortir la poubelle le jeudi.

Faites la même liste à l'impératif négatif.

N'oubliez pas de sortir la poubelle le jeudi.

F. Un inspecteur de police interroge un suspect qui nie systématiquement. Inventez un dialogue d'une dizaine de répliques.

G. Traduisez.

1. Nobody ever visits me.
2. Don't ever do that!
3. She never reads anything.
4. I don't have any enemies.
5. They never go anywhere.
6. I will never speak to him again.
7. They don't think we are competent.
8. No one will ever beat his record.
9. He never reads books.
10. I hardly know him.

39 L'EXCLAMATION, LE SOUHAIT, L'ORDRE

I. L'exclamation
Comme elle est jolie !
Comme elle travaille bien !
Quelle chance !
Que de fautes !

II. Le souhait
Je souhaite **que** vous reveniez.
Je souhaite **partir**.
Qu'elle soit heureuse !
Pourvu qu'elle sache répondre !

III. L'ordre
Travaille !
Asseyez-vous !
Tu rangeras la cuisine.
Traduire les phrases suivantes.

I. L'exclamation

Comme elle est jolie !
Comme elle travaille bien !
Quelle chance !
Que de fautes !

I. 1 L'exclamation porte sur un adjectif, un adverbe ou un verbe

On utilise alors en début de phrase les mots exclamatifs comme, que, ou, dans le style familier, ce que.
Après le mot exclamatif on trouve l'ordre des mots d'une phrase affirmative, c'est-à-dire l'ordre sujet-verbe-complément ou sujet-verbe-adjectif attribut ou adverbe.
Il n'y a pas d'inversion du sujet.
Contrairement à ce qui se passe en anglais, l'adjectif et l'adverbe sont séparés du mot exclamatif.

*Comme **elle est** jolie !* ⎫
Qu'elle est jolie ! ⎬ How pretty she is!
Ce qu'elle est jolie ! ⎭

*Comme **il joue** bien !* ⎫
Qu'il joue bien ! ⎬ How well he plays!

I. 2 L'exclamation porte sur un nom

On utilise alors l'adjectif exclamatif quel.

*Quelle **chance** !* What luck!
*Quel **bel enfant** !* What a beautiful child!
*Quelle **maison immense** !* What a huge house!
*Quel **brouillard terrible**!* What a terrible fog!

I. 3 L'exclamation porte sur la quantité

On utilise alors que de.

*Que de **fautes** il a faites !* What a lot of mistakes he made!
*Que de **neige** !* What a lot of snow!
*Que d'**eau** !* What a deluge! (downpour, flood)

ATTENTION !

Il ne faut pas confondre comme et comment :
– comme est utilisé dans une exclamation.
– comment est utilisé dans une interrogation (directe ou indirecte).

*Comme **il parle** bien français !* How well he speaks French!
*Comment **parle-t-il** le français ?* How well does he speak French?
Je me demande comment il parle le français. I wonder how well he speaks French.

> A. **Traduisez.**
> 1. How rich you are!
> 2. What a bore!
> 3. Such a man!
> 4. How intelligent he is!
> 5. What a film!

> **Je souhaite que vous reveniez.** I want you to come back.
> **Je souhaite partir.** I want to leave.
> **Qu'elle soit heureuse !** May she be happy!
> **Pourvu qu'elle sache répondre !** I do hope she knows the answer!

II. 1 Le verbe souhaiter

On peut exprimer un souhait à l'aide du verbe souhaiter suivi d'une subordonnée.

Le verbe souhaiter se construit de deux façons :

a. il peut être suivi d'une subordonnée au subjonctif introduite par « que ». Dans ce cas, le sujet de souhaiter ne peut pas être le même que le sujet du verbe de la subordonnée.

Je souhaite que vous reveniez.

b. il peut être suivi d'un infinitif. Dans ce cas le sujet de souhaiter est le même que celui de l'infinitif.

Je souhaite partir.

ATTENTION !

La construction anglaise I wish I could (leave), I wish I were (there) **etc. n'est pas possible en français.**

On utilise une autre construction.
– Quand il s'agit d'un souhait, on utilise le verbe aimer au conditionnel présent suivi de l'infinitif.

J'aimerais partir. I would like to leave./I wish I could leave.

Quand il s'agit d'un regret, on utilise le verbe aimer au conditionnel passé suivi de l'infinitif.

J'aurais aimé partir. I would have liked to leave./I wish I could have left.

II. 2 Autres manières d'exprimer le souhait

a. On peut exprimer un souhait directement, à l'aide d'une <u>proposition indépendante</u> introduite par que.

Que votre vœu se réalise ! May your wish be fulfilled!
Qu'elle soit heureuse ! May she be happy!

b. Certaines formules figées ou traditionnelles omettent le que et font appel à l'inversion du sujet.

Vive la République ! Long live the Republic!
Ainsi soit-il ! So be it!

c. On peut exprimer le souhait avec le verbe pouvoir (subjonctif et inversion) ou encore avec la formule si seulement suivie de l'imparfait.

Puisse-t-il revenir bien vite ! May he come back soon!
Si seulement il revenait bien vite ! If only he would come back soon!

II. 3 La conjonction pourvu que

Pourvu que peut, dans une proposition indépendante, exprimer un souhait mais ce souhait est nuancé de la crainte qu'il ne se réalise pas.

Pourvu qu'il ne vienne pas ! (J'ai peur qu'il vienne.)
I hope he won't come (but I fear he will).

Pourvu qu'elle connaisse la réponse ! (J'ai peur qu'elle ne connaisse pas la réponse.) I do hope she knows the answer (but I fear she doesn't).

> **B.** En utilisant le modèle proposé, reformulez les phrases suivantes et employez « pourvu que ».
>
> *Il sera peut-être en retard. → Pourvu qu'il ne soit pas en retard !*
> 1. Il pleuvra peut-être.
> 2. Elle ne voudra peut-être pas.
> 3. La poste sera peut-être fermée.
> 4. Il ne sera peut-être pas à l'heure.
> 5. L'entrevue se passera peut-être mal.

III. L'ordre

Travaille !
Asseyez-vous !
Tu rangeras la cuisine.
Traduire les phrases suivantes.

III. 1 L'impératif

• En général, pour donner un ordre, on utilise l'impératif.

Travaille !
Travaillez !
Travaillons !

- Comme l'impératif n'existe qu'à la 2e personne du singulier et aux 1re et 2e personnes du pluriel, on adresse un ordre à la 3e personne (singulier ou pluriel) à l'aide de que + subjonctif.

> *Qu'il travaille !* Let him work!

ATTENTION !

- L'impératif ne se construit pas avec un pronom sujet.

Chante ! Pars ! Regarde ! etc.

- Mais l'impératif est accompagné d'un pronom personnel objet quand le verbe est un verbe réfléchi.

Asseyez-vous ! (s'asseoir)
Occupez-vous de vos affaires ! (s'occuper)

→ chapitre 24, III. 1, p. 193

III. 2 Autres moyens d'exprimer l'ordre.

a. On utilise parfois la 2e personne du futur (surtout quand il s'agit d'obligations morales).

> *Tu ne tueras pas, tu ne voleras pas,* etc. Thou shall not kill, steal…
> *Tu rangeras la cuisine avant de partir.* You will clean up the kitchen before leaving.

b. On peut utiliser aussi l'infinitif (quand on ne s'adresse pas à une personne présente). Il s'agit alors souvent d'une consigne, d'une recette ou d'un mode d'emploi.

> *Traduire les phrases suivantes.* Translate the following sentences.
> *Battre les blancs en neige.* Beat the egg whites.
> *Compléter les phrases suivantes.* Complete the following sentences.

c. Pour atténuer un ordre qui serait donné à la 2e personne du pluriel, on utilise souvent la forme de politesse veuillez + infinitif.

> *Veuillez vous asseoir.* Please be seated./Please do…/Will you please…
> *Veuillez signer ce document.* Please sign this document

C. Exprimez l'ordre à l'aide de l'impératif.

1. Tu seras à l'heure.
2. Vous partirez sans rien dire.
3. Je t'ordonne d'attendre.
4. Je vous demande de ne pas vous fâcher.
5. Il faut que tu l'écoutes.

39 L'EXCLAMATION, LE SOUHAIT, L'ORDRE •

D. **Choisissez la bonne réponse.**

1. .... belle journée !
   a. Quels   b. Laquelle   c. Quelle   d. Comme

2. .... il fait beau !
   a. Comment   b. Comme   c. Que de   d. Quel

3. .... vous êtes courageux !
   a. Quel   b. Comment   c. Que de   d. Que

4. .... belles fleurs !
   a. Que de   b. Quelles   c. Quels   d. Comme

5. .... travail !
   a. Que de   b. Quels   c. Comme   d. Quelle

E. **Dans les phrases suivantes, mettez le verbe à l'impératif.**

1. [nettoyer] .... ta chambre.

2. [se laver] .... les dents avant de vous coucher.

3. [se coucher] .... de bonne heure car nous sommes fatigués.

4. [donner] ....-nous votre adresse pour que nous vous écrivions.

5. [savoir] .... changer une roue ; cela pourra toujours vous être utile.

F. **Traduisez.**

1. What a goal!
2. What a lot of mouths to feed!
3. How exciting!
4. Please do help yourself!
5. I hope the exam will be postponed (but I'm afraid it won't.)

40 LA RESTRICTION ET LE REFUS DE LA RESTRICTION

I. La restriction et la traduction de « only »
Je **ne** pense **qu'**aux vacances.
Eux **seuls** te le diront.
Il **ne fait que** penser aux vacances.

II. Le refus de la restriction : traduction de « anywhere, anytime, wherever, whenever »
Il viendra **n'importe quand**.
Il viendra **à n'importe quelle heure**.
Il viendra, **quelle que soit l'heure**.
Il viendra, **peu importe l'heure**.

I. La restriction et la traduction de « only »

I am thinking only of the holidays. **Je ne pense qu'aux vacances.**
Only they will tell you. **Eux seuls te le diront.**
He does **nothing but** think about the holidays. **Il ne fait que penser aux vacances.**

I. 1 Les moyens d'exprimer la restriction

• Pour marquer la restriction on peut parfois employer l'adverbe seulement.
  Je pars seulement pour un jour.

• Mais on emploie généralement ne... que, que se plaçant immédiatement devant le mot sur lequel porte la restriction.
  Je ne veux que toi. (toi seulement) I want only you.
  Je n'irai qu'à New York. (à New York seulement) I will be going only to New York.
  Il ne pense qu'à partir. (à partir seulement) He thinks about nothing but leaving.

I. 2 Emploi de ne... que

Ne... que ne peut pas commencer une phrase et s'appuie toujours sur un verbe.

Si on veut faire porter la restriction sur un sujet qui serait placé en début de phrase, on doit :

a. soit utiliser l'expression **il n'y a que** devant le sujet qui, alors, est suivi d'une proposition relative au subjonctif (→ chapitre 30, III.1, p. 232) :

Il n'y a que sa mère qui puisse la comprendre.
Only her mother can understand her.

b. soit utiliser l'adjectif **seul(e)(s)**
– placé après le pronom tonique sujet :

Lui seul peut la comprendre. He alone can understand her.
Eux seuls te le diront. Only they will tell you.

– placé après ou avant le nom sujet :

Seule sa mère peut la comprendre.
Sa mère seule peut la comprendre.

❙ ATTENTION !
Dans ce cas on ne peut pas utiliser l'adverbe seulement ; il faut utiliser l'adjectif seul(e)(s).

N. B. : il n'y a que en début de phrase marque la restriction et peut mettre en valeur d'autres éléments que le sujet.

Il n'y a que lui que je veux voir. (Je ne veux voir que lui.) I want to see only him.
Il n'y a qu'en sa mère qu'il a confiance. (Il n'a confiance qu'en sa mère.)
He has confidence only in his mother.

I. 3 L'expression ne faire que...

Quand la restriction porte sur un verbe conjugué, on utilise l'expression ne faire que suivie du verbe qui se met à l'infinitif.

Son silence n'a fait qu'aggraver la situation.
His silence only aggravated the situation.

Il ne fait que boire. He does nothing but drink.

A. Marquez la restriction qui porte sur les mots soulignés en utilisant « ne… que ».

1. Denis travaille le samedi.
2. Françoise est sortie avec Barbara.
3. Nous avons vu un film.
4. Nous irons à la piscine lorsqu'il fera chaud.
5. Ils dorment.

> Il viendra **n'importe quand.** }
> Il viendra **à n'importe quelle heure.** } He will come at any time.
> Il viendra, **quelle que soit l'heure.** He will come no matter what time it is.
> Il viendra, **peu importe l'heure.** He will come, whatever the time.

II. 1 Problème de traduction

Quand on veut indiquer qu'on accepte toutes les solutions, qu'on envisage toutes les possibilités, qu'on n'exclut aucun élément, on utilise en anglais les dérivés de any (anytime, anywhere...) ou des composés de -ever (whatever, whenever...).
Pour marquer ce refus de l'exclusion, le français utilise des tournures assez complexes.

II. 2 Le refus de l'exclusion porte sur un élément d'une proposition

• Qu'il s'agisse d'une proposition principale ou d'une proposition indépendante (la phrase a un sens complet en elle-même), cet élément a une fonction dans la proposition ; il peut être sujet, objet, complément circonstanciel (de lieu, de temps, de manière).

• On utilise alors les formules suivantes :
– N'importe qui (sujet ou complément d'objet) = anyone, anybody. Il s'agit d'une personne.

> *N'importe qui peut vous le dire.* Anybody can tell you.
> *Il fréquente n'importe qui.* He goes out with anyone.

– N'importe quoi (complément d'objet) = anything. Il s'agit d'une chose.

> *Il achète n'importe quoi.* He'll buy anything.

– N'importe où (complément circonstanciel de lieu) = anywhere.

> *Je le rencontrerai n'importe où.* I'll meet him anywhere.

– N'importe quand (complément circonstanciel de temps) = anytime.

> *Il peut y aller n'importe quand.* He can go anytime.

– N'importe comment (complément circonstanciel de manière).

> *Il travaille n'importe comment.* He is sloppy in his work.

– ou des formules, équivalentes mais développées, du type : n'importe + quel(le)(s)(les) + nom.

> *N'importe quel témoin peut vous le dire.* Any witness will tell you.
> *Il fréquente n'importe quel étranger.* He goes out with any stranger.
> *Il dit n'importe quelle bêtise.* He says whatever comes into his head.
> *On peut y aller à n'importe quelle heure.* We can go any time.
> *Il travaille avec n'importe quel outil.* He can work with any tools.

Les expressions composées de n'importe ne peuvent pas introduire une subordonnée. On ne peut donc pas les utiliser comme conjonctions.

On ne peut pas dire : *« Chaque jour il prenait le bus, n'importe quel temps qu'il faisait. »

En effet, n'importe quel + nom + que n'existe pas.

On doit dire :

Chaque jour, il prenait le bus, par n'importe quel temps. Every day he took the bus, whatever the weather (no matter what the weather was like).

Mieux encore, on peut utiliser une subordonnée introduite par une conjonction (→ II. 3, ci-dessous) : … quel que soit le temps.

II. 3 Le refus de l'exclusion porte sur toute une proposition subordonnée

Dans ce cas, les éléments de II. 2 ne conviennent pas.

a. La subordonnée peut être introduite :
– par les conjonctions suivantes :

où que… = wherever   qui que… = whoever   quoi que… = whatever

Le verbe de la subordonnée est alors au subjonctif.

– ou par la formule : quel(le)(s) que soit/soient... (= whatever).

Où que nous allions, nous les rencontrons. Wherever we go, we meet them.

Qui que vous soyez, respectez les règles du jeu.
No matter who you are, abide by the rules of the game.

Quoi qu'elle fasse, elle énerve les gens.
Whatever she does (regardless of what she does), she upsets people.

Quelles que soient vos excuses, vous devez voir le directeur.
Whatever your excuses, you must see the principal.

b. On peut aussi commencer la subordonnée par peu importe ; importe joue alors le rôle du verbe mais reste invariable.

Peu importe la réponse,
Whatever the answer

Peu importe la réponse de tes amis,
Whatever your friends answer

Peu importe la réponse que l'on te donne,
No matter what answer you are given

} *tu devras agir.*
you must act.

Ne pas confondre peu importe + nom et n'importe quel + nom.

Le groupe peu importe + nom représente toute une subordonnée et ne peut pas être le complément d'objet direct d'un verbe. Dans peu importe, importe est un véritable verbe. (Dans n'importe quel, importe a perdu sa fonction de verbe.)

On peut dire :

Je te dirai n'importe quelle *réponse.* (une seule proposition) → II. 2, p. 299

mais on ne peut pas dire :

« Je te dirai peu importe la réponse. *»*

On dira :

Je te dirai la vérité, peu importe *la réponse.* (deux propositions) → II., 3 b, p. 300.

B. Commencez la subordonnée par les mots qui conviennent.

1. .... vous proposiez, il dira toujours non.
2. .... le cadeau que vous apportiez, vous leur ferez plaisir.
3. .... vos projets, nous vous aiderons à les réaliser.
4. .... l'heure à laquelle il arrivera, nous l'attendrons.
5. .... vous alliez, restez prudent.

C. Exprimez la restriction à l'aide de « ne... que » en la faisant porter sur les mots soulignés.

1. Il pense <u>aux vacances</u>.
2. Il <u>pense</u> aux vacances.
3. Ce chef d'entreprise voyage <u>en classe affaires</u>.
4. Elle <u>joue</u> du piano.
5. Daniel sort avec <u>Élisabeth</u>.

D. Traduisez en français à l'aide de « ne... que ».

1. He just keeps repeating what he has been told.
2. He does nothing but chatter!
3. They have done nothing except complain.
4. We were only telling the truth.
5. She was only kidding.
6. He can only play the violin.
7. The witness must tell nothing but the truth.
8. We took only what was strictly necessary.
9. All this child does is cry.
10. He only wants to help us.

LA RESTRICTION ET LE REFUS DE LA RESTRICTION

E. **Remplacez les mots soulignés par « n'importe quel(le)(s) ».**

1. Elle a pris <u>une</u> robe.
2. Il a pris <u>un</u> disque.
3. Ils se lèvent à <u>une certaine</u> heure.
4. Nous accueillons <u>des</u> visiteurs.
5. <u>Un</u> employé pourra vous donner le renseignement.

F. **Reprenez les phrases de l'exercice E et utilisez « n'importe qui », « n'importe quoi », « n'importe où », « n'importe quand » ou « n'importe comment ».**

Elle a choisi <u>une robe</u>. → Elle a choisi n'importe quoi.

G. Traduisez.

1. Whatever your questions are, I will answer them with precision.
2. Wherever you go, you will be asked for a passport.
3. Regardless of who you are, you are not exempt from taxes!
4. Regardless of the reason, such behaviour is not acceptable.
5. Whatever the cause may have been, the result is undeniable.
6. No matter what I do, you are never satisfied.
7. This child would go off with anyone at all.
8. We want a spectacular wedding, no matter the cost.
9. Call us anytime, any day.
10. You must stay to finish the job, no matter what time it is.

41 LES AUXILIAIRES DE MODE

I. **Savoir – connaître – pouvoir**
Je **sais** ce poème par cœur.
Je **connais** cette personne.
Je **sais** nager mais je ne **peux** pas nager aujourd'hui.
Que **puis**-je faire pour vous ?

II. **Devoir**
Je **dois** partir.
Il **a dû** perdre ses clefs.
Tu **devrais** faire tes devoirs.

III. **Vouloir**
Il **voudrait** vous voir.
Veuillez ouvrir la porte.
Qu'est-ce que cela **veut** dire ?

I. Savoir – connaître – pouvoir

Je **sais** ce poème par cœur. I know this poem by heart.
Je **connais** cette personne. I know this person.
Je **sais** nager mais je ne **peux** pas nager aujourd'hui.
I know how to swim but I can't swim today.
Que **puis**-je faire pour vous ? What can I do for you?

I. 1 Savoir **et** connaître

- On utilise savoir pour indiquer une connaissance d'ordre intellectuel, une connaissance apprise et parfaitement assimilée. On dira, par exemple : « Je sais ce poème (ce texte, cette leçon, etc.) par cœur. »

- On utilise connaître quand il s'agit plutôt d'une connaissance pratique, qui fait appel aux sens (idée de déjà vu) ou pour exprimer l'idée d'une rencontre antérieure : « Je connais cette personne. »

  a. On ne peut pas utiliser **savoir** si to know a le sens de avoir fait la connaissance, avoir déjà rencontré, avoir déjà vu. Les personnes, les animaux, les lieux et les objets concrets ne peuvent pas être compléments d'objet de savoir. On ne peut pas traduire I know this person, I know that town par le verbe savoir. On utilise le verbe connaître : *Je connais cette personne, je connais cette ville.*

b. On ne peut pas utiliser connaître pour introduire une subordonnée (conjonctive ou infinitive).

On ne peut pas dire : *« Je connais que tu l'aimes. »

                        *« Je connais quelle est ta chanson préférée. »

                        *« Je connais faire ce gâteau. »

On utilise le verbe savoir devant une subordonnée. On dira :

Je sais que tu m'attends. I know you are waiting for me.

Je sais quel est ton auteur favori. I know who is your favourite author.

Je sais comment m'y prendre. I know how to do it.

Je sais réparer ma voiture. I know how to fix my car.

N. B. : quelquefois il est difficile de choisir entre savoir et connaître car, dans certains cas, les deux verbes sont possibles. On peut dire « je sais le français » ou « je connais le français » mais, dans ce cas, on préfère le verbe savoir.

A. Complétez par le verbe qui convient.

1. Il ne .... pas à quelle heure est la représentation.

2. Nous avons très bien .... votre père.

3. Je ne .... pas si je pourrai aller au cinéma avec vous.

4. Nous .... un très bon électricien.

5. Vous .... qu'il reviendra.

I. 2 Savoir et pouvoir

a. Les deux verbes peuvent être suivis d'un infinitif complément.

Je sais travailler. Je peux travailler.

Mais seul savoir peut être suivi d'une subordonnée introduite par que.

Je sais que tu travailles.

b. Savoir suivi d'un infinitif indique une capacité (qui est souvent le fruit d'un apprentissage) et a le sens de to know how to do something (knowledge and skill). Pouvoir indique qu'on est en mesure de faire quelque chose, qu'on a la possibilité matérielle, la latitude physique de faire quelque chose (physical ability).

Je sais patiner mais je ne peux pas patiner aujourd'hui car je me suis foulé la cheville.

I can skate but I can't skate today as I have sprained my ankle.

I. 3 Pouvoir

a. Souvent la construction can + verbe se traduit par le second verbe seulement.

I can see. *Je vois.*

C'est le cas lorsqu'il s'agit des verbes de perception (to see, to hear...) et des verbes to find, to understand.

I cannot understand. *Je ne comprends pas.*

b. Il faut se rappeler que could peut avoir deux sens en français.
– Si could équivaut à was able to, on le traduira par l'imparfait de pouvoir.

I was too tired; I could not dance. *J'étais trop fatigué ; je ne pouvais pas danser.*

– Si could équivaut à would be able to, on le traduira par le conditionnel de pouvoir.

I could go to the movies if I didn't have work.
Je pourrais aller au cinéma si je n'avais pas de travail.

c. Pouvoir peut marquer de deux façons la possibilité, une éventualité présentée comme vraisemblable :
– quand on l'emploie au passé composé :

Elle a pu rencontrer un empêchement de dernière minute.
She may have had a last minute problem.

– quand on l'emploie à la forme réfléchie dans la construction impersonnelle il se peut que + subjonctif :

Il se peut qu'elle ait rencontré un empêchement de dernière minute.
It is possible that she had a last minute problem.

d. Pouvoir peut indiquer une permission :

Tu peux partir. You may leave.

e. À la 1re personne du singulier du présent de l'indicatif, on peut dire « je peux » ou « je puis » (forme archaïque) mais avec une inversion, on utilise obligatoirement puis.

Que puis-je faire pour vous ? What can I do for you?

B. Complétez les phrases à l'aide de « savoir » ou de « pouvoir ».

1. Vincent ne .... pas encore conduire ; il va prendre des leçons.

2. Je n'ai pas .... aller à la banque ; je n'ai pas eu une minute !

3. Nous .... sortir ce soir si nous avons fini notre travail.

4. Hélène .... se servir d'un ordinateur ; malheureusement le sien est cassé et elle ne .... pas l'utiliser.

5. Si tu le veux, tu .... partir.

Je dois partir. I have to (must) go.
Il a dû perdre ses clefs. He must have lost his keys.
Tu devrais faire tes devoirs. You should (ought to) do your homework.

II. 1 Les différents sens du verbe devoir

Le verbe devoir varie de sens selon le contexte dans lequel il est utilisé et selon le temps auquel il est employé.

a. Au présent le verbe devoir peut marquer :
– une simple prévision :

Je dois partir demain vers 9 h 30. I am scheduled to leave tomorrow at 9.30.

– une obligation morale :

Mon devoir m'appelle. Je dois partir. Duty calls. I have to leave.
On doit respecter son prochain. One must respect others.

– une contrainte (a compulsion) :

Je suis en retard. Je dois partir. I am late. I must leave.

b. Au passé composé le verbe devoir a deux sens. Il peut marquer :
– une probabilité, une déduction logique :

Il a dû perdre ses clefs. (Il a vraisemblablement perdu ses clefs.)
He must have lost his keys.

– une contrainte :

J'ai dû me taire. (J'ai été obligé de me taire.) I had to be silent.

c. Au conditionnel, le verbe devoir marque un souhait, un conseil ou une obligation morale.
– Au conditionnel présent, le fait envisagé est encore réalisable.

Tu devrais faire tes devoirs. You should (ought to) do your homework.

– Au conditionnel passé, le fait n'est plus réalisable. (Il est trop tard).

Tu aurais dû faire tes devoirs. You should (ought to) have done your homework.

C. Reformulez les phrases suivantes en vous servant du verbe « devoir ».

1. Il a vraisemblablement été pris dans un embouteillage.
2. Je vous conseille de partir avant la tombée de la nuit.
3. Il a été obligé de s'excuser.
4. Je compte partir en début d'après-midi.
5. Tu aurais intérêt à lui poser toi-même la question.

III. Vouloir

> Il **voudrait** vous voir. He would like to see you.
> **Veuillez** ouvrir la porte. Please open the door.
> Qu'est-ce que cela **veut dire ?** What does that mean?

III. 1 Will + **infinitif**

Will + infinitif peut se traduire, selon les cas, par :
– un futur français :

> It will snow tomorrow. *Il neigera demain.*

– le verbe vouloir ou vouloir bien :

> Will you help me? *Voulez-vous (bien) m'aider ?*
> Will you open the windows? *Voulez-vous bien ouvrir les fenêtres ?*

III. 2 Would + **infinitif**

Would + infinitif peut correspondre en français à :
– un conditionnel :

> He would like to see you. *Il aimerait vous voir.*

– un imparfait marquant l'habitude :

> She would often say... *Elle disait souvent...*

III. 3 Je voudrais + **infinitif**

Cette expression est souvent l'équivalent de I should (would) like to + infinitif.

> I should (would) like to congratulate you. *Je voudrais vous féliciter.*

III. 4 Veuillez + **infinitif**

Cette expression correspond à une formule de politesse pour donner un ordre ou adresser une prière.

> *Veuillez ouvrir la porte.* Please open the door./Be so kind as to open the door.

III. 5 Vouloir dire

Cette expression correspond au verbe to mean.

> *Qu'est-ce que cela veut dire ?* (Qu'est-ce que cela signifie ?) What does that mean?

41 LES AUXILIAIRES DE MODE

307

D. Traduisez.

1. She would like to speak to you.
2. Would you please bring me a cup of tea?
3. Please be seated.
4. What does that sentence mean?
5. They would often stay on their balcony.

E. Complétez à l'aide du verbe « savoir » ou du verbe « connaître ».

1. Marc .... sa leçon par cœur.
2. Nous n'avons pas .... qu'il était malade.
3. ....-vous cette pièce de Beckett ?
4. Je ne .... pas le chemin pour aller chez vous.
5. Les étudiants .... les résultats de leur examen dans une semaine.

F. Traduisez.

1. You really should try to understand.
2. Can everybody hear me?
3. My father can't drive. He never learned.
4. My father can't drive anymore. His sight is failing.
5. I know him. He must have missed the train.

G. Complétez à l'aide du verbe « savoir » ou du verbe « pouvoir ».

1. Je me suis cassé le bras ; je ne .... pas jouer au tennis.
2. Nous n'avons pas .... vous téléphoner : il n'y avait pas de cabine.
3. Je ne .... pas danser.
4. ....-vous m'indiquer le chemin, s'il vous plaît ?
5. ....-je te poser une question ?

H. Traduisez.

1. I know the answer.
2. She knows where I live.
3. Do you know Toronto well?
4. I can swim. I learned when I was 6 years old.
5. Because of my injured foot, I can't skate.
6. The camel can live a whole week without drinking.
7. I can't see her.
8. Can you hear me?
9. I shall leave at 3:00.
10. She should have been there.
11. We ought to start our own work now.
12. We must have seen her during the week.
13. He had to leave suddenly.
14. During the winter he would often stay inside for days.
15. Would you accept his offer if he increased the price?
16. If only they would cooperate, everything would go better.
17. Would you please open the window?
18. Will you please fill out the form?
19. When he didn't know the answer, he would ask his sister.
20. You should think about his offer.

42 L'EXPRESSION DU TEMPS

I. Référence temporelle
Nous partirons **demain**.
Ils sont partis **le lendemain**.
Je partirai **la semaine prochaine** et reviendrai **la semaine suivante**.

II. La date
Le samedi 31 décembre deux mille cinq.
Mardi 5 avril 1990.

III. L'heure
Il est **minuit**.
Il est huit heures **et demie**.
Il est **tard** ; il est **en retard**.

IV. « Depuis » + durée
J'attends **depuis** deux heures.

V. Expressions
Nous mangerons **en** une heure.
Nous mangerons **dans** une heure.
Rendez-vous **dans** huit jours.

I. Référence temporelle

Nous partirons **demain**.
Ils sont partis **le lendemain**.
Je partirai **la semaine prochaine** et reviendrai **la semaine suivante**.

I. 1 Indications temporelles

- Quand on donne des indications temporelles, il est important de savoir si on envisage le temps à partir du moment présent (aujourd'hui, maintenant, etc.), ou par rapport à un autre moment, passé ou futur (ce jour-là, à ce moment-là, etc.).
Vous trouverez page suivante la liste des expressions ou adverbes à utiliser selon les cas.

À partir d'un moment présent	À partir d'un moment passé ou futur
– il y a deux ans	– deux ans avant (auparavant)
– il y a un an	– l'année d'avant (l'année précédente)
– il y a 3 (4, 5…) jours	– 3 (4, 5…) jours avant (auparavant)
– avant-hier	– l'avant-veille
– hier	– la veille
– aujourd'hui	– ce jour-là
– demain	– le lendemain (le jour suivant)
– après-demain	– le surlendemain
– dans 3 (4, 5…) jours	– 3 (4, 5…) jours après (plus tard)
– dans un an	– un an après (plus tard) ; l'année suivante
– dans deux ans	– deux ans après (plus tard)

ATTENTION !

La semaine prochaine, le mois prochain, etc. supposent que l'on envisage le temps à partir du présent. Si l'on envisage le temps à partir du passé ou de l'avenir, il faut dire la semaine suivante, le mois suivant, etc.

Elle est venue la semaine suivante. She came the following week.
Je viendrai la semaine prochaine. I will come next week.

I. 2 Les parties du jour

Quand il s'agit d'indiquer les parties du jour on dira :

par rapport au présent (aujourd'hui)	par rapport au passé (ce jour-là) ou à l'avenir
– ce matin	– ce matin-là
– ce midi ; à midi	– ce midi-là
– cet après-midi	– cet après-midi-là
– ce soir	– ce soir là
– cette nuit	– cette nuit-là

A. **Traduisez.**

1. He said he would come back the next day.
2. I have a doctor's appointment next week.
3. The next week, it rained every day.
4. Last year we went to France. The year before, we went to Italy.
5. Yesterday I finished the book I had started the day before.

Le samedi 31 décembre deux mille cinq.
Saturday, December 31st, two thousand and five.

II. 1 Les adjectifs cardinaux

À l'exception du mot premier, on n'utilise pas l'adjectif numéral ordinal (deuxième, troisième, etc.) pour indiquer une date. On utilise l'adjectif numéral cardinal (deux, trois, etc.).

> *Mardi 5 avril 1990.* Tuesday, April 5th, 1990.

II. 2 Pour dater une lettre ou un document

• On peut utiliser les formules suivantes :

> *Samedi 31 décembre 2005*
> *Le 31 décembre 2005*   } Saturday, December 31, 2005
> *Le samedi 31 décembre 2005*

• On ne place pas l'article après le nom du jour si celui-ci est mentionné. On n'écrira pas : *« samedi le 31 décembre 2005. »

N. B. 1 : contrairement à l'anglais, le français ne met pas de majuscules aux noms de jours, de mois ou de saisons.

N. B. 2 : de même, le français ne met pas de virgules dans une date.

> *Le samedi 31 décembre 2005.* Saturday, December 31, 2005.

II. 3 Le millésime

Le millésime s'écrit officiellement « mil » uniquement lorsque l'on parle de l'an 1000.

III. L'heure

Il est **minuit**.
Je suis **en retard**.

III. 1 Pour indiquer l'heure

On utilise le pronom impersonnel il (et non pas le pronom c').

> *Il est 5 heures.* It is 5 o'clock.
> *Il est minuit.* It is midnight.

III. 2 Pour indiquer une heure située après midi

On a le choix entre deux systèmes :

    a. on peut dire : 13 heures, 14 h, 17 h, etc. (jusqu'à 23 heures) ;

    b. on peut dire aussi : une heure de l'après-midi (deux heures, cinq heures de l'après-midi, etc).
Après sept heures, on ajoute l'expression du soir.

III. 3 L'orthographe de demi

- On écrit demie (au féminin) quand le mot « demie » suit le mot heure(s).

    Il est huit heures et demie.

- Mais on écrit demi (sans -e) quand le mot demi précède le mot heure.

    Nous avons encore une demi-heure à attendre.

III. 4 Être tard/être tôt et être en retard/être en avance

- Il ne faut pas confondre ces expressions. En effet, it is late peut se traduire par il est tard ou il est en retard selon le cas.

- On traduit par il est tard si it est un pronom impersonnel.

    Je dois aller me coucher car il est tard. I must go to bed as it is late.

- On traduit par il (elle) est en retard si it représente un objet précis (par exemple : un avion, un train, etc.).

    L'avion n'arrivera pas avant 17 h car il est en retard.
    The plane won't arrive before 5 pm because it is late.

- On utilise aussi l'expression être en retard/être en avance quand il s'agit d'une personne.

    Il est en retard. He is late.

B. Traduisez.
1. Halloween is celebrated on October 31st.
2. I will leave the day after tomorrow.
3. You must register by August 30th.
4. The train is early; it will arrive at 10.30.
5. The day before yesterday we waited half an hour.

IV. « Depuis » + durée

I have been waiting for 2 hours. J'attends **depuis deux heures**.
Ça fait deux heures que j'attends.

IV. 1 Depuis + présent

Lorsqu'un événement commencé dans le passé aboutit au présent et dure encore, on utilise le présent avec depuis (→ chapitre 23, V. 1 b, p. 188).

J'attends depuis deux heures. I have been waiting since 2 o'clock.

N. B. : dans l'exemple ci-dessus, deux heures peut représenter un temps point (référence de l'horloge = 2 o'clock) ou un temps durée (two hours).
Lorsque le temps mentionné est une durée (et non pas le temps point de l'horloge), on peut utiliser d'autres tournures :

Ça (Cela) fait deux heures que j'attends.
Il y a deux heures que j'attends.

IV. 2 Emploi de l'imparfait

Lorsqu'une action passée aboutit à une autre action passée, on utilise, pour exprimer la durée, l'imparfait et les formules suivantes :

J'attendais depuis deux heures.
Ça faisait deux heures que j'attendais. ⎫ I had been waiting for 2 hours.
Il y avait deux heures que j'attendais. ⎭

C. Traduisez.
1. We have been working for an hour.
2. We had been working for an hour, when you arrived.
3. They have been waiting since noon.
4. She has been learning French for six months.
5. I have loved you since the day we met.

Dans un mois, nous serons au printemps.
Nous nous rencontrerons **dans quinze jours**.

V. 1 Délai et durée

On distinguera bien dans une heure et en une heure. La préposition dans suivie d'une durée marque un délai, une attente. La préposition en suivie d'une durée indique la durée d'une action et peut s'utiliser avec un verbe au passé (→ I. 2, p. 139).

> *Nous mangerons dans une heure.* We will eat in an hour (= an hour from now).
> *Nous avons mangé en une heure.* We ate in an hour (duration = 60 minutes).

V. 2 Les saisons

On dit en été, en automne, en hiver mais au printemps.
Les noms de saison n'ont pas de majuscule en français.

V. 3 Confusion à éviter

On distinguera :

> *Il est venu lundi.* He came on Monday.

Sans article et sans préposition, le nom du jour signifie lundi dernier (avec un verbe au passé) ou lundi prochain (avec un verbe au futur).

> *Il est venu un lundi.* He came on a Monday.

Il s'agit d'un lundi quelconque, peu défini.

> *Il venait le lundi.* He used to come **on Monday(s)**. = **every Monday**.

L'article défini implique une habitude, une répétition.
Every Monday peut se traduire par chaque lundi mais plus idiomatiquement par tous les lundis.

V. 4 Problèmes de traduction

> **a.** I will be back by Monday. *Je reviendrai avant lundi.*

Pour indiquer le temps qui précède une date limite, on traduit by par avant.

> **b.** I met him on January 1st. *Je l'ai rencontré le 1er janvier.*

Devant une date, la préposition on ne se traduit pas en français.

V. 5 For et l'expression du temps

• Rappel : la préposition pour ne peut pas être utilisée pour marquer une durée déjà écoulée. Dans ce cas on traduit for par pendant (durant).

> *Je suis resté chez eux pendant dix jours.* I stayed with them for ten days.

• For peut se traduire par pour et marquer la durée seulement lorsqu'il s'agit d'un projet ou d'une intention.

> *Je pars pour deux semaines (15 jours).* I am leaving for two weeks.

V. 6 Les expressions françaises huit jours et quinze jours

Ces expressions signifient curieusement une semaine (7 jours) et deux semaines (14 jours).

> *Nous sommes le 15 janvier. Il arrivera dans 8 jours (le 22).*

D. Traduisez.
1. We spent a week in the country.
2. They will leave in half an hour.
3. My mother always did the laundry on Mondays.
4. In two hours it will be morning.
5. The accident happened on a Sunday.

E. Traduisez.
1. We went from Toronto to Vancouver in 5 days.
2. I arrived on Thursday and my brother arrived the next day.
3. It's 7 pm. He is very late.
4. A month from now it will be winter.
5. Every Sunday he washes his car.
6. I had been waiting for an hour because I was early.
7. On Sunday, November 30th we are going to a concert.
8. The patient has been waiting since 9 am.
9. The tennis tournament lasts a fortnight (2 weeks).
10. I was born on Friday, August 7th, 1970.

43 L'EXPRESSION DE LA QUANTITÉ

I. Chiffre et quantité
Je veux **deux** billets ; j'**en** veux **deux**.
Les cinq enfants étaient en vacances.
Ils ont passé **leur vie** à travailler.

II. Quantité indéfinie
Je ne veux pas **de** chocolat.
Il a **beaucoup d'**ennuis ; il a **bien des** ennuis.
La plus grande partie du film est tournée en studio.
La plupart des films sont tournés en studio.

I. Chiffre et quantité

Je veux **deux** billets ; j'**en** veux **deux**. I want two tickets ; I want two.
Les cinq enfants étaient en vacances. All five children were on vacation.
Ils ont passé **leur vie** à travailler. They spent their lives working.

I. 1 Les chiffres

a. Contrairement à l'anglais qui peut utiliser le chiffre seul et faire l'ellipse du représentant, le français, à l'intérieur d'une même phrase, ne peut utiliser un chiffre seul comme sujet ou comme complément.

Le chiffre est :
– soit suivi d'un substantif :

Je veux deux billets.

– soit accompagné du pronom en, représentant d'un substantif :

J'en veux deux.
On traduira donc I will have five, take one, etc. par : J'en veux cinq ; prends-en un, etc.
Il faut faire attention à ne pas oublier le pronom en.

b. La règle précédente vaut aussi pour les adverbes de quantité un peu, trop, beaucoup, assez et plus.

J'ai assez d'argent ; j'en ai assez. I have enough money ; I have enough.
J'ai plus de responsabilités ; j'en ai plus. I have more responsibility ; I have more.

I. 2 Les noms pluriels précédés d'un chiffre

Contrairement à l'usage anglais, on ne peut pas considérer un nom pluriel précédé d'un chiffre comme une unité et utiliser devant ce groupe un article ou un adjectif au singulier. On ne dira pas :

*« Je lui ai réclamé mon dix dollars. » I asked him for my 10 dollars.
*« Elle lui a prêté un autre cinq dollars. » She lent him another 5 dollars.
*« Un autre vingt pour cent des étudiants était absent. » Another 20 % of the students were absent.

On dira :

Je lui ai réclamé mes dix dollars.
Elle lui a prêté cinq dollars de plus.
Vingt pour cent des étudiants étaient absents.

I. 3 Chiffre + article + tous

• Quand il s'agit de marquer un ensemble d'éléments on utilise l'adjectif tous mais on ne peut pas combiner tous + l'article défini + chiffre + nom.
On ne peut pas dire : *« Tous les cinq enfants. »
On dira : *Tous les enfants ou les cinq enfants.*

• On peut utiliser : tous + article + nom (tous les enfants).
tous + article + chiffre (tous les cinq).
Mais on ne peut pas combiner les deux formules.

N. B. : il existe un cas où la formule tous + article + chiffre + nom est correcte ; il s'agit alors de marquer la fréquence et non la totalité. (Cette formule correspond alors à every.)
Un bus part toutes les deux minutes. A bus leaves every two minutes.

I. 4 Emploi du singulier avec un possesseur pluriel

En français, le singulier est de rigueur lorsque chaque individu ne possède qu'un élément, même si l'ensemble des objets suggère l'idée du pluriel.
On ne dira pas : *« Elle a mis la corde autour des cous des chiens. »
*« Ils ont passé leurs vies à travailler. »
On dira : *Elle a mis la corde autour du cou des chiens.*
She put the rope around the dogs' necks.
Ils ont passé leur vie à travailler. They spent their lives working.

A. Traduisez.

1. He asked the volunteers to raise their hands.
2. What lovely cherries! Give me a kilo.
3. She has ten dollars and I have five.
4. The spectators were scratching their heads.
5. All five answers are wrong.

> Je ne veux pas **de** chocolat.
> Il a **beaucoup d'**ennuis ; il a **bien des** ennuis.
> **La plus grande partie** du film est tournée en studio.
> **La plupart des films** sont tournés en studio.

II. 1 L'article partitif

- Quand on veut marquer qu'une quantité est indéfinie, non mesurée, quand il s'agit d'une partie imprécise d'un tout, on utilise l'article partitif du, de la, d', des.

  Je veux du chocolat. I would like some chocolate.
  Manges-tu de la confiture ? Are you eating jam?

- Mais on utilise la préposition de seule quand la phrase est négative (sauf après c'est, ce sont).

  Je ne veux pas de chocolat.
  Ne manges-tu pas de confiture ?
  Ce n'est pas du vin.

- Parfois, dans une phrase négative, on garde l'article partitif (du, de la, d', des) mais pour marquer ou accentuer un contraste (explicite ou sous-entendu). On distinguera :

  Je ne bois pas de vin. (Sous-entendu : c'est mon habitude de ne pas boire de vin ou c'est un principe.) I don't drink wine.

  Je ne bois pas du vin. (Sous-entendu : je bois autre chose.)
  I'm not drinking wine. (I am drinking something else.)

  Je ne mange pas de confiture. I don't eat jam.

  Je ne mange pas de la confiture mais de la crème glacée.
  I am not eating jam, I'm eating ice cream.

II. 2 Beaucoup de, bien des

  a. Pour indiquer qu'une quantité indéterminée est importante, on utilise beaucoup de.

ATTENTION !

Beaucoup de n'est pas suivi de l'article. Sauf à de rares exceptions (quand le nom est complété par un complément ou une proposition relative), on n'écrit donc pas *« beaucoup des » devant un nom pluriel.
Il a beaucoup de clients.
Il a beaucoup d'ennuis.

  b. Dans la langue de tous les jours, beaucoup peut être remplacé par un substantif qui marque la quantité.

  On lui a posé un tas de questions. They asked him a heap of questions.

c. Bien des peut s'utiliser au lieu de beaucoup de mais implique un point de vue subjectif de la part de celui qui parle.

Bien des peut, de ce fait, traduire l'idée d'intensité que l'anglais marque par un adverbe comme sure, certainly.

Beaucoup de implique, au contraire, une certaine objectivité.

Il a beaucoup de soucis. He has a lot of problems.

Il a bien des soucis. He sure (certainly) has problems.

Bien peut introduire un nom singulier ; il est alors suivi de l'article partitif (du, de la, d').

Je vous souhaite bien du plaisir. I wish you a lot of fun.

Elle a bien de la chance. She sure is lucky.

d. Rappel : la préposition de est utilisée, seule, sans article après un substantif qui marque une mesure ou une quantité mesurable :

une cuillerée de soupe ; une pelletée de neige

a spoonful of soup; a shovelful of snow

II. 3 La plupart, la plus grande partie de (traduction de most)

a. Lorsque most est suivi d'un nom singulier, on le traduit en français par « la plus grande partie de + article défini.

Most of the film was made in a studio.
La plus grande partie du film a été tournée en studio.

b. Lorsque most est suivi d'un nom pluriel, on le traduit en français par la plupart des.

Most films are made in a studio. *La plupart des films sont tournés en studio.*

- Lorsque la plupart est suivi d'un nom, ce nom est toujours précédé de des et il est toujours au pluriel.

- Une exception : on utilise le singulier avec la plupart quand il s'agit du mot temps. On dit la plupart du temps (most of the time).

- Lorsque le groupe la plupart des + nom est sujet, l'accord du verbe se fait au pluriel.

La plupart des joueurs sont fatigués.

c. Lorsque la plupart précède un pronom personnel, la plupart est suivi de d'entre.

La plupart d'entre eux sont fatigués.

d. Lorsque la plupart précède un pronom démonstratif, la plupart est suivi de de.

La plupart de ceux-ci sont fatigués.

II. 4 Expressions de quantité

a. Pour marquer qu'une quantité est faible, on utilise :
– peu de

Il y avait peu de personnes à la réunion. There were few people at the meeting.
Il y avait peu de vin à la réception. There was little (not much) wine at the reception.

– un peu de s'il s'agit de la partie d'un tout ou d'un élément non dénombrable.

Il y avait un peu de gêne dans la salle. There was a little discomfort in the room.
Il reste un peu de dessert sur la table. There is a little dessert left on the table.

– quelques (adjectif indéfini) s'il s'agit d'éléments qu'on peut dénombrer.

Quelques personnes attendaient. Some [a few] people were waiting.

b. Quand une quantité est suffisante, on utilise assez de.

Nous avons assez de pain. We have enough bread.

c. Quand une quantité est insuffisante, on utilise trop peu de ou pas assez de.

Nous avons trop peu (pas assez) de pain. We have too little bread.

d. Quand une quantité est excessive, on utilise trop de.

Nous avons trop de soucis. We have too many worries.

ATTENTION !

Lorsqu'ils introduisent un nom, peu, assez et trop sont suivis de la préposition de (d') seule. On n'utilise donc pas du, de la, des, après ces mots.

Il a peu de chance. He doesn't have much luck.
Elle a assez de temps pour réussir. She has enough time to succeed.
Vous avez trop d'ambition. You have too much ambition.

B Traduisez.

1. Most of the apples are ripe.
2. Most of the speech was interesting.
3. Will you have a little champagne?
4. I have a few pens. I'll lend you one.
5. They have a lot of courage.

C. Traduisez.

1. Most of these exercises are easy.
2. Many cities are very polluted.
3. I owe my brother another $10.
4. We go back to New Zealand every 5 years.
5. All three answers were possible.
6. A lot of children would like to be adults.
7. Most of the city is flooded.
8. I don't believe a lot of what he says.
9. A lot of my sister's friends are French.
10. I have read all 12 volumes of his work.

D. Complétez par « de », « d' », « des » selon les cas.

1. La plupart .... participants sont repartis contents.
2. En réglant ce problème tout de suite, vous vous éviterez bien ....
   difficultés.
3. La plus grande partie .... cette dissertation est du plagiat.
4. Ne lui donnez pas trop .... conseils.
5. J'ai beaucoup .... admiration pour lui.

44 LES CHIFFRES ET LES NOMBRES

I. Adjectifs numéraux cardinaux
Un livre de **mille** pages.
Il y avait **vingt et un** élèves.
Mil neuf cent quatre-vingt-dix (1990).
Les **cinq premières** minutes.

II. Adjectifs numéraux ordinaux
Le **premier** janvier.
Le **cinq** janvier.
Henri **IV** et François **Ier**.
Le **second** de ses fils.

III. Fractions et multiples
Un cinquième.
Deux fois dix.
Une réduction de **20 pour cent** (20 %).
J'ai eu **15 sur 20**.

I. Adjectifs numéraux cardinaux

Un livre de **mille pages.** A 1,000 page book.
Il y avait **vingt et un** élèves. There were twenty one students.
Mille neuf cent quatre-vingt-dix (1990).
Les **cinq premières** minutes. The first five minutes.

I. 1 Les nombres

Les nombres (que l'on appelle adjectifs numéraux cardinaux) sont des chiffres (1, 2, 3, 4, 5, 6, 7, 8, 9 et 0) ou des ensembles de chiffres (12, 54, 1367, etc.).

• Les nombres sont invariables, sauf :

a. **un** qui, devant un nom, peut se mettre au féminin.

J'ai compté une femme et deux enfants.
Il y avait vingt et une personnes.

b. **vingt et cent** qui, multipliés, ont un -s, s'ils ne sont pas suivis d'un autre chiffre.

Quatre-vingts mais *quatre-vingt-deux.*
Deux cents hommes mais *deux cent trente-six hommes.*

ATTENTION !

On ne met pas de -s au chiffre quatre (4) ni à mille (1 000).

Une encyclopédie de deux mille pages.

N. B. : dans certains pays francophones on dit septante, octante (huitante) et nonante au lieu de soixante-dix, quatre-vingts et quatre-vingt-dix.

I. 2 **Emploi de la conjonction** et

- Les éléments de quelques nombres composés sont reliés par la conjonction et (21, 31, 41, 51, 61, 71) mais on dit quatre-vingt-un (81) et quatre-vingt-onze (91).

- Contrairement à l'usage anglais, on n'utilise pas et pour relier un nombre de centaine à un autre nombre.

  Cent un (101), deux cent douze (212).
  One hundred and one, two hundred and twelve.

N. B. : dans la série 21, 31, etc. on fait, à l'oral, la liaison entre le premier nombre et la conjonction et.

On ne fait pas la liaison dans les nombres composés de quatre-vingts (80) ou de cent (100) et d'un autre nombre commençant par une voyelle (un ou onze).

I. 3 **L'orthographe des nombres**

a. **On met un trait d'union** entre les mots dans les nombres composés qui vont de 17 à 99 (sauf si les éléments sont reliés par la conjonction et → I. 2, ci-dessous).

  dix-sept, quatre-vingt-douze, cinquante-quatre
  vingt et un, trente et un
  cent deux

b. **On ne met pas de virgule** entre 1 000 et le chiffre qui marque la centaine.

I. 4 **La lecture des nombres**

a. **Les nombres compris entre 1 100 et 1 999** peuvent être lus de deux façons.

1990 peut être lu dix-neuf cent quatre-vingt-dix ou mille neuf cent quatre-vingt-dix.

Après 1 999, on est obligé d'utiliser un multiple de mille. 2 527 ne peut se lire que d'une seule façon : deux mille cinq cent vingt-sept.

b. **En français** on ne coupe pas les nombres de quatre chiffres par groupes de deux. On ne peut pas dire *« dix-neuf vingt-quatre »* (nineteen twenty-four).

I. 5 Mille, millier, million et milliard

a. On dit mille dollars, un million deux cent cinquante dollars mais on dit un millier **de** dollars, un million **de** dollars. La préposition de ne s'utilise pas quand il s'agit d'un adjectif numéral ; elle s'utilise quand on a affaire à un nom.

b. Mille s'écrit officiellement mil dans une date de 1001 à 1999 (➜ chapitre 42, II. 3, p. 312)

> *mil neuf cent quatre-vingt-neuf*

c. Mille fois mille (1 000 × 1 000) = un million.

Mille fois un million = un milliard (a billion).

Million et milliard sont des noms et peuvent donc prendre la marque du pluriel.

> *Le Canada compte plus de trente millions d'habitants.*

> **ATTENTION !**
> Contrairement à l'usage anglais, lorsqu'on fait précéder un nom d'un adjectif et d'un nombre, il faut placer le nombre avant l'adjectif.
> Le nombre précède aussi les adjectifs premier et dernier.
>
> *Les quatre autres devoirs* (et non pas *«les autres quatre… »*)
> The other four assignments.
>
> *Les cinq premières minutes.* The first five minutes.

> **A.** Écrivez en toutes lettres les nombres suivants.
>
> | | | | |
> |---|---|---|---|
> | 121 | 27 | 3 214 | 1 314 |
> | 742 | 1 515 | 999 | 102 |
> | 124 753 | 41 | 88 | 91 |

II. Adjectifs numéraux ordinaux

Le **premier** janvier.
Le **cinq** janvier.
Henri **IV** et François **I**er.
Le **second** de ses deux fils.

II. 1 Les adjectifs numéraux ordinaux

• On appelle adjectifs numéraux ordinaux les adjectifs qui marquent un ordre ou une succession dans une série.

> *premier, second* (ou *deuxième*), *troisième, dixième*, etc.

- Ces adjectifs s'accordent avec le nom auquel ils se rapportent.

- Rappel : à l'exception de premier et de second, on forme ces adjectifs numéraux ordinaux en ajoutant le suffixe -ième à la dernière consonne des adjectifs numéraux cardinaux ; cependant cinq fait cinquième et neuf fait neuvième.

  huit → huitième ; vingt-cinq → vingt-cinquième

II. 2 Emploi

En français, à l'exception de premier, on utilise l'adjectif cardinal et non pas l'adjectif ordinal pour préciser :

a. une date :

le cinq janvier (mais : le premier janvier)

b. un rang, un ordre de succession dans une dynastie (on utilise traditionnellement les chiffres romains dans ce cas) :

Henri IV Henry the fourth
mais *François Ier* François the first

II. 3 Cas particuliers

Dans le langage courant, on utilise souvent les adjectifs numéraux cardinaux pour numéroter, bien qu'il s'agisse d'un ordre et d'une succession. Dans ce cas, le nombre est toujours placé après le nom.

Chapitre 6 ; verset 10 ; page 5 ; chambre 204, etc.

- On n'utilise jamais second dans les adjectifs ordinaux composés. On dira :
  le vingt-deuxième, le cinquante-deuxième, etc.

B. **Traduisez en écrivant les chiffres en toutes lettres.**
1. The last ten pages.
2. January 1st, nineteen ninety nine.
3. *The Hundred and One Dalmatians.*
4. *The Four Hundred Blows.*
5. *Around the World in 80 Days.*

III. Fractions et multiples

Un cinquième. A fifth.
Deux fois dix. Two times ten.
Une réduction de **20 pour cent** (20 %). A reduction of 20%.
J'ai eu **15 sur 20**. I got 15 out of 20.

III. 1 Les fractions

À l'exception de demi, tiers et quart, les fractions sont formées à l'aide de l'adjectif numéral ordinal.

> *un cinquième (1/5e) ; deux huitièmes (2/8e) ;* etc.
> *L'échelle de la carte est à un millième.*

N. B. : a. **demi** adjectif reste invariable quand il précède le nom ; il est alors lié au nom par un trait d'union. Il s'accorde en genre avec le nom, s'il suit le nom.

> *Une demi-heure ; une heure et demie.*
> *Deux demi-poulets ; deux poulets et demi.*

b. **demi** employé comme nom est masculin ; il est le plus souvent remplacé par le nom moitié.

> *J'en veux un demi (la moitié).* I want half.
> *Je veux les deux demis (les deux moitiés).* I want both halves.

c. **quand il s'agit des heures**, on utilise le nom **demie** au féminin.

> *J'ai entendu sonner la demie.* I heard the half hour strike.

III. 2 La multiplication

- On exprime la multiplication en utilisant le mot fois (times).

> *2 × 10 = deux fois dix ; 10 × 12 = dix fois douze.*

- On peut aussi utiliser certains verbes : doubler, tripler, quadrupler, quintupler, sextupler, décupler et centupler qui signifient qu'on multiplie respectivement par deux, trois, quatre, cinq, six, dix ou cent.

III. 3 Les pourcentages

On exprime le pourcentage à l'aide de l'expression pour cent.

> *55 %* se lira : *cinquante-cinq pour cent.*

III. 4 Les notes

On exprime le rapport d'une note à une note maximale par la préposition sur.

> *L'étudiant a obtenu 15 sur 20 ; 85 sur 100.*
> The student got 15 out of 20; 85 out of 100.

44 LES CHIFFRES ET LES NOMBRES

327

C. Traduisez en écrivant nombres et chiffres en toutes lettres.

1. Give me half a cup of coffee.
2. The population has increased four-fold.
3. To make two cakes, you must double the recipe.
4. We must reduce the class by a third.
5. How many answers were right? 4 out of 5.

D. Traduisez en écrivant nombres et chiffres en toutes lettres.

1. Half the class failed the exam.
2. In this movie, the first five minutes are the most exciting.
3. All ten prisoners were pardoned.
4. He broke both his legs.
5. I need half a pound of butter.
6. The first World War lasted from 1914 to 1918.
7. Louis XIV reigned from 1643 to 1715.
8. Henri IV became King of France in 1589.
9. All the prices were reduced 30%.
10. Many people thought the world would end in the year 2000.

45 LE MOUVEMENT ET L'ESPACE

I. **Verbes de mouvement et verbes de déplacement**
Je **vais** à l'école en voiture.
Il **sort** de la maison en boitant.
Elle **entra** en courant.

II. **Complément de distance**
Châlons est **à** 164 km **de** Paris.
Je **fais** trois kilomètres à pied.

I. Verbes de mouvement et verbes de déplacement

Je **vais** à l'école en voiture. I drive to school.
Il **sort** de la maison en boitant. He limps out of the house.
Elle **entra** en courant. She ran in.

I. 1 Les différents types de verbes

Il est important de distinguer, parmi les verbes qui indiquent un mouvement, les verbes qui montrent un changement de lieu (ce sont des verbes de déplacement comme partir, entrer, etc.) et les verbes qui montrent la manière dont le déplacement se fait (des verbes comme marcher, ramper, etc.).

a. En effet pour indiquer un changement de lieu, on ne peut pas utiliser un verbe qui marque la manière et utiliser la préposition à pour indiquer la destination.
Par exemple, I walk to the university ne peut pas se traduire par *« je marche à l'université ». La phrase française signifierait (maladroitement) que l'on est à l'université et que l'on marche à l'intérieur de l'université ; la phrase ne signifierait pas que je me rends à l'université à pied.
Quand on utilise la préposition à pour indiquer un changement de lieu, il faut utiliser un verbe de déplacement (aller, se rendre, etc.) puis préciser la manière dont se fait le déplacement, soit par un gérondif (en marchant, en courant, etc.), soit par une locution adverbiale (à pied, à la nage, en voiture, etc.).

b. Les verbes de déplacement les plus usuels sont :
– aller (dans, à)
– descendre (dans)
– entrer (dans)
– gagner (un endroit)
– monter
– partir
– rentrer
– retourner
– se rendre
– sortir

c. Les verbes de mouvement les plus usuels sont :

– boiter	– courir	– nager	– sautiller
– conduire	– marcher	– ramper	– voler

ATTENTION !

On ne peut pas traduire I drive to school par *« je conduis à l'école ». Il faut traduire par : Je vais à l'école en voiture.

De même, I fly to Montreal ne peut pas être traduit par *« je vole à Montréal ». On traduira par : Je vais à Montréal en avion.

N. B. : pour marquer un déplacement, on utilise quelquefois un verbe de mouvement-manière mais avec la préposition jusqu'à pour introduire la destination.

> *Il nage jusqu'à la rive.* He swims to the shore.

I. 2 Problème de traduction

Souvent l'anglais exprime d'abord la manière dont se fait le déplacement (par un verbe) et exprime ensuite le déplacement (par une préposition-adverbe : out, in, up, etc.). Le français suit l'ordre inverse : il exprime d'abord le déplacement par un verbe (comme monter, sortir, etc.) et marque ensuite la manière dont se fait le déplacement (soit par la forme verbale en -ant, appelée gérondif, soit par une locution comme : à pied, à la nage, en voiture, à bicyclette, etc.).

> She ran in. *Elle entra en courant.*

A. Traduisez.

1. We rowed down the river.
2. The fakir ran through the fire.
3. She was the first to swim across the lake.
4. He drives to the cottage every Sunday.
5. He crawled under the door to escape from the garage.

II. Complément de distance

> Châlons est **à** 164 km **de** Paris.
> Je **fais** trois kilomètres à pied.

ATTENTION !

Lorsqu'on veut marquer la distance d'un lieu à un autre, on utilise la préposition à devant le complément de distance et la préposition de devant le nom qui exprime le point de départ.

Châlons est à 164 km de Paris.

L'anglais n'utilise pas de préposition dans ce cas devant l'unité de mesure.

Châlons is 164 km from Paris.

II. 1 L'expression de la distance parcourue

• Lorsqu'on veut marquer la distance parcourue, on utilise le verbe faire ou parcourir et le complément de distance (en unité de mesure : mètres, kilomètres, milles, années-lumière, etc.).
On peut alors préciser, si c'est nécessaire, le moyen de locomotion ou la manière dont s'est effectué le parcours (par une locution : à pied, en voiture, etc.).

> J'ai *fait* trois kilomètres (à pied).
> Nous avons *fait 200 km* en une journée.

• Dans le langage soutenu, un verbe de mouvement-manière (à l'exception du verbe courir) n'a pas de complément de distance.
On ne peut pas traduire : I walked 3 km par *« J'ai marché 3 km ». On traduira par : J'ai fait 3 km à pied.
Cependant, cette règle n'est pas toujours respectée dans le langage parlé.

B. Traduisez.

1. Toronto is 6,000 km from Paris.
2. I drove 60 km before noon.
3. I walked three miles to get there.
4. At the end of my trip, I had flown 10,000 km.
5. He cycles 20 km a day.

C. Traduisez.

1. I walk to my office every morning.
2. He used to drive to his mother's house every Thursday.
3. The soldiers crawled forward on the ground.
4. The man hopped toward the door.
5. Last week I flew to Boston; tomorrow I fly to Sacramento.
6. He ran out of the room.
7. The children danced down the hill.
8. Can you run up this long stairway?
9. The North Star is many light-years from the Earth.
10. She swam across the lake three times.

D. À l'aide des mots suggérés et en suivant l'exemple donné, formez des phrases qui marquent un déplacement et la manière dont a été effectué ce déplacement. Vous utiliserez un gérondif.

– courir – traverser – rue → *Il traverse la rue en courant.*

1. – ramper   – arriver   – le poste de garde
2. – boiter   – entrer   – la salle
3. – danser   – traverser   – la scène
4. – courir   – aller   – la pharmacie
5. – sautiller   – avancer   – le gardien

E. Traduisez.

1. We skated down the frozen canal.
2. They will hitch-hike through Spain.
3. The horse galloped over the finish line.
4. The child skipped across the room.
5. Santa Claus slid down the chimney.
6. We drove across Ireland.
7. They will cycle around Bermuda.
8. The snake wriggled out of the basket.
9. He backed out of the garage.
10. We will walk to the restaurant.

46 CONFUSIONS À ÉVITER

I. Ne pas confondre « a » et « à »
Elle a des amies. She has friends.
Elle viendra à 5 heures. She will come at 5 o'clock.

II. Ne pas confondre « é » et « er » (verbes du 1er groupe)
Il s'est couché tout habillé.
Je l'entends chanter.

III. Ne pas confondre « c'est », « s'est », « ces » et « ses »
C'est occupé. It's busy.
Elle s'est occupée de l'affaire. She took care of it.
Ces places sont occupées. These seats are taken.
Ses livres sont bien rangés. His/Her books are well organized.

IV. Ne pas confondre « ou » et « où »
Veux-tu un fruit ou une crème caramel ?
Do you want fruit or crème caramel?
Où vas-tu ? Where are you going?

V. Ne pas confondre « qui » et « que »
La personne qui me guide. The person who is guiding me.
La personne que je vous recommande.
The person whom I recommend to you.

VI. Ne pas confondre « être » et « avoir »
J'ai froid. I am cold.
J'ai dix ans. I am ten.

I. Ne pas confondre « a » ou « à »

Elle **a** des amies.
Elle **a** mangé.
Elle viendra **à** 5 heures.

I. 1 **A sans accent est la 3e personne du singulier du verbe** avoir.

a. Souvent le sens de la phrase indique déjà, à lui seul, qu'il s'agit du verbe avoir (donc pas d'accent).

b. D'autre part, si l'on peut remplacer a par avait sans changer le sens de la phrase, il s'agit du verbe avoir (donc pas d'accent).

c. Autre repère : a est souvent auxiliaire dans un temps composé; s'il est accompagné du participe passé d'un verbe au passé composé, il s'agit vraisemblablement du verbe avoir (donc pas d'accent).

I. 2 À avec accent est une préposition.

On trouve, par exemple, cette <u>préposition</u> :

a. immédiatement devant un infinitif :

Je commence à comprendre. I am beginning to understand.

b. devant un groupe nominal (qui, souvent, indique le lieu ou le temps et qui, de ce fait, répond aux questions où ? quand ?) :

Je te rencontrerai à 5 heures. I will meet you at 5.
Rendez-vous à Paris. See you in Paris.

c. dans des locutions prépositionnelles ou adverbiales :

à force de, à l'égard de, à l'aveuglette, etc.

A. Complétez les phrases suivantes par « a » ou « à ».

1. Il écrit .... l'avocat.

2. Elle va .... l'université.

3. Il cherche .... lui téléphoner depuis ce matin.

4. Il .... vendu sa voiture .... son copain.

5. Elle .... trouvé la réponse.

II. Ne pas confondre « é » et « er » (verbes du 1er groupe)

Il s'est couché tout habillé.
Je l'entends chanter.

II. 1 Un verbe du 1er groupe se termine par é au participe passé.

a. Dans ce cas, il est presque toujours relié à la présence de l'auxiliaire être ou avoir.

Elle a admirablement chanté.
Ayant déjà mangé, il refuse l'invitation.

b. Le participe passé peut être utilisé comme adjectif ; dans ce cas il se rapporte à un nom ou à un pronom (et il s'accorde avec lui).

Exténué, il s'est couché tout habillé.

II. 2 Un verbe du 1er groupe se termine par er à l'infinitif.

Le verbe est à l'infinitif :

a. quand il est introduit par une préposition (à, de, pour, sans, etc.).

C'est bon à manger. It's good to eat.
Je suis venu pour l'écouter. I came to hear him.

b. quand il dépend directement d'un verbe (autre que avoir ou être), c'est-à-dire :
– d'un auxiliaire de mode (devoir, vouloir, savoir, pouvoir).
– des verbes mentionnés page 341.

Je veux le rencontrer. I want to meet him.
Je l'entends chanter. I hear him/her singing.

N. B. : parfois, pour aider à distinguer entre les terminaisons -é et -er qui ont la même sonorité [e], on conseille de remplacer momentanément le verbe qui pose problème par un verbe du 3e groupe (par exemple : vendre, répondre).
Comme l'infinitif d'un verbe du 3e groupe est très différent du participe passé (vendre/vendu ; répondre/répondu), on perçoit mieux s'il s'agit d'un infinitif ou d'un participe passé.
Si c'est vendre qui convient, il s'agit d'un infinitif → er.
Si c'est vendu qui convient, il s'agit d'un participe passé → é.

B. Mettez la terminaison qui convient.

1. Il faut trouv............... de bons exemples.

2. J'ai aim............... cette pièce.

3. Il y a à mang............... dans le frigo.

4. Il a redécor............... son appartement.

5. Ce tableau a été abîm................

C'est occupé. It's busy.
Elle **s'est** occupée de l'affaire. She took care of it.
Ces places sont occupées. These seats are taken.
Ses livres sont bien rangés. His/Her books are well organized.

III. 1 C'est **est un pronom démonstratif suivi du verbe** être.

C'est **correspond souvent à** it is **et correspond parfois à** he is/she is (→ chapitre 11, III., p. 88). C'est **sert à présenter.**

C'est occupé ; c'est beau ; c'est lui ; c'est John.

III. 2 S'est **est un pronom réfléchi suivi du verbe** être.

Le pronom se rapporte à un sujet 3ᵉ personne du singulier.

Il s'est coupé. He cut himself.

Elle s'est occupée de l'affaire. She took care of the situation.

III. 3 Ces **est un adjectif démonstratif pluriel.**

Il se rapporte toujours à un nom pluriel ; souvent ces **correspond à** these/those **suivis d'un nom.**

Ces livres sont bien rangés. (ces livres = ceux que je montre)
Ces places sont occupées.

III. 4 Ses **est un adjectif possessif.**

Le possesseur est au singulier mais les choses possédées sont au pluriel (his/her).

Paul est soigneux ; ses livres sont bien rangés (ses livres = les livres qui appartiennent à Paul). Paul is neat; his books are well organized.

C. **Complétez par « c'est », « s'est », « ces » ou « ses ».**

1. ....-il rendu compte de son erreur ?
2. .... bijoux ont de la valeur.
3. .... encourageant.
4. .... villes sont sur notre route de vacances.
5. Je ne connais pas .... parents.

IV. Ne pas confondre « ou » et « où »

Veux-tu un fruit ou une crème caramel ? Do you want fruit or crème caramel?
Où vas-tu ? Where are you going?

IV. 1 Ou, sans accent

Ou est une <u>conjonction de coordination</u> qui montre un choix, une alternative. Ou sans accent signifie ou bien (or).

Veux-tu un fruit ou une crème caramel ?

IV. 2 Où, avec un accent

Il s'agit :
– soit d'un adverbe interrogatif de lieu.

Où vas-tu ? (où = where)

– soit d'un pronom relatif (➜ chapitre 12, V.1, p. 100).

Voici l'endroit où je vous donne rendez-vous.
This is the place where I'll meet you.

D. Complétez à l'aide du mot qui convient.

1. Choisissez : c'est lui .... moi.

2. Savez-vous .... il est ?

3. Le jour .... tu le verras, dis-lui bonjour de ma part ....
   propose-lui de venir me voir.

4. Dois-je le lui dire .... me taire ?

5. .... avez-vous mal ?

V. Ne pas confondre « qui » et « que »

La personne qui me guide. The person who is guiding me.
La personne que je vous recommande. The person whom I recommend to you.

V. 1 Le pronom relatif qui

Sans préposition, qui est <u>sujet du verbe</u> de la subordonnée relative.

La personne qui me guide connaît bien la ville.
Le roman qui a obtenu le prix Goncourt est très original.

V. 2 Le pronom relatif que

Que est un complément d'objet direct du verbe de la subordonnée relative.

La personne que je vous recommande est très efficace.
Le roman que je lis est passionnant.

→ chapitre 12, III., p. 97

E. Complétez par le pronom relatif qui convient.

1. C'est la solution .... je préfère.

2. C'est toi .... me l'as dit.

3. Voilà la phrase .... tu ne comprenais pas.

4. Le cadeau .... nous lui avons offert lui a fait plaisir.

5. Le restaurant .... t'a été recommandé est fermé le lundi.

VI. Ne pas confondre « être » et « avoir »

J'ai froid. I am cold.

Le verbe to be de certaines expressions anglaises doit se traduire par le verbe « avoir » en français. On notera en particulier :

– I am wrong/right.	J'ai tort/raison.
– I am ten.	J'ai dix ans.
– I am cold/warm.	J'ai froid/chaud.
– I am scared.	J'ai peur.
– I am hungry.	J'ai faim.
– I am finished (colloquial).	J'ai fini.

F. Utilisez le verbe « a » ou la préposition « à » selon le cas.

1. Il .... eu des ennuis de santé.

2. Elle .... hésité .... lui répondre.

3. Il l'................. encouragé .... renoncer .... son projet.

4. Elle .... rendez-vous .... 17 h 30.

5. Il .... renvoyé son formulaire .... temps.

G. Mettez la terminaison qui convient (« é » ou « er »).

1. Pour bien chant............... il faut pratiqu.................

2. Fatigu............... du voyage, il est all............... se couch...............
   aussitôt après avoir mang.................

3. Je l'ai vu travers............... la rue.

4. Nous avons termin............... plus tôt que prévu.

5. Je te conseille de t'habill............... plus chaudement.

H. Mettez les mots qui conviennent (« c'est », « s'est », « ces » ou « ses »).

1. Elle .... occupée de toute l'organisation.

2. Il est de bon conseil ; nous suivons .... suggestions.

3. Elle ne viendra que si .... important.

4. .... demandes ne sont pas raisonnables.

5. Plus .... difficile, plus elle est intéressée à le faire.

I. Traduisez.

1. He saw him at school.
2. We are preparing to leave.
3. Did you decide to buy shoes or boots?
4. This is the place where I will build my house.
5. The woman I saw was wearing a straw hat.
6. I saw a woman who was wearing a red hat.
7. It is obvious that he has cut himself.
8. She expressed her opinions in these letters.
9. After having found the house he knocked at the door.
10. Since the day I bought this book I have made great progress in French.

ANNEXES

accourir	to rush forward/up	*se figurer*	to imagine
affirmer	to affirm	*s'imaginer*	to imagine
aimer	to like/to love	*jurer*	to swear/ to attest by oath
aimer autant	to like as well as		
aimer mieux	to prefer	*laisser*	to allow/to let
aller	to go	*mener*	to lead/to bring
assurer	to assure	*monter*	to go/come up
avoir beau	to (try) in vain	*nier*	to deny
avouer	to avow/to confess	*oser*	to dare
être censé	to be supposed to	*ouïr*	to hear
compter	to intend	*paraître*	to appear
confesser	to confess	*penser*	to think/to intend
courir	to run	*pouvoir*	to be able/can/may
croire	to think	*préférer*	to prefer
daigner	to deign	*prétendre*	to claim/to assert
déclarer	to declare	*se rappeler*	to recall/ to remember
descendre	to come/ to go down		
		reconnaître	to acknowledge/ to recognise
désirer	to desire/to wish		
détester	to hate	*regarder*	to look at/to watch
devoir	to be supposed to/ought	*rentrer*	to go (back) in (again)
dire	to say	*retourner*	to go back
écouter	to listen	*savoir*	to know how/can
entendre	to hear/to intend	*sembler*	to seem
envoyer	to send	*sentir*	to feel
espérer	to hope	*souhaiter*	to wish
faillir	to almost (do sth.)/ to be on the point of (+ participle)	*valoir mieux*	to be better
		venir	to come
		voir	to see
faire	to make/to cause/ to have sth. done	*voler*	to fly
		vouloir	to wish/to want
falloir	to be necessary		

s'acharner à	to be bent on (+ participle) to do sth. relentlessly/with determination	*enseigner à qqun à*	to teach s.o. to
		entraîner qqun à	to lure s.o. into doing sth.
s'adonner à	to devote oneself to	*s'exercer à*	to practice doing sth.
aider qqun à	to help s.o. to		
aimer à	to like to	*se fatiguer à*	to tire oneself out (+ participle)
s'appliquer à	to apply oneself to/ to concentrate on	*habituer qqun à*	to accustom s.o. to/ to get s.o. used to
apprendre à	to learn to	*s'habituer à*	to get/to become used to
apprendre à qqun à	to teach s.o. to		
s'apprêter à	to prepare/to get ready to do sth.	*hésiter à*	to hesitate to/ to be reluctant to
arriver à	to manage to/ to succeed in	*inciter qqun à*	to incite/to induce s.o. into doing sth.
s'astreindre à	to compel/to force oneself to	*inviter qqun à*	to invite s.o. to
		se mettre à	to begin to/to start (+ participle)
s'attendre à	to expect to		
autoriser qqun à	to authorise/ to permit/ to allow s.o. to	*obliger qqun à*	to oblige/to force s.o. to do sth./ to make s.o. do sth.
avoir à	to be obliged/ to have to	*parvenir à*	to manage to/ to succeed in (+ participle)
se borner à	to limit oneself to/to just do sth.		
chercher à	to seek to	*penser à*	to think of (+ participle)/ to think to
commencer à	to begin/to start to		
consentir à	to consent/ to agree to	*persister à*	to persist in (+ participle)
consister à	to consist in	*se plaire à*	to take pleasure in/ to enjoy (+ participle)
continuer à	to continue to		
décider qqun à	to convince s.o. to	*pousser qqun à*	to urge/ to encourage/ to incite s.o. to
se décider à	to make up one's mind to		
demander à	to ask to	*se préparer à*	to prepare to/ to get ready to
se dévouer à	to devote oneself to/ to be devoted to	*se refuser à*	to refuse to
		renoncer à	to give up (+ participle)
encourager qqun à	to encourage s.o. to	*se résigner à*	to resign oneself to (+ participle)

se résoudre à	to resolve to	*tendre à*	to tend to
réussir à	to succeed in doing sth.	*tenir à*	to be anxious to/ to be keen on/ to be fond of (+ participle)
servir à	to be useful for (+ participle)		
tarder à	to be slow to/in (+ participle)		

III. Verbes qui se construisent avec « de » + infinitif

s'abstenir de	to abstain from	*défendre à qqun de*	to forbid s.o. to
accepter de	to agree to	*demander à qqun de*	to ask s.o. to
accuser qqun de	to accuse s.o. of	*se dépêcher de*	to hurry/rush/ hasten to
achever de	to finish (+ participle)	*dire à qqun de*	to tell s.o. to
il s'agit de	(the question is)/ (sth.) is about	*s'efforcer de*	to try hard to
s'arrêter de	to stop (+ participle)	*empêcher qqun de*	to prevent/ stop s.o. from (+ participle)
attendre de	to wait to/to wait until (+ clause)	*s'empresser de*	to be eager to
avertir qqun de	to warn s.o. to	*entreprendre de*	to undertake to
avoir envie de	to feel like (+ participle)	*essayer de*	to try to
avoir peur de	to be afraid to/ of (+ participle)	*s'étonner de*	to be surprised to
blâmer qqun de	to blame s.o. for (+ participle)	*éviter de*	to avoid (+ participle)
cesser de	to cease/to stop (+ participle)	*s'excuser de*	to apologise for (+ participle)
charger qqun de	to ask/ commission s.o. to	*faire bien de*	to do well to
choisir de	to choose to	*faire mieux de*	had better
commander à qqun de	to order s.o. to	*faire semblant de*	to pretend to
conseiller à qqun de	to advise s.o. to	*se fatiguer de*	to tire of (+ participle)
se contenter de	to be content to/ to be satisfied with (+ participle), to just (do sth.)	*feindre de*	to pretend to/ to feign (+ participle)
craindre de	to fear/to be afraid to	*féliciter qqun de*	to congratulate s.o. on (+ participle)
décider de	to decide to	*finir de*	to finish (+ participle)
		se flatter de	to pride oneself on (+ participle)

se garder de	to take care not to/ to refrain from (+ participle)	refuser de	to refuse to
		regretter de	to be sorry to/ to be sorry for (+ participle)
se hâter de	to hasten to/ to rush to		
s'indigner de	to be indignant at/ to take exception to (+ participle)	se réjouir de	to look forward to/to rejoice at (+ participle)
interdire à qqun de	to forbid s.o. to/ to prohibit s.o. from (+ participle)	remercier qqun de	to thank s.o. for (+ participle)
		reprocher à qqun de	to blame s.o. for (+ participle)
jurer de	to swear to		
se lasser de	to tire of/to get tired of/to grow weary of	résoudre de	to resolve/ to decide to
		risquer de	to risk/to run the risk of (+ participle)
manquer de	to narrowly miss (almost) (+ participle)		
		se souvenir de	to remember to/ to recall (+ participle)
menacer de	to threaten to		
offrir de	to offer to		
ordonner à qqun de	to order s.o. to	soupçonner qqun de	to suspect s.o. of (+ participle)
oublier de	to forget to		
pardonner à qqun de	to forgive s.o. for (+ participle)	suggérer à qqun de	to suggest to s.o. that (+ clause)
parler à qqun de	to talk to s.o. about (+ participle)	supplier qqun de	to beg/ to entreat s.o. to
permettre à qqun de	to allow/ to permit s.o. to	tâcher de	to try/ to attempt to
persuader qqun de	to persuade s.o. to	il me tarde de	I am longing/ dying to
se presser de	to hasten to/ to rush to		
		tenter de	to try/ to attempt to
presser qqun de	to urge s.o. to		
prier qqun de	to beg (formally request) s.o. to	se vanter de	to boast of (+ participle)
promettre de	to promise to	venir de	to have just (+ past participle)
proposer de	to suggest/ to propose to		

IV. Verbes qui, suivis d'un complément, changent de sens selon leur construction

– Assister qqun — to help s.o.

assister à qqch. { to attend an event or a performance

– Abuser qqun { to deceive or mislead s.o.

abuser de qqch. { to over-indulge in sth./

abuser de qqun { to abuse (take advantage of) s.o.'s confidence

– S'accommoder à qqch. — to get used to sth.

s'accommoder de qqch. { to accept/ put up with sth.

– Céder qqch. à qqun { to give sth. up to s.o.

céder à qqch. — to yield to sth.

– Changer qqch. { to change/ modify sth.

changer de qqch. { to change one's shirt/one's mind

– Concourir à qqch. { to participate in sth.

concourir pour qqch. { to compete for sth.

– Convenir à qqun { to be suitable/ right for s.o.

convenir de qqch. — to agree to sth.

– Croire qqch. — to believe sth.

croire en/à qqch. — to believe in sth.

– Décider qqch. — to decide on sth

décider qqun à qqch. { to convince s.o. to do sth.

décider de qqch. — to decide sth.

– Défendre qqun — to defend s.o.

défendre à qqun de { to forbid s.o. to do sth.

– Jurer de faire qqch. — to swear to do sth.

jurer avec qqch. { to (be in) conflict with

– Manquer qqch. { to miss sth. (a plane, a train)

manquer de qqch. { to lack sth./ be deficient in sth.

manquer à qqch. { to fail in sth. (one's duty)

manquer à qqun — to be missed by s.o.

– Penser à qqun/ à qqch. { to think about s.o./sth.

penser qqch. de qqch. { to have an opinion about sth.

penser qqch. de qqun { to have an opinion about s.o.

– Réclamer qqch. — to claim sth. back

réclamer contre qqch. { to protest against sth.

– Réduire qqun à qqch. { to reduce s.o. to a state (poverty)

réduire en qqch. { to reduce sth. to (rubble, ashes)

– Répondre à qqch. { to respond to sth. (a question)

répondre de qqun/ qqch. { to answer/vouch for s.o./sth.

– Rêver que… — to dream that…

rêver à qqch./à qqun { to dream of sth./ s.o.

rêver de qqch./ de qqun { to dream about sth./s.o.

– Servir qqun/qqch. { to serve s.o./sth. (a cause, one's country)

servir de qqch. — to serve as sth. else

– Tendre qqch. à qqun { to hold out/offer sth. to s.o.

tendre à faire qqch. — to strive to do sth.

– Tenir qqch. — to hold on to sth.

tenir à qqch./à qqun { to be fond of sth./s.o.

– Traiter de qqch. { to treat a subject or topic

traiter de qqch. avec qqun { to discuss sth. with s.o.

| traiter qqun de qqch. | to call s.o. sth. (usually derogatory) | – User qqch. user de qqch. | to wear sth. out to use sth. |

V. Adjectifs suivis d'une préposition

absent de	absent from, away from	*couvert de*	covered by, with, in
accessible à	accessible to	*cruel envers*	cruel to/towards
âgé de (X ans)	(X years) old	*curieux de*	curious about
agréable à	agreeable to, pleasant to	*dernier à*	last to
aimable avec/envers	friendly towards	*désagréable à*	disagreeable to, unpleasant to
amoureux de	in love with	*désireux de*	anxious to
analogue à	analogous to	*différent de*	different from (than = Am. du Nord)
antérieur à	previous to		
apte à (faire qqch.)	capable of, fit to or for		
attentif à (qqch.)	attentive to, careful about	*difficile à*	difficult to
		digne de	worthy of
avide de	avid for	*distinct de*	distinct from
bienveillant pour/ à l'égard de	well-intentioned towards, kind to	*docile à*	receptive to
bon pour/avec/envers	good to, towards	*dur à/pour*	hard to/on/towards
bon à (faire qqch.)	good for	*égal à*	equal to
capable de	capable of	*enclin à*	inclined to
certain de	certain of, about	*exempt de*	exempt from
charitable avec/envers	charitable towards	*expert en qqch..*	expert in
charmé de	charmed by	*expert à (faire qqch.)*	expert at
cher à	costly to, dear to	*facile à*	easy to
comparable à	comparable to	*fatal à*	fatal to
compatible avec	compatible with	*favorable à*	favorable to/ towards
conforme à	true to, in accordance with	*fertile en*	fertile in
conscient de	conscious of, aware of	*fidèle à*	faithful to
		fier de	proud of
content de (+ inf.)	pleased to, happy to	*fou de*	mad about
		furieux de/ contre qqun	furious with/about angry at/with
content de (qqch.)	pleased with, happy about	*généreux envers/ à l'égard de*	generous towards/with
contraire à	contrary to		

habile en qqch./		*pareil à*	the same as
à (faire qqch.)	clever at	*plein de*	full of
heureux de	happy about/to (do sth.)	*poli envers/avec*	polite to/towards/ with
honteux de	ashamed of	*postérieur à*	later than/ subsequent to
hostile à	hostile to/towards		
impatient de (faire qqch.)	impatient to (do sth.)	*préférable à*	preferable to
impossible à	impossible to	*prêt à*	ready to
impuissant à (faire qqch.)	incapable of (doing sth.)	*proche de*	near/close to
		profitable à	profitable to/for
incapable de	incapable of	*prompt à*	prompt/quick to
incompatible avec	incompatible with	*propre à*	specific/peculiar to
indifférent à	indifferent to/ towards	*reconnaissant à qqun de qqch.*	grateful to s.o. for sth.
indigne de	unworthy of	*respectueux envers*	respectful towards
indispensable à	indispensable/ essential to		
inférieur à	inferior to	*responsable de*	responsible for
infidèle à	unfaithful to	*satisfait de*	satisfied with
ingrat envers	ungrateful to/ towards	*semblable à*	similar to/ the same as
insensible à	insensitive to	*sensible à*	sensitive to
inutile à	useless/ worthless to	*sévère pour/envers/ à l'égard de*	stern with/ harsh towards
jaloux de	jealous of	*soucieux de*	concerned about
juste envers/ à l'égard de	just/equitable towards	*stupéfait de*	amazed at/about
las de	tired/weary of	*suffisant pour*	sufficient/ enough for/to
lent à	slow to	*supérieur à*	better than/ superior to
mécontent de	unhappy about		
nécessaire à	necessary to/for	*sûr de*	sure of, about
nuisible à	harmful to/bad for	*surpris de*	surprised at/ about
obéissant à	obedient to/ towards	*susceptible de*	susceptible to/ liable to
originaire de	native to/of originally from	*utile à*	useful for/to

INDEX

Les chiffres en gras indiquent le numéro du chapitre concerné.

INDEX

V

W

Nº d'éditeur : 10170310 - Juin 2010
Imprimé en France par Mame Imprimeurs à Tours (n°10050014)